刘克明

正高级职称，长年从事历史教学研究，在教材、教学等领域论著丰硕。工作之余，喜欢背着相机在斑驳的古迹中寻觅历史的印痕，谛听岁月的耳语，并以自己独特的体验和视角编著了《历史寻踪》《寻古闲谭》《史迹图考》《山陵稽古》等"寻踪"系列作品，它们将引领读者一起穿越时光隧道，感知亘古沧桑的气息，体味中华文明的魅力。

山陵稽古

刘克明 —— 著

江苏人民出版社

图书在版编目（CIP）数据

山陵稽古 / 刘克明著. -- 南京：江苏人民出版社，2021.12

ISBN 978-7-214-26353-7

Ⅰ.①山… Ⅱ.①刘… Ⅲ.①帝王－陵墓－研究－中国－古代 Ⅳ.①K928.76

中国版本图书馆CIP数据核字（2021）第120472号

书　　名	山陵稽古
著　　者	刘克明
封面题字	王道云
责任编辑	于　辉
装帧设计	刘荨荨
出版发行	江苏人民出版社
地　　址	南京市湖南路1号A楼，邮编：210009
照　　排	江苏凤凰制版有限公司
印　　刷	苏州市越洋印刷有限公司
开　　本	718毫米×1 000毫米　1/16
印　　张	27.25　插页13
字　　数	480千字
版　　次	2021年12月第1版
印　　次	2021年12月第1次印刷
标准书号	ISBN 978-7-214-26353-7
定　　价	198.00元

（江苏人民出版社图书凡印装错误可向承印厂调换）

写在前面的话

山陵，旧指皇帝陵墓，《水经注·渭水》上说得很清楚："秦名天子冢曰山，汉曰陵，故通曰山陵矣。"我觉得用高大的山陵来形容帝王陵寝，非常贴切，也很形象。稽古就是考察古事，对于本书来说，就是通过考察古代帝陵史迹，可以了解历史，积累知识，有所获益。基于这一宗旨，因此就把此书取名为《山陵稽古》。

编写《山陵稽古》是我很早的想法，因为我这么多年历史考察，看到最多的就是帝王陵寝，在这些或高或低的帝陵前，每每有一些下笔的冲动。中国是一个文明古国，历史上留下了大量规模宏大的山陵即帝王陵墓，历代帝陵充满着神秘感与传奇性。可以说，每一个帝王陵墓就是一幅活生生历史画卷的真实再现，历代帝陵是中华文明的重要组成部分，不同时代的陵墓制度反映了不同时期的文化思想和社会风貌，帝陵无疑是各代封建统治阶级社会历史活动的写照，反映了当时国家的兴衰，是当时国家政治、经济、文化、军事的缩影。帝王之葬，更是集古代葬制之大成，正即封建礼仪及宗法等级制度之范例。对历代帝王陵墓制度进行系统的了解，不仅使我们对中国历史有更全面、更深刻的认识，也有助于对中国传统文明进行更深层次的探索。我在2013年编著出版的《历史寻踪》一书中曾专门列出一章叙述中国历史主要朝代帝陵的概貌，因为限于篇幅，写得相当简约，许多帝陵没有写到，对帝陵的叙述也不到位，因此，许多年来一直想写一本系统介绍中国古代帝陵的著述，经过几年的努力，《山陵稽古》终于问世了。本书以已发现的各代帝陵相关资料为基础，并结合历史文献，对各代帝陵形成的历史背景、帝陵的布局，以及帝王的生平等方面进行综合介绍，以帮助大家对历代帝陵有一个较为深入的认知。

本书共十二章，我根据本书编写的需要，把中国历史上的朝代分成十二个段落进行叙述。每章由三个部分组成，第一部分是"朝代简述"，主要是对相关朝代的历史进行简单介绍，使读者对这一时期可有一个大致的了解，为帝陵的叙述作一个铺垫。第二部分是"陵寝概况"，主要是对相关朝代帝陵的情况作一个综合的介绍，包括帝陵的沿革和现状，使读者对这一时期的帝陵有一个总体的了解。第三部分是"山陵撷要"，主要是对所述朝代的重要帝王的陵寝分别进行介绍，包括帝王的生平和陵寝情况。通过这三个部分的有机叙述，使读者对中国古代帝陵有一个较为完整的了解，进而帮助读者对中国历史概貌有更加清晰的认识。

按照原来的编写计划，本书打算把中国历史上有历史遗存可考的帝王陵寝都编入其中。为此，我寻访了几乎尚能看到遗迹的帝王陵寝，也收集了相关资料。但在编写过程中，发现如果全部编入，篇幅会非常大。同时，一些并无作为的帝王也徒占篇幅，确无必要。因此，我改变初衷，只选择一些对历史发展有一定贡献的或是重要历史阶段的帝王进行介绍，这并不影响读者对历代帝陵的完整认识。

我国历史朝代的更迭经历了几千年之久，每一个朝代都会留下几座、十几座甚至几十座的帝王陵墓。从夏代到清朝，约有500余位帝王，他们的陵寝形制经历一个漫长的发展过程。这些不同时代，不同形制的陵寝建筑不仅给我们带来视觉上的美感，更为我们提供了走进历史深处的钥匙，丰富了我们对于历史的认知。由于葬制的影响，以及自然和人为因素的破坏，今天在地面上还有迹可循、时代明确的帝王陵寝也只有100多座。就是这些有迹可循的帝陵中，除了明清帝陵及一些历史上有影响的帝王外，许多帝王的陵寝不是散落田间村头，就是隐匿在山林密处；不是墓室被盗一空，就是陵冢碑倒冢荒。许多陵冢更是不知所在。朝代一代一代地更替，带来的不仅是胜者为王，败者为寇的流转沉浮，更带来的是前代珍贵帝陵建筑的毁灭性破坏。同时，由于人们对文物保护意识的薄弱，除了一些列入文物保护单位的帝陵受到较好保护外，大量散落山间田野的帝王陵寝日渐破败甚至消失。这也使我深感寻访帝王陵寝并呼唤民众保护意识的重要和迫切性。虽然寻访的过程充满着艰辛，有时甚至失望而归，但更多的是收获的快乐，以及来自那久远历史遗迹带来的悸动。

由于盗墓现象的猖獗，也给我寻访古代帝陵带来很大的困扰，有好几次在寻访过程中，我执着地四处打探的行为，有时竟引起当地群众怀疑的目光和盘问，甚至都牵动了公安部门的注意，我和随行的朋友差一点被当地公安机关拘留。但更多的还是遇上好心人热情的引路和指点，在这里，我还要特别感谢一直陪我同行的袁廷虎、王兵和俞嘉红三位好友，他们的一路同行，不仅使我曾经孤单的寻访活动变得热闹和愉快，而且还增加了寻访过程的安全性，他们的学识也使我受益匪浅，我会铭记他们给我的帮助。

许多朋友问我，为何要执着地走实地寻古这条艰辛之路，其实，答案很简单，遍览中国历史上各朝各代的帝陵，就是重新翻看历史的过程。能够在不同的季节一一走近不同风格、不同时间、不同规模的帝陵，有助于加深对历史的理解。同时，探访那些杂草丛生的陵墓、散落在荒郊野地里的帝陵，是一种惬意而有韵味的生命经历。这种收获是巨大而震撼的，即便是早已化作废墟的帝陵，只要用心去发现，就会找到那些与帝王的脚步、历史的记载、久远的情怀相契合的地方。

我常常想，古代的繁华转瞬即逝，经过时光流逝，许多东西残破了，甚至消失了，但我还徒然地在往昔的灰烟中寻找一丝痕迹，正如这些散落山野田间残破陵冢、肃杀神道，当陵前的松柏在风中随风摇曳，千百年来，谁在凭吊？高耸的山陵，虽似默默无语，其实隐含着多少宫闱爱恨悲喜的往事，诉说着战争与和平，背叛与忠贞，阴谋与善良，繁华与失落，朝廷与人民，让人不忍骤然离去。编写过程中，了解得越多，越发觉得中国帝陵文化的博大精深，也越觉得那些有为君王的伟大和睿智，以及无为君王的昏庸和落魄。

中国的历史太悠久，帝王的事迹太丰富，一本《山陵稽古》不可能把中国古代所有的帝陵都囊括其中。其实，大浪淘沙，后人能够真正记住的也就是那些对历史作出一定贡献的帝王，而其他昏庸无道之君早已消失在历史的长河中。

编写中国古代帝王陵寝这部著作，恐怕任何人都不能说自己具有充分的知识储备，只能边写边读书边研究，碰到问题时找资料，我为此借阅和购买了很多相关资料，但不得不说，网络的发达，给我寻访帝陵和编写此书提供了极大的便利，在此也心存感念。

对于写作者来说，重要的是有属于自己的眼光。没有独特的视野，也就没有真正属于自己的作品，历史的风景也是别人的。我虽然能力有限，但也努力在这样做。抱着踏踏实实做自己喜欢的东西的信念，用自己的经历，用自己的感受来写作，没有刻意，真实显露，一切皆是自然。

编写本书，由于资料记载的缺失及我功底不足等方面的因素，常感到力有不逮，而且帝陵的很多研究也还存有争议。为了使读者对重要的帝陵有一个较为全面的了解，也为了历史时序的完整性，我对于一些考古挖掘中新发现的一些还不确定或有争议的帝王陵墓也作一些介绍，最终的定性还是以考古和研究为准。

如果套用国家对文物遗存概念的定性，那么也可以说帝陵是人类历史活动中遗留下来的具有历史、艺术和科学价值的遗物和遗址,是劳动人民聪明智慧的结晶,也是人类最为宝贵不可再生的文化财富。加强对帝陵遗存保护,对于研究历史,发掘中华民族博大精深的文化底蕴、彰显民族精神、教育后人等都有着非常重要的现实意义和深远的历史意义。

帝陵遗存是文明古国的实物例证,是一本刻画岁月的书。通过文物承载的历史信息,记得起历史沧桑,看得见岁月留痕,留得住文化根脉,在它的身上记载着许多历史故事。在我国历史上,秦始皇、汉武帝、唐太宗、宋太祖、明太祖等帝王的业绩虽犹如大江之东流,一去不返,但是凝聚着他们历史时代标志的文物遗存仍然长存人间。

江苏省国画院王道云先生是造诣深厚的书法大家,能够欣然为本书题写书名,是我之幸,是书之幸,也使本书更具历史韵味,在此深表谢意。

在本书即将付梓之前,我要特别感谢江苏人民出版社,这是在全国都有一定影响力的出版社,该社有一支业务精湛、态度严谨的编辑队伍,编辑出版了各类高质量的书籍,这是我最信任的出版社之一。本书能够在这里出版,并得到了出版社社长的高度重视和关心,以及编辑的精心设计、审校,对此,我充满感激。同时,也很感谢朱海蓉老师对本书所作的后期校订。

本书的出版,自然也离不开编写过程中众多朋友给予的帮助,没有他们的倾力相助,我是完不成如此多的古迹寻访和拍照任务,因为帮助的友人太多,我无法一一列举,只能在此深表谢意。

如山般的帝王陵,曾经辉煌一时,但如今大多倾立于斜阳残照中。走进帝王陵寝,会发现陵冢上的每一抔土都是沉甸甸的,都是沧桑、厚重的,都是历史的积淀。帝王陵寝,以一种独特的方式诉说属于自己的故事,书写着属于自己的历史。伫立陵前,昔时的刀光剑影,恩怨情仇,繁华宏丽,早已化成眼前这一座座土冢。当史海钩沉之时，依然还是令人有无限的感慨。我特别想把这种感慨和经历与大家分享，其实，每一座帝陵都是一部浩如烟海的史书，由于史料的缺乏，本人专业水平及文笔的拙陋等方面的限制，《山陵稽古》一定还存在很多问题，还请读者谅解。在此，我特别感谢朋友们和读者对我一直以来的宽容和支持，没有你们关心，我也不可能写到现在。

帝陵寻踪，将会帮助你穿过历史的隧道，去感受历史兴亡事，哪怕只是短暂停留，也能聆听到尘封历史的回声，这将是一种不同凡响的人生经历。

刘克明

2021年9月26日于南京

目录

山陵概述	巍峨陵冢	001
	堂皇祭区	006
	神秘地宫	012
	罪恶盗陵	020

第一章	胄衍祀绵始祖陵	029
	朝代简述	030
	陵寝概况	034
	山陵撷要	037
	太昊陵	037
	炎帝陵	039
	黄帝陵	041
	少昊陵	044
	颛顼陵	046
	帝喾陵	049
	尧帝陵	051
	舜帝陵	054

第二章	夏商周陵斜阳里	057
	朝代简述	058
	陵寝概况	064
	山陵撷要	068
	大禹陵	068
	太康陵	070
	少康陵	072
	夏桀陵	074
	商汤陵	076
	商中宗陵	078
	商纣王陵	080
	周文王陵	082
	周武王陵	085
	周幽王陵	088
	周灵王陵	090

第三章 春秋战国墓碑蚀 093

朝代简述 094

陵寝概况 098

山陵撷要 105

齐桓公陵墓 105

晋文公陵墓 106

秦穆公陵墓 108

秦景公陵墓 111

宋襄公陵墓 114

吴王阖闾陵墓 116

越王允常陵墓 118

赵武灵王陵墓 121

第四章 秦陵汉阙黄尘起 125

朝代简述 126

陵寝概况 130

山陵撷要 135

秦始皇骊山陵 135

秦二世胡亥陵墓 137

汉高帝刘邦长陵 139

汉文帝刘恒霸陵 142

汉景帝刘启阳陵 144

汉武帝刘彻茂陵 146

汉平帝刘衎康陵 148

汉光武帝刘秀原陵 151

汉献帝刘协禅陵 154

第五章	三国两晋陵凋落	157	第六章	南朝北朝麒麟残	193
	朝代简述	158		朝代简述	194
	陵寝概况	163		陵寝概况	199
	山陵撷要	169		山陵撷要	204

魏武帝曹操高陵 169	宋武帝刘裕初宁陵 204
魏明帝曹叡高平陵 171	梁武帝萧衍修陵 206
吴武烈帝孙坚高陵 174	陈武帝陈霸先万安陵 208
吴大帝孙权蒋陵 176	北魏孝文帝元宏长陵 210
汉昭烈帝刘备惠陵 179	北魏宣武帝元恪景陵 212
晋武帝司马炎峻阳陵 181	东魏孝静帝元善见西陵 215
晋恭帝司马德文冲平陵 184	西魏文帝元宝炬永陵 217
魏武悼天王冉闵陵 186	北齐神武帝高欢义平陵 219
前秦世祖苻坚墓 188	北周文帝宇文泰成陵 222
夏武烈皇帝赫连勃勃嘉平陵 190	

第七章	隋唐丘垄独嵯峨	225	第八章	五代十国几荒冢	261
	朝代简述	226		朝代简述	262
	陵寝概况	230		陵寝概况	267
	山陵撷要	235		山陵撷要	272
	隋文帝杨坚泰陵	235		后梁太祖朱温宣陵	272
	隋炀帝杨广陵	237		后唐太祖李克用极建陵	274
	唐高祖李渊献陵	240		后晋高祖石敬瑭显陵	277
	唐太宗李世民昭陵	242		后汉高祖刘知远睿陵	279
	唐高宗李治与武则天合葬墓乾陵	245		后周太祖郭威嵩陵	281
	唐中宗李显定陵	248		后周世宗柴荣庆陵	283
	唐睿宗李旦桥陵	250		前蜀高祖王建永陵	285
	唐玄宗李隆基泰陵	252		后蜀高祖孟知祥和陵	288
	唐肃宗李亨建陵	255		南唐烈祖李昪钦陵	291
	唐僖宗李儇靖陵	257		吴越太祖钱镠陵	293

第九章	残碑古松泣宋陵	297
	朝代简述	298
	陵寝概况	303
	山陵撷要	308
	宋太祖赵匡胤永昌陵	308
	宋太宗赵光义永熙陵	310
	宋真宗赵恒永定陵	313
	宋仁宗赵祯永昭陵	315
	宋徽宗赵佶永祐陵	318
	宋高宗赵构永思陵	321
	宋孝宗赵昚永阜陵	324
	宋少帝赵昺陵	326

第十章	辽金夏元墓鸦扰	329
	朝代简述	330
	陵寝概况	335
	山陵撷要	341
	辽太祖阿保机祖陵	341
	辽太宗耶律德光怀陵	343
	辽景宗耶律贤乾陵	345
	辽圣宗耶律隆绪永庆陵	347
	金太祖阿骨打睿陵	350
	西夏景宗嵬名元昊泰陵	353
	元太祖成吉思汗陵	356

第十一章	明陵翁仲相默语	359
	朝代简述	360
	陵寝概况	365
	山陵撷要	371

	明太祖朱元璋孝陵	371
	明惠帝朱允炆陵墓	374
	明成祖朱棣长陵	377
	明英宗朱祁镇裕陵	380
	明代宗朱祁钰景泰陵	383
	明世宗朱厚熜永陵	385
	明神宗朱翊钧定陵	388
	明思宗朱由检思陵	391

第十二章	寂寞清陵照山月	395
	朝代简述	396
	陵寝概况	401
	山陵撷要	407

	清太祖努尔哈赤福陵	407
	清太宗皇太极昭陵	410
	清世祖福临孝陵	413
	清圣祖玄烨景陵	415
	清世宗胤禛泰陵	418
	清高宗弘历裕陵	421
	清宣宗旻宁慕陵	424
	清文宗奕詝定陵	426
	清德宗载湉崇陵	430

后记　　　　　　　　　　　　　　　433

山陵概述

中华民族五千多年悠久的历史，给子孙后代留下了灿烂的文化遗迹，其中包括星罗棋布的古代帝王陵寝。

"圣天子孝先天下，首重山陵。"中国历代帝王都把陵寝作为社稷江山的象征，认为山陵关系到帝运之盛衰，国祚之长短。因此，在历代帝王的心目中，陵寝是至高无上、神圣不可侵犯的地方。许多朝代的帝王们从登基之日起，就下令勘选"上吉之壤"，建造陵墓。这些陵墓工程浩大，费时多年，动用上万甚至几十万民夫，耗费了大量金银，从而形成了数量众多、布局严谨、构造宏伟、工艺精湛的帝陵建筑群。这些不遗余力打造出来的帝王陵寝，是重要的历史遗存，是古代社会礼仪制度的主要内容，同时也是当时社会政治生活的重要内容，毫无疑问是我国古代文化的重要组成部分，堪称中国古代艺术的典范。

帝陵是历史的侧影，了解帝王陵寝的规制，对于我们了解中华文明具有重要的意义。同时，我国的帝王陵寝历史悠久，与其他国家的帝王陵墓相比，具有独特的风格，在世界文化史上也占有重要的地位。

中国的帝王陵寝制度有一个从无到有，从简到繁的发展过程。帝王陵墓的形式萌芽于先秦时代，秦汉是我国陵寝制度的初创时期，唐朝是我国陵寝制度发展史上的重要阶段，占有重要地位。宋朝的帝王陵寝继承了唐代的制度，又有所改造。明清时期是我国帝王陵寝制度进一步发展并最终达到顶峰的阶段。

一般来说，我国古代帝王陵寝包括陵冢、祭奠区两部分。

巍峨陵冢

陵冢就是指帝王陵墓的封土堆，又称陵丘、陵台、坟头等。由于所处时代的限制，各个朝代的陵冢均有自己显著的特点。中国古代帝王陵冢的发展大致经过以下几个时期：

第一个阶段是不封不树时期。

我国墓葬封土堆的出现，大约出现在春秋晚期，而其普及则为战国时期。在这之前漫长的时间里，中国人墓葬的表现形式是"不封不树"，即葬后以土填平，"墓而不坟"，既没有封土堆，也不种植树木以为标志。正如《周易·系辞下》所曰："古之葬者，厚衣之以薪，葬之中野，不封不树。"因此，我们今天看到的传说的三皇五帝以及西周王陵高大的陵冢，要么是后来为了纪念先祖而修建的，要么就是误传误指。例如长期以来一直被当作周文王、周武王陵冢而加以祭祀的陕西西安渭城区周陵乡的陵墓，后来被考古学者考证后确认为误传，应为战国秦王陵。因为西周时期采用的是"不封不树"的墓葬制度。

"不封不树"作为我国历史上最初的墓葬表现形式之一，在春秋战国的时候被隆起的墓丘所替代。不过，在以后历史上的某一特殊时期，也会再度复辟，比如魏晋时期。

魏晋时期战争频繁，社会秩序相当混乱，很多大墓被盗，帝王的陵墓也难逃厄运。为了防止盗掘，魏晋时期的帝王们恢复了"不封不树"的丧葬形式。魏文帝曹丕在为自己营建寿陵时，就清晰地说出了这个道理，他说，鉴于"自古及今，未有不亡之国，亦无不掘之墓也。"因而决定"因山为体，无为封树，

处于不封不树时代的周文王、周武王陵显然不可能陵冢高耸（摄于2016年8月18日）

无立寝殿"，"吾营此邱墟不食之地，欲使易代之后不知其处"。可见，他害怕改朝换代、政权交替之时，自己的陵寝被人盗掘，"骸骨并尽"。

魏文帝的这个决定，对整个魏晋时期影响很大，以后的二百多年间，厚葬风气大有收敛。这种"不封不树"的墓葬，地面上没有明显痕迹，也没有栽种树木，确实在一定程度上保护了陵墓的安全，但同时也使考古工作者缺少了寻找魏晋墓葬的线索，给考古工作带来了诸多困难。直到今天，魏文帝的陵墓，以及西晋和东晋皇陵的具体位置，仍然是有争议的论题。

第二个阶段是封土坟头时期。

从东周春秋晚期开始，"不封不树"的陵制形式逐渐向封土坟头形式过渡，并成为帝陵的主要陵墓形式。封土坟头形式的帝陵大致经历了三个主要的发展形态：

第一种形态是覆斗方上式。在地宫之上堆积封土，把封土垒成上小下大的方锥体，但顶端做成正方形或长方形的平顶，称为"方上"。整个封土堆呈被截去顶部的方锥状，犹如倒置的斗，所以又称"覆斗形"。著名的秦始皇陵，采用的就是这种封土形制。

秦始皇陵位于陕西西安临潼区的骊山北麓，范围广阔。从外观上看，秦始皇陵的封土为覆斗状，顶部平坦，腰略呈阶梯形，按《汉书·楚元王传》记载："其高五十余丈，周回五里余"，那么按今天的长度单位折算，高合120多米，底边周长2167米有余。由于两千多年的风雨剥蚀和人为的破坏，封土高度已降至76米，尽管如此，仍显高大雄伟，在骊山的映衬下，展露出其不凡的气势。

汉代绝大多数的帝陵也采用方上的形制，由夯土筑造而成。一般底部约150—170米见方，高20—30米。其中汉武帝的茂陵，规模最大，此外，西汉实行帝后合葬"同茔不同陵"的制度，在帝陵的东面建后陵，坟丘较帝陵为小，但也是采用方上形制。渭河以北，几十座方上形制的汉陵一字排开，陵冢上树木茂盛，郁郁葱葱，煞是雄伟。

汉代以后，覆斗方上式帝陵被其他的陵冢形式替代，但在宋代曾再次恢复采用。北宋帝陵覆斗形陵台的平面呈方形，采用"陵台三层"的形状，规模较小，现存陵台高度不一，但都不超过30米，大部

"无为封树"的魏晋帝陵就潜葬在茫茫的首阳山中
（摄于2017年7月20日）

秦始皇骊山陵虽经两千多年的风雨剥蚀依旧气势不凡
（摄于2011年7月27日）

分在20米左右。宋代以后，方上形制的帝陵陵冢基本消失。

　　第二种形态是因山为陵式。因山为陵这种墓葬形式又称"凿山为藏"，将墓室直接开凿在自然山体中，形成背依大山的恢宏气势。这种陵制其实早在西汉时期就已在个别帝陵中出现，如汉文帝霸陵，是因山为陵葬制最早见于记载的帝陵。

　　唐朝是采用因山为陵形制时间最长、规模最大的时期。这一时期的因山为陵形制始于唐太宗昭陵。据《旧唐书》记载，唐贞观十年（636年），文德皇后长孙氏临终时叮嘱唐太宗修陵要俭薄，"请因山而葬，勿需起坟"。同年文德皇后落葬后，唐太宗在为文德皇后所撰的碑文上写道："王者以天下为家，何必物在陵中，乃为己有。今因九嵕山为陵，凿石之工才百余人，数十日而毕。不藏金玉、人马、器皿，皆用土木，形具而已，庶几奸盗息心，存没无累。"可见，唐太宗采用因山为陵的形制，陵冢不藏金玉，目的是使"奸盗息心"。

唐太宗昭陵依九嵕山凿山而建,开创了唐代封建帝王依山为陵的先例,以后绝大多数唐代皇陵都采用因山为陵形制。确实,与"方上"相比,利用山的峰峦作为帝王陵墓的陵冢,更显高大壮观,更加坚固持久,也能够更充分地体现皇权的至高无上和威严尊贵。自唐太宗李世民以九嵕山为陵建造昭陵开始,因山为陵成为唐代帝陵的既定制度,也成为我国重要的帝陵形制。

第三种是宝城宝顶式。这是封土坟头式帝陵的最后一种形态,指的是在地宫上面建筑圆形或长圆形的砖城,然后在城内堆土,使封土成为穹隆式圆顶,并略略高于城墙。圆形城墙上设垛口和女儿墙,犹如一座小城,称为宝城,穹隆式圆顶称为宝顶。

宝城宝顶式帝陵的首创者是明太祖朱元璋。有专家认为,南方潮湿多雨的气候使方上式封土难以保持原形,为了防止坟丘被雨水冲蚀,南方各地多采用修建圆丘状墓冢并以石块围护的方法。朱元璋在修建明孝陵时,使用了同一模式,不过把石块围护变为"宝城",陵墓封土变为"宝顶","宝城宝顶"的陵冢形式由此诞生。

汉代绝大多数的帝陵都采用覆斗方上的形制(摄于2011年7月28日)

唐代因山为陵的陵制形成背依大山的宏大气势(摄于2017年7月23日)

明清帝陵几乎完全采用了宝城宝顶的基本形制（摄于2010年8月8日）

朱元璋还在宝城前方增设突出的方形城台，上面建城楼，城楼内竖立石碑，刻有皇帝的庙号、谥号，名为"方城明楼"。

朱元璋的这一做法开创了一种新的帝王陵墓建制，直接影响了明清两代五百多年帝王陵寝的形制。其后，明成祖朱棣迁都北京，陆续营建十三陵，都以明孝陵为蓝本。

清朝帝陵也几乎完全继承了"宝城宝顶"的基本形制，均按南京明孝陵的规制和模式营建，只是在建筑的大小和形状等方面作了一些微调，如清朝的宝城宝顶多为椭圆形等。

堂皇祭区

除陵冢外，我国历代帝王在修建陵墓时，还十分重视陵园内建筑的修建。陵园内的建筑规模宏大，主要由祭祀建筑、仪仗建筑等部分组成。这些建筑是中国古代帝王陵寝的重要组成部分，历代帝王几乎都要精心构筑。

我国的陵园建筑有一个漫长的发展过程。早期的陵墓附属建筑很少，甚至没有。历经数百年的发展，陵园内的建筑才逐渐由少变多，最后形成了庞大的规模。不同时期的陵园建筑，也有不同的特色。

祭祀建筑为陵园建筑的主要部分，供祭祀之用。中国古代对活着的人和死去的人是同等重视的,所谓"事死如事生",因此陵园祭祀建筑规模都很庞大。在不同的时代,不同的陵园祭祀建筑有不同的称呼,如享殿、献殿、寝殿、陵殿、享堂、祾恩殿、隆恩殿等。享殿、献殿、祾恩殿、隆恩殿等指的是举行祭祀仪式的场所,寝殿、影殿等指的是供墓主灵魂起居的殿宇。

祭祀建筑区一般建在帝王陵冢之侧,是封闭的多进庭院建筑群。由于时代久远,先秦时期帝王陵的地面建筑早已毁坏。不过,自秦汉以来,帝王陵寝的地面建筑就有遗址可寻了。

秦始皇陵的北部设有寝殿,开创了帝陵设寝先例。西汉继承了秦代陵寝制度,并有所发展。早期寝殿建在绕陵的墙垣内的北部,陵庙则建在远离陵墓的都城内。从汉景帝开始,寝殿等建筑从绕陵墙垣内移到墙垣之外,其方位则因地势而定。考古发现汉景帝阳陵和汉武帝茂陵的寝殿都在陵园东南部。东汉时期,由于上陵礼制的确立,陵园布局又发生了较大的变化,废除了陵旁立庙的制度,而在陵墓前建"石殿",专供定期朝拜和祭祀大典之用,以加强祭祀功能。

考古发现汉景帝阳陵在陵园的东南部建有用于祭祀的寝殿(摄于2011年12月3日)

唐王朝在帝陵前修建规模宏大的祭祀建筑(摄于2017年7月24日)

明清帝陵陵园的祭祀建筑与陵冢分隔,形成独立建筑群(摄于2018年8月16日)

宋代帝陵陵寝设置鹊台和乳门作为进入神道的门阙(摄于2017年7月19日)

历史进入魏晋南北朝时期,这一时期由于分裂割据、战乱不断、经济凋敝,多数帝王或者惧怕陵墓遭到盗掘,或者采用本族葬俗,大多采用"潜埋"的方式,不起坟丘,陵前的祭祀建筑及上陵礼仪也一并被废除。北魏孝文帝时,孝文帝推行汉化改革。由于政治、经济趋于稳定和发展,孝文帝开始恢复汉代的陵寝制度,在陵前修建享堂,并恢复了汉代的上陵礼仪。

唐代国力强盛,陵寝规模远超前代,陵前开始修建规模宏伟的献殿,供上陵朝拜、举行重要祭典使用。同时,在陵园西南方数里的地方修建寝宫,这种将献殿和寝宫分建两处的制度,更突出了祭祀典礼的重要性。

北宋时期,陵园的布局基本上沿袭了唐代的风格并有所改进,由鹊台、乳门、神道、南神门、献殿、陵台、下宫等组成。由于北宋时期盛行阴阳堪舆术,在葬制上信奉"五音姓利"之说,因此把下宫(寝宫)从陵墓的南面移到北面,献殿则建在南神门与陵台(陵冢)之间。南宋时期,历代皇帝心存日后归葬巩义祖陵的愿望,因此诸帝驾崩后,只修建临时性的陵墓,浅土埋葬,属于"暂厝"性质。故而,南宋帝陵规模小,建筑简单,既无陵台,又不置石刻群,称为攒宫。但南宋帝陵前面还是修建了上宫,内设献殿,在上宫之北偏西修建下宫,内含寝殿。

元朝帝陵沿用蒙古族的"潜埋"葬俗,不起坟,皇帝葬后纵马踏平地面。元朝帝陵既无陵号,也不建陵园。

明清帝陵陵园的布局,基本上沿用唐宋的规制,并受当时宫殿建筑格局的影响,

从东汉开始,帝陵神道两侧开始设置石刻(摄于2018年10月27日)

唐朝帝陵由翁仲和石兽组成的大型石刻仪仗规模宏大（摄于2017年7月23日）

废弃了上官、下官分离的布局，把各类建筑集结在一条南北向的中轴线周围。陵园也由方形改为长方形。明清帝陵陵园将献殿等祭祀建筑与陵冢用垣墙隔开，成为两个独立的建筑群体，形成"前朝后寝"的格局。"前朝"指祭祀建筑部分的两个院落：第一进院为陵门、碑亭、神厨、神库；第二进院为献殿，它是祭祀建筑的主体部分，规模宏大，两侧建有配殿。"后寝"中则有方城、明楼、圣号碑等建筑。明清时期，废止前代宫人在陵寝内居留、侍奉起居的旧制，更加突出了陵寝的朝拜祭祀功能。

仪仗建筑是指门阙、立柱、神道等威仪肃穆，起到趋吉避凶、警戒保卫等作用的建筑，一般置于祭祀建筑之前。帝王陵寝前的仪仗建筑代表着帝王们的神圣和威严，所谓皇家禁地凛然不可侵犯，生前如此，死后也要一样的风光和威势，震慑那些前来观瞻的人们，令他们肃然起敬、噤若寒蝉。当然，仪仗建筑也寄托了帝王们生死轮回的宿命观。

仪仗建筑经历了一个逐渐发展的过程。神道是仪仗建筑中最早出现也是最重要的部分，它是指从陵园大门直达陵门的大道，又称"御路""甬路"等。它作为帝王陵寝建筑的前导部分，在陵寝建筑中起着承前启后的作用。早期的神道并不长，且为灰泥土路，以后长度逐渐增加，并逐渐用巨石或巨砖铺路，还陆续出现石柱、石像生等。

据载，陵前设置石刻群，大约从汉代开始。现在考古勘察西汉帝陵前虽然没有发现石刻，但从汉武帝茂陵陪葬墓霍去病墓前发现的一组石刻可以推断，汉朝帝陵前也可能设置石刻。东汉开始，在帝陵神道两侧设置石刻。

南北朝时期，帝王陵墓前普遍设置大型石人和石兽，只是所设石刻的种类和数量还有限。今天，在部分北魏帝陵前，还能看到少量双手握剑的武士石刻。南朝帝陵神道两侧的石刻则已成定制，一般为石兽一对、石柱一对、石碑一对。

明清时期帝陵神道的发展达到了高峰（摄于2010年11月12日）

到了唐朝，神道石刻有了很大的发展，大型的"石像生"仪仗队已经形成。自唐高宗、武则天的合葬墓乾陵开始，由文武大臣和珍禽异兽组成的大型石刻仪仗更是规模宏大。

唐代帝陵一般在神道前设有门阙，神道两侧的石刻组合一般由南向北依次为华表一对、翼兽一对、鸵鸟一对、仗马和牵马人五对、翁仲十对。唐太宗昭陵和唐高宗乾陵还另立有用以显示文治武功的外国首领石像（又称番像）。此外，自昭陵起，唐代帝陵还在陵园的北门置仗马三对等，此为唐代帝陵的特色，唐十八陵石刻是中国古代雕刻艺术的宝库，其题材和雕刻手法均大大超过了以前的陵墓石刻。

宋代以后,帝陵石刻基本沿用唐代制度,但在品种和数量上有所变化。如石人分为文臣、武将两种,增加了独角兽、象、骆驼等大型动物和神兽。北宋帝陵石刻中也立有番像,但它与唐代帝陵神道的番像不同,唐陵所设番像象征臣服于唐的外国首领之像,而宋陵所设番像象征一种友好往来的关系,这是一种外交政策。此外,宋代的神道前,设置了鹊台和乳门作为进入神道的大门。

唐宋以后,中国古代帝王陵寝制度日趋完善、程式化。

元朝皇帝因为实行潜葬制,所以没有神道及石像生。到明清时期,帝陵神道发展到高峰。神道不仅变得更长,如明十三陵的神道从石碑

清东陵顺治帝孝陵神道就是清东陵诸帝后陵寝的主神道(摄于2018年8月16日)

坊起一直通向长陵,全长近10千米,而且周围增加了许多建筑,包括石牌坊、下马坊、大金门、神功圣德碑亭、华表、神道、石像生、龙凤门等。明清时期是帝陵仪仗建筑最为齐全的时期。

此外,这一时期的帝陵还出现了诸陵共用一条神道的现象。这条神道为最先建陵的皇帝修建的主神道,主神道通常会直达最先建陵皇帝的陵前,以后的帝王则在主神道的基础上,向其他方向延伸出辅神道,通往各自的陵前。明十三陵、清东陵和清西陵都设有主神道。

仪仗建筑是帝王权势的象征,仪仗建筑的规模与数量折射出一个朝代的国力和陵主的地位。

神秘地宫

地宫是安放帝王棺椁的地方，又称墓室、玄宫、皇堂、石藏子等，一般位于陵冢之下，为陵寝建筑的核心部分。历代帝王都非常重视地宫的修建。由于所处时代、国家财力、建筑技术和材料等方面的因素，历代帝王陵寝的地宫呈现出不同的布局和形式。

中国最早的夏王朝，其王陵因为年代久远，又缺少文字记载而没有发现，故墓室情况不明。商王陵已在河南安阳发现，其墓室是一个巨大的方形或长方形竖穴式土坑，有"亚字形"和"中字形"两种形式。亚字形墓室，四面各有一个墓道，中字形墓室，只有南北两个墓道。商王墓室一般用木材筑成椁室，葬具也用木棺，放置在椁室正中。墓主只有一人，尚未发现夫妻合葬的情况。商王陵墓室的随葬品极其丰富、精美，包括各种青铜器、玉石器、陶器、漆木器、骨角器等。

进入西周后，周王室制定了棺椁制度，有严格的等级划分。但由于西周王陵尚未发现，地宫的形制还不清楚。不过，西周及之后春秋战国时期的王陵墓室应该仍然保持商代以来的形制。战国时期，为保护墓室，在墓内还会填充沙、石、木炭等。同时，总体来说，春秋战国时期的人

商朝的王陵为一个巨大的方形或长方形竖穴式土炕（摄于2020年8月7日）

殉情况比商代、西周少了，代之而起的是用木俑和陶俑随葬的风俗。

秦始皇是中国历史上第一位皇帝，其陵墓规模宏崇，地宫更是陵墓建筑的核心。据载，秦始皇动用了70余万人来修筑自己的陵墓，挖得非常深，《史记·秦始皇本纪》说是"穿三泉"，《汉书·刘向传》也曰"下锢三泉"，《水经注》则有"旁行周回三十余里"的记载，可见秦始皇陵棺椁埋葬之深、地宫规模之大。

近年来，考古工作者通过遥感和物探的方法对秦陵地宫进行探测，发现规模宏大的地宫位于封土堆之下，其顶部距离地平面深2.7-4米，南北长460米，东西宽392米，其平面近似方形。地宫中央是放置棺椁的墓室。传说秦始皇陵地宫内"上具天文，下具地理"，"以水银为百川江河大海"，完全是人间世界的一个缩影。地宫外周边，还有马厩坑、珍禽异兽坑、石铠甲坑、百戏俑坑等。此外有陪葬坑、人殉坑、刑徒坑等，范围极广。

汉朝是中国历史上继秦朝之后一个强盛的大一统朝代，分为西汉和东汉。根据《汉旧仪》记载，西汉帝陵地下墓室深十三丈，高一丈七尺，四周二丈。折算下来约为深30米、高3.9米、周4.6米，从已发掘的西汉王侯墓看，实际规模可能要大得多。墓室为方形，通向地面有四门，四门设夜龙、莫邪剑、伏弩、伏火等暗器，以防盗掘。

西汉帝陵地宫用木材构筑椁室，采用"黄肠题凑"的形式（摄于2018年3月24日）

根据一些已发掘的西汉王墓的形制来推测，西汉帝陵的地宫一般采用竖穴式，整体结构宏大坚固，四面各有一条墓道，称为羡道，通地宫处有羡门。地宫用木材构筑椁室，椁室正中为木棺，葬具为多重棺椁，椁室四周用一端向内的柏木堆叠，称为"黄肠题凑"，内部间隔出回廊等。到了西汉中晚期，这种地宫结构发生重大变化，开始改用砖石料构筑地宫，形制和结构完全模仿现实生活中的房屋、宫殿，这是中国古代葬制的一次划时代的大变化。由于这种地宫结构起到了椁的作用，因而这一时期的地宫内有棺而无椁。

东汉以后，砖石结构的地宫迅速普及，东汉帝陵地宫多用石头砌建椁室，称为"黄肠石"。东汉帝陵的地宫为一条墓道的带回廊的砖石结构地宫，这一时期的许多地宫内，还有彩色壁画、画像砖或画像石，题材广泛，主要是表现墓主人生前生活的各种场面。

三国两晋时期，因连续战乱，经济遭到严重破坏。曹操、曹丕、司马懿等当时的帝王权臣都提倡薄葬。因此，三国西晋时期，帝陵地宫的规模都不大，而且"不封不树"，导致这一时期的帝陵大多难以寻觅。幸运的是，2009年，曹操的高陵在河南安阳安丰乡西高穴村被发现，使我们有机会一窥这一时期帝陵地宫的结构。

曹操高陵坐西向东，地宫平面为甲字形，是一座带斜坡墓道的双室砖砌地宫。地宫主要由墓道、前后室和四个侧室构成。地宫平面略呈梯形，东边宽22米，西边宽19.5米，东西长18米。占地面积约740平方米。地宫中出土的文物以刻有"魏武王常所用挌虎大戟"和"魏武王常所用挌虎大刀"等铭文的石牌，以及遗骨最为重要。它们为研究确定墓主身份提供了重要的历史依据。

西晋灭亡后，北方进入十六国统治时期。这一时期，连年的战乱使社会经济的发展遭到破坏，进入中原的匈奴、鲜卑、羯、氐、羌等少数民族首领由于风俗、环境和经济等因素，没能营建大规模的陵寝，故多采用传统的"潜埋"办法，不起坟丘。由于地面没有任何标记，因此这一时期的帝陵大多未被发现。但从已发现的贵族墓葬和推测为王陵的墓葬中可以看出：这一时期规模宏大、雕刻精致的画像石墓已很少见，在墓室中开始流行设棺床，一般为砖砌墓室，有些墓室设有石门。和汉代陵墓相比，十六国时期地宫的平面布局简化，面积减小，但是，地宫的细部结构和设施却有一些新的发展。

东晋南渡后，国力更为衰弱。据文献记载，东晋的帝陵多依山而建。目前经考古发掘、推测为帝陵的几座东晋大墓，都为带有甬道的券顶单室砖墓，墓室长约4—

南北朝帝陵地宫大都为带有甬道的券顶单室砖墓（摄于2018年10月27日）

7米之间，宽仅4—5米。

东晋之后，南朝与北朝对峙，南朝的社会经济发展水平相对超过北朝。较发达的经济在陵寝建筑上的表现，就是出现了规模较大、布局规整、较为豪华的地宫。

南朝陵墓的地宫都采用单室，一般包括墓室、甬道、封门墙、墓道和排水沟五部分，地宫一般都建在半山腰或山麓处，高出地面，平面近似椭圆形或八边形，砖墙，上为穹隆顶，从齐景帝修安陵地宫来看，长9.4米，宽4.9米，高4.35米。地宫前接甬道，装有二道石门，外加封门墙封闭。地宫上都堆有高度不一的封土。地宫和甬道壁都镶嵌模印花纹砖，壁画内容有狮子、仙人和"竹林七贤"等壁面线雕图案。

北朝也多为单室墓，一般由墓道、甬道和墓室组成，砖石结构。北魏宣武帝地宫没有壁画，但东魏和北齐墓室发现有彩色壁画，北朝地宫总体显得简朴庄严。

隋唐时期是中国封建社会最为兴盛的阶段。隋朝传二代而亡。隋文帝泰陵据说没有被盗，也未经发掘，故地宫形制不详。隋炀帝陵地宫已发现，地宫长仅6米多，宽8米，残高2.76米多，只能算中小规模的陵墓，因为隋炀帝是亡国之君，故其地宫规模不具代表性。

唐代是中国封建社会的鼎盛时期。从李渊建立唐王朝到王朝灭亡，近三百年间共有 21 位皇帝,他们的陵墓大部分分布在陕西关中盆地北部,即黄土高原和北山各岭。唐朝皇后不单独起陵,而是与皇帝葬在同一个地宫之中,"龙凤共眠"。

唐代帝陵大多依山为陵,即"凿山为藏",就是利用自然山势,在山峰南侧山腰上深挖洞穴,把棺椁葬入其中,然后用石条填砌,层叠于墓道口到墓门。石条是交错砌压的,石条之间平面用铁栓板固定,又浇上熔铁汁,非常坚固。

唐陵的地宫都未经科学发掘,结构尚不清楚。但据《文献通考》记载,昭陵玄宫,从埏道至墓室,进深七十五丈(约 250 米),前后

五代十国时期的帝陵地宫分为前中后三室宫,并设有壁龛或耳室(摄于2011年12月23日)

安置五重石门。五代的温韬盗掘唐帝诸陵时曾看到昭陵玄宫"中为正寝,东西厢列石床"。从各方面的情形推测,唐代帝陵的地宫结构和平面布局应是模仿帝王宫殿设计的,分为前、中、后三个墓室及耳室等部分,规模宏大、用材考究。当时流行壁画,因此一般在墓道前部两壁和玄宫顶部绘有壁画。

五代十国时期帝陵的地宫,从前蜀王建的永陵、南唐李昪的钦陵和李璟的顺陵地宫来看,此时地宫也分为前、中、后三室,各室两侧又多设壁龛或耳室,明显承袭了唐陵地宫的制度。

宋代是我国经济文化高度发展的时期,分为北宋和南宋。北宋诸

陵建在今河南巩义，陵寝建造大体上沿袭汉、唐制度，只是改变了汉唐皇帝一即位就建陵的做法。北宋的陵寝在皇帝去世后才开始建造，而且全部工程都在7个月内完成。由于时间短促，故而宋陵的规模不如唐陵。

北宋地宫一般深入地下几十米。据南宋李攸《宋朝事实》记载宋英宗永厚陵："自平地至深六十三尺"，"皇堂方三丈"。其实，北宋各帝陵的地宫深度和面积不一，如宋太宗永熙陵地宫深达25米，方有20米，而其父亲赵弘殷的永安陵地宫仅深14.25米，方有18.88米。

北宋皇陵虽然至今没有进行过全面系统的考古发掘，但赵光义的永熙陵曾经被盗，考古工作者通过盗洞进入地宫开展调查，初步了解了永熙陵地宫的大致情况："系青砖砌成，七横砖七平砖，共十四层厚，极其坚固。顶部绘有天象图，天象下绘宫殿楼阁，整个墓室轮廓下方上尖。"

根据史籍及考古发现，可知北宋皇陵地宫形制和结构曾经历三次变化，早期为砖砌单室墓，包括永安陵、永昌陵和永熙陵；中期为石砌单室墓，包括永定陵、永昭陵；后期为石砌上、下两层墓，包括永厚陵、永裕陵和永泰陵。

宋朝南迁后，南宋帝王陵区选在今浙江绍兴东南17千米处的攒宫山与青龙山之间的平地上。虽然陵区山水交融，风景如画，但南宋各帝陵的规模都比较小，地宫规模也极小，不设墓道和墓门，地宫称"皇堂"或"石藏子"，只是一个长方形的石室，以放置皇帝灵柩。据《宋会要辑稿》记载：宋高宗石藏，"长一丈六尺二寸，阔一丈六尺，深九尺"。考虑到江南地卑土湿、地下水位较高，石室外还会增筑外壁一重，两壁之间以胶土填筑。南宋皇帝的梓宫就安置于石室之内。皇陵地面上不建陵台，只在皇堂上面覆以天盘黉网，铺上青石、柏木、白毡、竹箦、香土、客土，再用方砖砌地，上面修建名为"龟头"的殿堂三间，用于荫蔽皇堂。

辽、金和西夏是与宋朝并立的少数民族政权。辽朝帝陵现存的陵园主要有两处，一处在今内蒙古赤峰北部，包括辽祖陵和辽庆陵等；一处在今辽宁锦州北镇城北的医巫闾山，包括辽显陵和辽乾陵等。

辽朝帝陵受中原帝陵影响较多，多依山为陵，但保持了契丹族的特色。虽然辽朝帝陵在金代曾遭破坏，以后又多次被盗，但通过永庆陵，我们仍可以了解辽朝帝陵地宫的情况：永庆陵地宫距地表约10米，由前室、中室、后室和四个侧室组成。前室呈平面方形，其余各室为圆形，辽圣宗及皇后的棺椁放置后室，各室之间有长甬道相连。墓内全长21.2米，最宽15.5米，最高约6.5米，地宫中的壁画绘有春、夏、秋、冬四季皇帝捺钵（指辽帝行宫）所在地的山水画，并随葬契丹族特有的器物等。

西夏的帝陵区坐落在今宁夏银川西部的贺兰山麓，共有九座帝陵。由于自然和人为破坏，目前对每位西夏皇帝陵寝的具体位置尚有争议，只能用编号来命名。

宁夏博物馆曾对六号帝陵进行了发掘，从中知道了西夏帝陵地宫的大致布局：六号帝陵为多室土洞式墓，墓深24.6米，由墓道、甬道、中室、东侧室和西侧室组成。地宫中室前狭后宽，其前端宽6.8米，后端宽7.8米，南北长5.6米，方砖铺地。从中可以看出，西夏帝陵的形制基本仿照汉族风俗，同时还保留着党项族的某些固有特点。

金朝是女真族建立的政权，其早期的帝王去世后都葬于会宁府（今黑龙江哈尔滨阿城区）附近。金海陵王定都中都（今北京）后，选定今北京房山区的大房山营建山陵，迁葬了金代早期帝王，以后金朝帝王均葬于此，形成北京最早的帝王陵墓群。

金朝帝陵的形制采用因山为陵，有明显的唐代风格。2002年，考古工作者对金帝陵遗址进行清理发掘，在金太祖完颜阿骨打的睿陵地宫内发现了四具石棺椁，以及金丝冠、铜柄铁剑、石枕、金代铜钱等。睿陵地宫是一处在山体中开凿的石质地宫，长约13米，宽达9米，地宫北侧深度约5.2米，南侧深度为3米。因金朝帝陵破坏很大，故金朝帝陵的地宫形制还有待进一步的考古研究。

元朝是中国历史上第一个由少数民族（蒙古族）建立的全国性统一王朝。由于元代帝室一直保留着秘密下葬的习俗，下葬后不起坟，无任何标志，因此无法确认帝陵的真正所在地点，元朝一代帝陵的地宫形制也无法得知。

明清时期是中国历史上最后两个大一统王朝，君主专制登峰造极，帝陵地宫形制也趋于完备。

明朝十六位皇帝，陵寝主要分布在今江苏南京和北京。明朝帝陵的形制是由明太祖朱元璋奠定的。明太祖的孝陵地宫没有发掘，但通过已经发掘的明神宗朱翊钧定陵的地宫，我们可以清晰地了解明朝帝陵地宫的形制。

定陵的地宫位于宝顶下面，深27米，由前殿、中殿、后殿、左配殿、右配殿五个部分组成，建筑面积1195平方米。其中左配殿、右配殿是对称的两个殿，两配殿有甬道与中殿相通。中殿内有三个汉白玉石座，摆放着帝后的"五供"和长明灯。

后殿是地宫内最大的一个殿，长30.1米，宽9.1米，高9.5米，殿内棺床正中央放置有明神宗和两位皇后的棺椁，棺椁周围放置有玉料、梅瓶及装满随葬品的红漆木箱。

金太祖睿陵发现的石棺，但地宫形制还有待研究（摄于2016年8月8日）

明神宗定陵地宫结构堪称明代皇陵规制的代表（摄于2017年8月18日）

明定陵地宫结构堪称明代皇陵规制的代表。在目前发现的历代帝陵地宫中，明定陵的地宫是规模最大的。

清朝的帝陵制度基本上承袭明朝，只是局部作了微调。清朝帝陵的地宫，大多采用九券四门式构造。

券即地宫的拱式建筑，九券是指隧道券、闪当券、罩门券、头道门洞券、明堂券、二道门洞券、穿堂券、三道门洞券和金券。四门是指头道石门、二道石门、三道石门和金券石门，金券是放置皇帝及皇后棺椁的地方。清朝帝陵地宫中，有着数量繁多的绘画和雕刻，如乾隆裕陵地宫中就有众多精美的雕刻，绝大部分为喇嘛教内容，这是清政府重视处理与蒙古族、藏族等民族关系的明证，可见，清朝帝陵的地宫表现出更多的政治、宗教和文化色彩。

清朝帝陵虽然在地宫面积上比明代帝陵地宫小得多,但在建造工艺上更加精巧细腻,并有诸多特色。

罪恶盗陵

尽管历代皇帝想尽办法采取各种防盗措施,但在历史上,盗挖帝王陵墓的行为一直没有间断过。

陕西凤翔的秦公一号大墓共发现盗洞达270余个之多
(摄于2015年8月1日)

多种史籍记载秦始皇骊山陵多次遭遇破坏和盗挖
(摄于2011年7月27日)

帝王陵墓中随葬了太多的珍奇异宝。据史籍记载，汉武帝茂陵的陪葬品在汉武帝尚在世的时候就多得装不下了。地下有如此多的财富，再严密的防盗措施也抵挡不了盗墓者的贪欲。例如1986年，陕西凤翔秦公一号大墓发掘完毕，考古工作者在秦公一号大墓中共发现盗洞达270余个之多，盗洞的年代自汉代一直延续到唐宋时期。可以说，中国历史上盗挖帝陵的行为开始早，规模大，而且持续不断，一直延续到现在。

秦始皇嬴政是中国历史上第一位皇帝，其陵墓位于陕西西安临潼区城东5千米处的骊山北麓，规模宏大。

根据史籍记载，秦始皇陵地宫历史上遭遇过多次破坏：

《史记》和《汉书》都记载有"项羽烧秦宫室，掘始皇帝冢，私收其财物"。可见项羽攻入关中后，曾大规模破坏秦始皇陵，不仅将地面建筑毁于一旦，还挖掘了地宫。《水经注·渭水》则记载："项羽入关，发之，以三十万人三十日运物不能穷……牧人寻羊烧之，火延九十日不能灭。"说是有一个牧羊人在秦陵附近放羊，一只羊掉入地洞，牧羊人打着火把到地洞中去寻找，不料竟然走进了秦陵地宫，引发大火，秦始皇陵再遭劫难。

之后，在政局混乱，社会动荡之际，也屡传盗挖秦陵的事件。

不过，一些考古工作者经过多年的实地勘察研究，认为秦始皇陵只遭到局部破坏，地宫保存基本完好，未遭严重破坏和盗掘。历史的真实究竟如何，还有待进一步研究。

西汉的12位皇帝去世后，除1位被废外，其余11位都埋葬在渭河北岸的咸阳原上，周围陪葬大量的皇亲国戚和文臣武将。西汉是我国历史上最看重墓葬规格的朝代，据《文献通考》记载，汉朝将天下贡赋的三分之一用于帝陵营建，国家的相当一部分财富被带入地下，这也导致这些帝陵的灾难在自己的王朝还没有结束的时候就已经到来。据《汉书·张汤传》记载，汉武帝在位的时候，就发现"有盗发孝文园（汉文帝霸陵）瘗钱"的行为，丞相严青翟与御史大夫张汤不得不在朝堂上给汉武帝谢罪。西汉元康二年（公元前64年），汉宣帝听闻有人见到了汉武帝陵墓中随葬的《杂经》和金箱，惊异不已。据《汉武帝内传》记载，当时："宣帝大怆然，惊愕，以经付孝武帝庙中。"

西汉灭亡后，对西汉帝陵的盗挖进入肆无忌惮的阶段。据《汉书·王莽传》记载，赤眉军"烧长安宫室市里，害更始……宗庙园陵皆发掘，唯霸陵、杜陵完"。

汉帝陵随葬品丰厚,历史上对其的盗挖肆无忌惮(摄于2018年7月23日)

《后汉书·刘盆子传》对赤眉军的这次盗墓做了更为详尽的记载:"盆子乘王车,驾三马,从数百骑……发掘诸陵,取其宝货。"他们甚至"污辱吕后尸。凡贼所发,有玉匣殓者率皆如生,故赤眉得多行淫秽"。《晋书·索綝传》记载:"赤眉取陵中物,不能减半。"也就是说,数万士兵"大掠"之后,陵中的陪葬品还没有搬走一半。直到三百年后的西晋时,陵中的珠玉还没有被盗完。

东汉14位皇帝,有11位葬于洛阳以东的北邙山上和洛阳城南。《三国志·魏书》记载,东汉初平元年(190年),权臣董卓挟持汉献帝西迁长安,离开洛阳前,他组织人马挖掘了东汉帝陵,"焚烧洛阳宫室,悉发掘陵墓,取宝物"。后来,袁绍指责董卓"焚烧宫室,蒸乱宫人,发掘陵墓,虐及鬼神"。

三国时期,盗墓之风愈刮愈烈。为了解决粮草之需,曹操竟然在军队编制中设立了"发丘中郎将"和"摸金校尉"之职,专门负责挖墓,"所过隳突,无骸不露",洛阳一带的东汉帝陵自然难逃厄运。

两晋时期也是盗墓活动的高潮期。因三国两晋时期的帝王实行薄葬,陵墓不封不树,故盗墓者无从下手,都把目光盯在过去的帝陵。《晋书·石季龙载记》记述了当时的情形:"曩代帝王及先贤陵墓靡不发掘,而取其宝货焉。"这一时期,前代帝陵遭盗掘严重。

温韬几乎把关中一带所有的唐朝皇陵都给掘开了（摄于2017年7月23日）

进入南朝后，由于经济发展，帝陵规模变大，导致盗挖现象频繁，例如陈霸先万安陵的盗挖。

陈霸先是南朝陈的建立者，原为梁朝的将领，在平定侯景叛乱中崛起，后因与征东将军王僧辩发生冲突，陈霸先袭杀了王僧辩，完全掌握梁朝大权。不久废梁帝自立，国号陈，是为陈高祖。但陈霸先称帝三年后便去世，葬于建康（今江苏南京）附近的万安陵。据《北史·孝行传》记载，陈朝灭亡后，王僧辩之子王颁，纠集其父旧部，夜掘陈武帝陵，剖棺焚尸。

唐朝共有20位皇帝（不含武则天），除昭宗李晔葬河南和陵、哀帝李柷葬山东温陵外，其余18位皇帝的陵寝都在西安汉朝帝陵以北的北山各岭，号称"关中十八陵"。据载，除乾陵之外的17座唐帝陵都已被盗掘。唐朝农民起义领袖黄巢曾调集40万士兵在梁山西侧挖掘，试图盗掘乾陵，最终却连乾陵的入口都没有找到，只在梁山上留下了一条40米深的"黄巢沟"。

盗掘唐帝诸陵最为疯狂的盗墓贼当属唐末五代时期的节度使温韬。温韬利用在陕西担任耀州节度使之便，几乎把关中一带所有的唐朝皇陵都给掘开了。

温韬盗掘唐帝陵之事，不论正史还是野史，都有明确记载。《新五代史·温韬传》载曰:"韬在镇七年,唐诸陵在其境内者,悉发掘之,取其所藏金宝。而昭陵最固。韬从埏道下,见宫室制度闳丽,不异人间。中为正寝,东西厢列石床,床上石函中为铁匣,悉藏前世图书。钟、王纸墨,笔迹如新。韬悉取之,遂传民间。惟乾陵,风雨不可发。"《资治通鉴》也载:"华原贼帅温韬聚众嵯峨山……唐帝诸陵发之殆遍。"

在关中地区的诸多唐陵中,只有乾陵没有遭到温韬的毒手,这归结于乾陵的坚固和异常的天象。宋人程大昌在《考古编》中称:"史载温韬概发唐陵,独乾陵不可近,近之辄有风雨。"就是说,温韬在准备盗掘乾陵时,刚巧遇上了狂风骤雨、电闪雷鸣的天气现象。温韬害怕自己的盗陵之举忤逆天意,从此放弃了发掘乾陵的念头。尽管如此,温韬还是给关中周边的帝陵带来了灾难性的破坏,大量珍贵的文物被毁。可以这样说,温韬是中国盗墓史上危害极大的一个盗墓者,罪在千古。

五代十国是我国历史上又一个分裂割据的时期。中原地区王朝不断更替,前后有梁、唐、晋、汉、周五代。南方地区则出现至少十个割据王国。这一时期,帝陵散落各地,大多被盗。例如十国中最大的南唐政权,先主李昪的钦陵和中主李璟的顺陵,尽管文献记载不详,但在历史上曾经多次被盗。20世纪50年代,南京博物院的考古工作者对南唐二陵进行发掘清理时,在钦陵地宫墓顶和墙顶发现多个盗洞。当年随葬的金银珠宝早已被盗墓者洗劫一空,只剩下少量陶俑和玉哀册等。

宋朝为中国历史上最富庶的王朝,但宋陵规模却相对不大。宋朝也是中国历史上极少数几个皇帝生前不预建寿宫的朝代,这几个皇帝不仅在去世以后才卜址挖穴,而且规定工程要在七个月内完成,故造陵比较仓促,这也容易留下安全隐患,比如,地宫的位置太过明显,陵冢规模也不大等,这些先天性缺陷,导致宋陵极易被盗。

北宋灭亡后,北宋的济南知府刘豫投降金国,被金人扶持为(伪)齐帝。据载,刘豫有一次发现一军士在出售玉注椀,经过对军士的盘问,得知为宋陵的随葬品。这引起了刘豫盗陵取财的想法,于是,他专门设置了一个称为"淘沙官"的盗墓官职,遍掘河南巩义宋帝诸陵,将陵墓中的随葬金银珍宝全部掠光,据载宋哲宗的尸骸还被胡乱地扔在荒野上。直到岳飞收复朱仙镇时,派人整修了诸帝陵,宋帝骸骨才得以掩埋。

南宋诸帝虽然定都南方的临安(今浙江杭州),但因心怀收复北方失地、光复祖宗旧业的梦想,故去世后虽在绍兴觅地安葬,但均未大造陵寝,遗体只做浅埋,名曰"攒宫",以便日后归葬巩义祖陵。但南宋灭亡后,诸帝陵很快便遭了殃。

金及伪齐政权遍倔巩义宋帝诸陵，甚至抛尸荒野（摄于2011年10月18日）

蒙古铁骑的肆意破坏，使西夏王陵残破不堪（摄于2012年7月13日）

金代帝陵在明朝两度遭遇官方的大规模破坏，毁坏殆尽（摄于2016年8月8日）

据《元史》《明史》及《南村辍耕录》与《癸辛杂识》等文献记载，元初至元中后期，江南释教总摄杨琏真加，率众遍掘南宋帝陵，搜取随葬财宝，并暴诸皇帝尸骨于荒野，南宋诸帝陵寝无一幸免。这帮人盗掘宋理宗赵昀的永穆陵时，打开棺椁，发现赵昀遗体尚未腐烂，状如安睡，棺底垫着织锦与竹丝细簟。盗贼们搜光棺中宝物，还倒悬起赵昀尸体，以沥出腹中防腐的水银。后来，杨琏真加还割取赵昀的头骨，将其加工为饮器。

辽朝是契丹族建立的政权，辽朝帝陵分布在今内蒙古赤峰北部和辽宁锦州北镇两处。辽灭亡后，辽朝帝陵首先遭遇金朝的破坏，以后又遭遇多次盗挖。辽圣宗永庆陵在民国时期被发现，民国19年（1930年），热河军阀汤玉麟之子汤佐荣勾结一伙人盗挖了辽圣宗庆陵内的东、西二陵，运走了永庆陵的哀册若干方。之后，日本人也借考古之名，对永庆陵进行实测、摄影、壁画临摹，并盗走了一部分文物，使庆陵东、西二陵遭到彻底的破坏。

西夏帝陵坐落在今宁夏回族自治区银川市西部的贺兰山麓，共有九座帝陵。由于西夏末期，与蒙古发生多年战争，战火殃及陵区，西夏国亡后，又遭受蒙古铁骑的肆意破坏，加上长期的民间小型盗掘活动，使西夏王陵地宫残破不堪。

金朝是女真族建立的政权，靖康元年（1126年）灭北宋后，金朝迁都中都（今北京）。金代帝陵位于今北京的大房山，形成北京最早的帝王陵墓群。但金代帝陵在明朝天启二年（1622年）、三年（1623年）遭遇明朝官方大规模地毁坏，地宫被掘开，毁坏殆尽。

元朝由于一直保留着秘密下葬的习俗，下葬后不起坟，无任何标志，因此无法确认帝陵的真正所在地点，所以元朝帝陵应该没有遭遇盗掘。

明朝立国以后，太祖朱元璋在大都（今北京）命人找到了宋理宗的头颅，于明洪武元年（1368年）以帝王礼葬于应天府（今江苏南京）凤台门外，第二年又命人将理宗的头骨归葬绍兴永穆陵旧址，其余的南宋帝陵也得到了修缮。

明朝帝陵是我国历代帝陵中遭遇劫难最少的，除明定陵是因考古研究而被发掘外，其他明朝帝陵均未被盗掘。明末李自成农民起义军虽一度占据北京，但在北京十三陵只是焚毁了定陵的殿庑及康、昭二陵的明楼等，并未挖掘明陵地宫。

清朝与明朝之间早先屡有战事。但清军入关之后，需要汉族知识分子及士大夫阶层的支持。因此，清朝定鼎北京后，为巩固统治，就打起了为明朝臣民报君父之仇的旗帜，以礼改葬崇祯帝及其皇后，并实施保护明陵的政策。所以，终清之世,明朝帝陵并未遭遇大的破坏。中华民国建立后,政府也对明朝帝陵采取保护政策。同时,明朝帝陵多选在首都近郊,盗陵者也难以下手。

清朝灭亡后,军人、土匪等都参与了对清陵的盗挖(摄于2012年7月8日)

清朝入关后,帝王陵墓群一改历朝历代皇陵聚建一地的传统,形成了分葬两处的特征。加上关外的努尔哈赤福陵、皇太极昭陵,共有三处陵墓群。

清朝灭亡后,由于民国时期军阀混战,地处偏僻乡野山林的清陵,保护不易。加上清陵的宝顶规模小,地宫深度浅,使清帝陵容易被盗掘。

清朝帝陵最大的盗挖祸首就是名噪一时的"东陵大盗"孙殿英。孙殿英时任国民革命军第十二军军长。1928年,他以军事演习为名,赶走守陵人,切断交通,然后派兵分头盗挖裕陵与定东陵。据载,乾隆裕陵地宫有4道石门,工兵设法打开了前三道门,但最后一道石门无论如何也打不开,于是工兵对这道门施行爆破。士兵们进入地宫后,发现地宫内积水很深,巨大的棺椁浮在水上,离开宝床,顶住了石门。地宫中,有乾隆皇帝与两位皇后、三位皇贵妃的棺椁。盗陵官兵将棺椁打开,又遍搜地宫,将随葬的珍宝抢掠一空。

清光绪帝崇陵盗挖发生在1938年秋。当时,日本军队侵占易县县城,清西陵的八旗护陵兵闻风逃散,一伙身份不明的盗墓贼乘机盗陵。他们顺着崇陵哑巴院的影壁墙向下挖，被金刚墙挡住去路后，就沿着金刚墙向下挖掘，再向上，进入隧道券，顶开石门，来到崇陵地宫。盗墓贼大肆劫掠崇陵地宫之中的随葬珍宝，还用斧头把光绪的棺椁砍了一个大洞，把光绪帝的遗骨从棺中拖出，崇陵地宫一片狼藉，惨不忍睹。

到了1945年，时局动荡，清东陵基本处于无人管理的境地，盗匪乘机纷纷重新操镐，甚至荷枪实弹，明火执仗地盗掘清东陵里的多处墓穴。康熙帝景陵、咸丰帝定陵、同治帝惠陵相继被盗。

这次被盗陵寝之多，损失之惨，比孙殿英那次盗陵更为严重。

盗墓是中国历史悠久的社会现象，正如《三国志·魏书·文帝纪》里魏文帝曹丕所曰："自古及今，未有不亡之国，亦无不掘之墓也。"从动机来看，盗墓活动大致可以分为两类：一类是带有复仇心理的盗墓，一类是为财富所驱使的盗墓。此外，为了研究历史或保护陵墓也会开挖帝陵，当然，这就属于考古的范畴了。

考古和盗墓是截然不同的。简单来说，考古是为了社会的利益，是为了更好地保护陵墓，发掘所得的文物也都属于国家，而盗墓是为了个人的非法利益。盗墓者对陵冢的野蛮挖掘，不仅使陵寝建筑本身遭到破坏，更使地宫中的珍宝由于挖掘不慎而被损坏。有很多盗墓贼甚至在盗墓后残忍地将陵冢付之一炬，这是对逝者的不尊重，更会导致众多有价值文物的流失，令国家历史文物遭到不可弥补的损失。

帝陵遗存是民族的瑰宝，是人类共同的财富，一经破坏，不可再生。对此，一方面需要政府加大对陵墓维护、管理和防范的力度，加大对盗墓和贩卖文物行为的严厉打击，另一方面，也应加强对公民的文物保护教育，培养全社会对文物的保护意识。

我国历史上几千年来实行的厚葬制度造就了众多宏伟的帝王陵寝，它们就像一个个文物仓库、一座座地下博物馆、一段段历史故事集。我期望人们能够在感受陵寝的建筑之美、山水之美，"发思古之悠情"的同时，品味帝陵文物的巨大魅力，懂得文物的重要价值，在寻古探胜中达到增长知识、引发思考的目的。

第一章　胄衍祀绵始祖陵

朝代简述

用"朝代"来描述三皇五帝时期显然是不合适的。远古时期,我们的先祖建立的组织机构与真正的国家机构相去甚远。因此,这里仅把"朝代简述"看作为了全书的统一而设置的一个栏目而已。

中华文明数千年的历史是从黄帝开始的,这一说法源自我国西汉时期的历史学家司马迁。司马迁撰写的《史记》以黄帝的事迹开篇。当然,最新发现的大量考古成果证明,中华文明的历史可以往前推得更早。

按照传统的说法,远古时期的中国曾出现"三皇五帝",但不同的史籍对"三皇五帝"的解释各不相同。其中,汉代所定的"三皇"有多种说法,包括:(1)燧人、伏羲、神农(《尚书大传》);(2)伏羲、女娲、神农(《春秋运斗枢》);(3)伏羲、祝融、神农

燧人氏钻木取火结束了远古人类茹毛饮血的历史,开创了华夏文明
(摄于2013年9月28日)

伏羲传有许多发明创造，天水伏羲庙成为后人缅怀先祖的重要场所
（摄于2011年7月25日）

（《礼·号谥记》）；（4）伏羲、神农、共工（《白虎通》）；（5）伏羲、神农、黄帝（孔安国《尚书序》）。

"五帝"则有五种说法，包括：（1）黄帝、颛顼、帝喾、尧、舜（《史记·五帝本纪》）；（2）庖牺、神农、黄帝、尧、舜（《庄子》）；（3）太昊、炎帝、黄帝、少昊、颛顼（《吕氏春秋》）；（4）黄帝、少昊、颛顼、帝喾、尧（《世经》）；（5）少昊、颛顼、帝喾、尧、舜（孔安国《尚书序》）。

"三皇五帝"的说法虽然有多种，但因为孔安国《尚书序》在经书中地位尊崇，所以之后的许多史籍皆采用孔安国《尚书序》的说法，于是，这一"三皇五帝"的说法被奉为古代的信史。

当然，我们不能把"三皇五帝"与后来封建时代的帝王相提并论。"三皇五帝"只是传说中我国远古时代实力强大的部落酋长或部落联盟首领。"三皇五帝"时代，是中国历史的远古时代，是中华民族从懵懂进入文明的历史阶段。神话传说把农具、人工取火、结绳记事等许多发明创造都归功于"三皇五帝"，实际上这些发明创造应该被视为这一时期人民集体智慧的结晶。

从历史发展的阶段来说，燧人氏、伏羲氏分别代表的是蒙昧时期

黄帝是中华民族人文始祖，涿鹿黄帝城留下了其文明发展的历程（摄于2016年8月11日）

炎帝及其部落创造了中国农业文明，神农架流传着有关神农的传说（摄于2007年7月26日）

的中级和高级两个阶段，神农氏所代表的是野蛮时期的低级阶段。"五帝"是接着"三皇"之后的历史发展阶段。"三皇五帝"中的黄帝和炎帝是中华民族的共同祖先，开创了源远流长的中华文明，这一信念更是广为流传，以至"炎黄子孙"成为海内外华夏儿女的代称。少昊、颛顼、帝喾则都是人类从原始状态步入文明时代在不同时期、不同区域的探路人，他们共同为华夏民族文明的发展添砖加瓦。

在古史传说中，帝喾之后，又先后出现了两位德才兼备的部落联盟首领——尧、舜。据传，他们是通过"禅让"的方式和平传位的。

尧帝开创了禅让制的先河，临汾尧庙至今香火不绝（摄于2015年5月12日）

舜耕历山的高尚品格，使他声名远扬，成为后世楷模（摄于2016年8月3日）

他们所处的时期是"公天下"到"家天下"的过渡时期，氏族制度行将崩溃，是从蒙昧向文明过渡过程中的一个重要阶段。作为中国远古社会的转型阶段，这一时期为夏商周奴隶社会的形成奠定了基础。

每一个古老的民族都有自己的神话传说故事。长期以来，人们都认为"三皇五帝"是我国民间流传的神话色彩浓郁的传说。但我们可以从中感受到黄帝时代许多发明创造展现的才智、神农尝百草付出的艰辛和体现出的牺牲精神、尧舜禅让彰显的道德力量……传说时代是古史的一部分，通过这些传说，我们能够寻觅人文初祖的人生轨迹。现在，随着考古学的发展，大量的考古材料证明，"三皇五帝"也许不仅仅是个传说。现当代的许多学者对于史前历史也作过不少的考证和论述，有些已得到证实，有些还需加以求证。

陵寝概况

"三皇五帝"是我国古代传说中的人物。他们的事迹在历史发展过程中逐步得到充实完善。战国时期的史书才开始出现"五帝"之说;"三皇"一词则在战国末年出现,之后形成了多种以不同人物组合而成的"三皇五帝"。对于"三皇五帝"的具体埋葬地点,古史传说语焉不详,加上"三皇五帝"时期,墓葬形式正处于"不封不树"阶段,因此,他们是否存在真正的陵冢尚难以确定,即使有陵冢,也是难以寻觅的。

今天我们在各地看到的"三皇五帝"高大陵冢,应该都是后人为了纪念他们而修建的。陵寝的修建地点是根据一些史籍记载和传说确定,修建时间也各不相同。同时,由于不同史籍的记载不同,使得"三皇五帝"还分别出现了多个陵寝。

根据古籍记载和历史传说,"三皇五帝"主要活动的地域集中在中原一带,因此其陵寝也大多分布在山西、陕西、河南、河北、山东等省。其中,伏羲陵有一处在山阳高平(今山东微山),这在魏晋时期学者、

"三皇五帝"高大的陵寝都是后人为纪念先祖而考诸史籍等修建的(摄于2016年7月8日)

医学家皇甫谧的《帝王世纪》等史籍中有记载；还有一处在河南陈州（今河南淮阳），《陈州府志》有明确的记载。炎帝神农氏陵也有多处：一处在长沙（今湖南炎陵），这一说法见于皇甫谧《帝王世纪》及南宋罗泌的《路史》；另一处在今陕西省宝鸡市常羊山上，宝鸡是传说中炎帝的故里，据传说在上古时期，以炎帝为首领的姜姓部落就生活在这里。

相比之下，有关黄帝陵的记载比较早而且多，西汉司马迁在《史记》中记载："黄帝崩，葬桥山。"不过，《史记》对于黄帝的葬地桥山究竟在哪里语焉不详，因此出现了多处桥山和黄帝陵，其中影响最大的是位于今陕西省黄陵县城北桥山之巅的黄帝陵。据载，西汉元封元年（公元前110年），汉武帝曾在此祭祀黄帝。以后的历代王朝统治者，都对桥山黄帝陵十分重视。

"五帝"包括少昊、颛顼、帝喾、尧帝和舜帝，他们都是传说中的人物，但传说是否以真实的历史事件为蓝本，史学界尚有争议。

根据史籍记载，少昊陵在今山东曲阜，今曲阜旧城东北的一处高阜被认为是史籍中所记载的少昊陵。颛顼陵和帝喾陵则在今河南内黄的梁庄镇，两陵东西并列，颛顼陵居东，帝喾陵居西，相距60米，共用山门、享殿、御桥、碑林等陵寝建筑。《史记·五帝本纪》和

山阳高平（今山东微山）伏羲陵在诸多史籍中均有记载
（摄于2021年10月2日）

历朝历代的统治者都对桥山黄帝陵十分重视
（摄于2008年8月8日）

河南内黄梁庄有颛顼帝喾双陵并峙、千年祭祀不衰
（摄于2016年6月8日）

尧帝在山西临汾东和山东鄄城南都有陵墓，鄄城尧陵高大宏崇（摄于2014年5月29日）

《帝王世纪》等都有关于颛顼葬地的记载。此外，今河南商丘睢阳区南25千米的高辛镇也有一座帝喾陵，康熙《商丘县志》、雍正《河南通志》有此记载。

尧、舜是我国古史传说中两位德才兼备的部落联盟首领。据史籍记载，尧的陵墓有两座，一座在今山西省临汾城东约35千米的郭村西隅，这里离传说中的尧都平阳（今山西临汾）不远；另一座在今山东鄄城南约7千米处的富春乡谷林苗圃内，《吕氏春秋》有"尧葬于谷林"的记载。舜也有位于今山西运城和湖南宁远的两座陵寝，运城舜帝陵坐落在城北约15千米处的鸣条岗西端，《孟子》一书有"舜生于诸冯，迁于负夏，卒于鸣条"的记载。宁远舜帝陵位于城南30千米处的九嶷山（亦作九疑山）。《史记》记载舜"葬于江南九疑，是为零陵"。

"三皇五帝"的众多陵寝，经过长时间的扩建，形成了高大的陵冢和宏伟的祭祀建筑群，它们都是后人修建的纪念性陵冢。其实，今天的人们并不太在意陵寝的准确地点，而更重视它的纪念意义。祭祀"三皇五帝"陵寝的活动始于先秦，之后历朝历代也都举行过隆重的祭陵仪式。进入近现代，祭拜黄帝陵的传统依然得以延续。如今，陕西的黄帝陵会在每年清明节举办公祭仪式，重阳节则是民间祭祀活动的高峰。这一系列祭祀活动，蕴涵着缅怀先贤、感恩祖先的人文情怀，成为我国凝聚民族精神的庄严仪式。

我国很早就开始建庙祭祖，这是中华民族的优良传统（摄于2016年6月8日）

山陵撷要

【太昊陵】

伏羲，风姓，燧人氏之子，又称太昊，是中华民族传说中古代东夷族的著名首领。伏羲在司马迁的《史记》中并没有被列入上古帝王世系。东汉班固的《汉书》突破了《史记》的界限，将上古帝王世系从黄帝推至伏羲，以太昊伏羲为历史源头，伏羲三皇之首的地位是在汉代确立的。

传说伏羲生于成纪（今甘肃秦安）。其母华胥氏，据传到一个叫雷泽的地方去游玩，偶尔看到了一个巨大的脚印，好奇地踩了一下，便有了身孕。华胥氏怀孕后生下一个儿子，这个儿子有蛇的身体和人的脑袋，取名为伏羲。伏羲传有神圣之德，长大后，他"继天而王"，定都于宛丘（今河南淮阳）。

河南淮阳太昊陵山门（摄于2013年10月18日）

关于伏羲的传说至迟在战国之时已经流传开来。相传伏羲与女娲兄妹婚配，产生人类。在传说故事中，伏羲一生有很多发明创造：他观物取象，演化出伏羲八卦，又称先天八卦，其中所蕴含的博大精深的文化内涵，使其成为古代东方哲学的标志。此外，他还教民渔猎、养殖牲畜，并制定嫁娶的礼仪，促进氏族的进化和繁衍。他还分别以龙命名了八个龙官以治理海内。

据载，由于伏羲以德睦邻，诸夷均归服于他，当时的人们把龙视为神灵和权威的象征，也就以龙作为本民族的图腾（崇拜物），成为中华民族的象征。伏羲因此成为全世界华人的始祖，获得后人的尊崇，历代对伏羲的祭祀活动也绵延千年，历久不衰。

太昊陵位于河南淮阳。据《陈州府志》记载：春秋时，此地已有太昊陵，汉代立祠。唐太宗李世民曾颁诏禁止老百姓在陵区一带放牧。宋太祖赵匡胤下诏修建陵庙，并诏示三年一祭。此后，陵与庙祀，日见崇隆。后因黄河改道，陵园建筑差不多被洪水吞没，至元末已荡然无存。直到明朝洪武三年（1370年），明太祖朱元璋访求帝王陵寝，并亲自驾幸陈（今河南淮阳）致祭。以后，复置守陵户，并修建寝殿、廊庑、戟门、厨房、库房等，奠定了今天太昊陵的格局。清朝乾隆十

河南淮阳太昊陵先天门（摄于2013年10月18日）

年（1745年）又加以修葺，至此，太昊陵内外城垣高耸，殿宇巍峨，宏大的规模遂成定局，完全是一派皇家建筑群的气势。

笔者是在多年前的一个晚秋时分前往拜谒太昊陵的，走在这座占地500余亩、有几十座建筑贯穿南北的陵园中，在领略气势恢宏的建筑同时，更能感受到博大精深的文化气息，不由得肃然起敬，叹为观止。

河南淮阳太昊陵（摄于2013年10月18日）

【炎帝陵】

炎帝是传说中我国上古时期姜姓部落联盟首领，号烈山氏。传说姜姓部落以火神为主要崇拜对象，故他们的首领被称为炎帝。

据传，炎帝生于宝鸡姜水流域，故姓姜。其部落最初的活动地域在今陕西南部，与黄帝部落相邻而居，两部落都比较强大。后来，炎帝部落沿黄河向东发展，与黄帝部落发生冲突。在阪泉（今河北涿鹿东南）之野经历三次战役后，炎帝被黄帝打败，炎帝部落与黄帝部落合并，形成早期的华夏族。

炎帝对中华民族的生存、繁衍和发展作出了重要贡献。传说炎帝一生为百姓做了许多好事：炎帝是我国农耕文明的开创者，他率领他的氏族创造了中国的农业文化；他创制耒耜，教百姓耕作，使百姓得以丰衣足食；为了让百姓不受疾病之苦，他亲尝百草，辨别其气味，

湖南株洲炎帝陵享殿（摄于2009年8月6日）

湖南株洲炎帝陵号碑（摄于2009年8月6日）

观察其颜色，品尝其滋味，感受其反应，确定其药效和使用方法，后人尊炎帝为中国医药的创始人；因为他的伟大历史功绩与黄帝一样，也被尊为华夏民族的人文始祖，受到普天下炎黄子孙的世代崇敬。全国多处地方都留下了有关炎帝生平、发祥地及其活动区域的传说与历史遗迹。

据说，炎帝晚年为民治病、采药，曾一天中毒七十次，终因误尝断肠草而中毒身亡。晋代皇甫谧《帝王世纪》中记载："（炎帝）在位百二十年而崩，葬长沙。"宋代罗泌撰《路史》作进一步诠释："（炎帝）崩葬长沙茶乡之尾。"晋代长沙郡辖地广阔，今湖南株洲炎陵县，曾为其属地。今炎陵县城西17千米处的鹿原陂至今仍然保存有炎帝陵。

据史书记载，早在西汉时炎帝陵就已存在，唐代，已有奉祀。北宋乾德五年（967年）开始在此建庙，宋代以后，各朝均有祭祀和修葺，有记载的修葺就有20多次，御祭达百次。

现存炎帝庙的基本形制是清雍正十一年（1733年）酃县知县张浚重建后确定的，再加上1986年后的大修复，形成了一组分为三路、具有浓郁清式建筑风格的庞大建筑群，其中中路的午门、行礼亭、主殿依次排列，红墙黄瓦，庄严肃穆。炎帝陵在

湖南株洲炎帝陵（摄于2009年8月6日）

陕西宝鸡炎帝陵（摄于2011年7月26日）

庙宇后部，陵冢高耸，碧草茵茵，陵冢中央镶嵌有清道光年间知县沈道宽所书"炎帝神农氏墓"的石碑，陵前还建有碑亭，亭内的汉白玉墓碑上镌刻胡耀邦同志手书"炎帝神农氏之墓"。

此外，在陕西宝鸡常羊山上也有一处炎帝陵，这里是上古时期以炎帝为首领的姜姓部落生活的地方。宝鸡炎帝陵分为陵前区、祭祀区、墓冢区，墓冢为圆形土冢，陵前有启功先生所题"炎帝陵"碑，整座陵寝古朴庄重。

炎帝的事迹虽带有传说色彩，但从古至今，炎帝一直被视为华夏民族的始祖。分布在祖国大地上的多处炎帝遗迹都成为华夏子孙寻根祭祖的场所。千百年来，对炎帝的祭祀香火不断，经久不衰。

【黄帝陵】

黄帝与炎帝同时代，姬姓，史载为少典之子，因崇尚土德，而土又呈黄色，故号黄帝。关于其出生地的说法不一，有"寿丘说""天水说"等。据传，黄帝居轩辕之丘（今河南新郑），故号轩辕氏；其国号为有熊，亦称有熊氏。

黄帝推测为中国原始社会末期的一位部落联盟的首领。据载，黄帝部落居于姬水，大体活动在今西北高原。在部落发展过程中，黄帝部落首先与姜水流域的炎帝部落发生冲突,双方激战于阪泉。最终,炎帝部落溃败,炎帝归顺了黄帝,两个部落结成了以黄帝为首的联盟。

距今约五千年前,为了争夺中原地带,黄帝部落和炎帝部落与九黎部族在涿鹿一带进行了一场大战。相传,九黎部族是九个亲属部落结成的部落联盟,以蚩尤为首领,属东夷集团,勇武善战。

虽然涿鹿之战的战场在何处至今仍有争议,但此次战争打得分外激烈,留下了很多神话传说,如黄帝战蚩尤九战不胜,蚩尤运用法术,

陕西黄陵黄帝陵"人文初祖"殿(摄于2008年8月8日)

陕西黄陵黄帝陵神道(摄于2008年8月8日)

陕西黄陵黄帝陵碑亭（摄于2008年8月8日）

陕西黄陵黄帝陵陵冢（摄于2008年8月8日）

让大雾弥漫三天三夜，黄帝之臣风后在北斗星的启示下，发明了指南车，才冲出大雾。还有传说认为黄帝在困境中得到玄女的帮助，制作了500面战鼓，用东海中的神兽"夔"的皮作为鼓皮，用雷兽之骨做成鼓槌，战鼓"声闻五百里，以威天下"，最终取得了胜利。

黄帝以自己的睿智和果敢赢得各部族的信任，树立起无可匹敌的权威，并乘战胜余威，对四方大事征讨。华夏族在其他氏族中的影响不断增大，黄帝从此成为华夏民族的共同祖先，被尊为华夏民族的"人文初祖"，并被逐步神化，成为民族象征。据传，黄帝在位期间有很多发明创造：缝制衣裳，制定音律，制定历法，建造舟楫，创制文字等，黄帝妻子嫘祖教人养蚕等。此后，华夏民族由蛮荒时代逐渐步入文明时代。

黄帝的丰功伟绩受到后世的敬仰和崇拜。据说，黄帝晚年，大业已竟，天帝遣巨龙迎黄帝上天宫，当巨龙飞越桥山时，黄帝下驾安民，闻讯赶来的黎民百姓，痛哭流涕，他们拽住黄帝的衣襟不放，结果把黄帝的衣冠留了下来。为表达对黄帝的怀念之情，人们在桥山起冢为陵，立庙祭祀，这就是传说中桥山黄帝陵的由来。

由于史籍对"桥山"的具体位置语焉不详，故在全国有多处黄帝陵，它们都表达了后人对黄帝的尊崇和敬仰。陕西桥山黄帝陵为目前所公认，它位于延安黄陵县城北桥山，是历代帝王和名人祭祀黄帝的主要场所。据文献记载，它最早建于秦代，刘邦建立汉朝后，在桥山西麓建起轩辕庙。西汉元封元年（公元前110年），汉武帝北巡朔方返回时，曾专程来到桥山祭祀黄帝陵。唐代宗大历年间，对轩辕庙进行了重修扩建，并栽植柏树一千多株，形成了黄帝陵古柏森森的壮观场面。宋朝初期，桥山西麓经常塌方，宋太祖赵匡胤便降旨将轩辕庙由桥山西麓迁至桥山东麓，也就是如今轩辕庙的所在地，元明清诸朝也对黄帝陵进行过多次修缮。

今天，走进桥山山麓的轩辕庙，依旧能够看到苍柏，以及古建筑和碑碣等文物，其中一株古柏，树枝形似虬龙盘绕，相传为轩辕氏手植。庙院北部还新建了祭祀大院。黄帝陵则位于桥山之巅。步行上山，古柏参天，山环水抱。陵前有一块明朝嘉靖年间所立的"文武官员至此下马"石碑，左前方为十几米高的"汉武仙台"，传说是汉武帝在北征匈奴归来时为了祭祀黄陵所筑的高台。

由此北行就是黄帝陵，黄帝陵位于桥山山顶正中，坐北面南，陵冢为高大的土冢，四周砌有花墙。陵前石碑上刻有"桥山龙驭"四个大字。陵前还有祭亭，红柱绿瓦，四角飞檐，亭中石碑刻"黄帝陵"三字，系郭沫若同志所书。亭前香炉内的祭祖高香，香烟氤氲。置身于此，使人油然而生一种虔诚庄严之情，更添追古思幽之怀……

【少昊陵】

少昊也作少皞，己姓，名挚。传说他是黄帝与嫘祖的长子，居于穷桑（今山东曲阜），故称穷桑氏。因他"修太昊之法"，即继承太昊伏羲氏的德行，故又称少昊。又因为少昊"以金德王天下"，故亦号"金天氏"。

山东曲阜少昊陵牌坊（摄于2012年7月21日）

山东曲阜少昊陵"万石山"（摄于2012年7月21日）

山东曲阜少昊陵（摄于2012年7月21日）

在古史传说中，少昊具有神奇的禀赋和超凡的本领，作为继太昊而起的整个东夷部落的首领，他徙都奄（今山东曲阜），并以此为中心，在分布于山东半岛的二十四个氏族中建立了一套奇异的制度，设官分职，皆以鸟名。在位期间，少昊设工正、农正，分别管理手工业和农业，以发展生产。他把国家治理得井井有条，出现了"民无淫，天下大治，诸福之物毕至"的景象，获得百姓的赞誉。据《史记》记载，少昊百岁而终。

少昊葬于鲁故城东门之外的寿丘，即今山东曲阜城东四千米的旧县村。由于史料的缺失，我们尚不知少昊陵从何朝何代开始修建，但清代的《阙里文献考》有关于少昊陵的记载："少昊自穷桑登帝位，徙都曲阜，崩葬云阳山。"颜师古也认为："云阳，山名，在曲阜，邑人或以今陵后一丘为云阳山。"历史上，少昊陵不断被重修和扩建，尤其是在北宋时期得到大规模的扩建，宋真宗大中祥符五年（1012年）大修并雕石像，建石栏。宋徽宗政和元年（1111年）又用万余块石头砌起陵坛，俗称"万石山"。"万石山"底大顶小，呈陵台形，上有小室，被誉为中国的"金字塔"。由于少昊陵位于今曲阜城偏东，知者甚少，因此，笔者前往拜谒时，发现几乎没有游客。

少昊陵山门前立有一座四楹三间的石质牌坊，坊额正书"少昊陵"三字，为清乾隆元年（1736年）曲阜知县孔毓琚奉敕修建的。穿过山门，迎面为奉祀少昊的享殿,绿瓦覆顶。殿内有神龛,中置"少昊金天氏"木主。龛上部悬乾隆皇帝手书"金德贻祥"的匾额,两侧建有东配殿、西配殿。其后为陵坛"万石山",顶筑方形小石庙。最后为少昊陵冢。陵冢为一土丘,略低于"万石山",陵冢前有陵碑。整个陵区古柏参天。据载,乾隆年间,乾隆帝谒陵时,下旨令曲阜知县于陵园内广种柏树,逐渐形成今天的规模。

少昊其人其事,在史学界尚有争议,其葬地虽然只是传说,但传说也可能有一定的史实依据。今天,少昊陵也已经成为炎黄文化和华夏文明的象征。笔者在落日衔山的时节,走在寂静的陵园中,沿着荒草漫地的神道,拜谒先祖的陵寝,瞻仰历代祭祀碑,慎终追远,感受尤深,思绪万千。

【颛顼陵】

颛顼,号高阳氏,黄帝之孙,少昊之侄。他生于若水(今四川荥经),居于高阳(今河南杞县),故号高阳氏。

传说颛顼自幼才智超人,少年时到少昊之国学习治国之道,并辅佐少昊料理政务,深得少昊的赏识。之后,二十岁的颛顼就当了首领。神话传说当时颛顼的继位曾引起另一位部落首领共工的不满,为此双方发生了大规模冲突。共工见一时不能取胜,怒气之下,撞向不周山(即昆仑山),将巨柱拦腰撞断,天穹失去支撑,向西倾斜,从此日月星辰都往西运行。东南大地被撞开一个深坑,从此江河的流水都向东南

河南内黄颛顼陵山门(摄于2016年6月8日)

河南内黄颛顼陵碑廊(摄于2016年6月8日)

奔流。这一传说的出现,是因为我们的祖先没有科学知识,无法解释日月星辰东升西落、大川小河向东汇流这些自然现象,所以只能以丰富的想象编出共工撞倒不周山那样有趣的神话故事。颛顼取得了最后的胜利。战后,颛顼的权威得到承认,真正成为天下共主。

颛顼在位时期推测为处在原始社会末期,他是一位有文治之功的首领。据传,颛顼十分重视人事治理,曾命南正掌管祭祀天神,命黎司为北正之官,实行人神分职,标志着原始宗教向神权过渡。他努力发展农业生产,教人充分利用地力,种植庄稼及养殖牲畜,并推算出四时节令以顺应自然。命人编制"颛顼历",从此,春夏秋冬得以分明,鸟兽万物皆得有序。同时,颛顼还壮大部落联盟,整顿社会秩序,使民安其生。

颛顼因其功绩被列为远古五帝之一。传说他建都于帝丘(今河南濮阳西南),在位70多年,寿近百岁。《史记·五帝本纪》记载有:"颛顼冢在东郡濮阳顿丘城门外广阳里中。"

在今河南濮阳之西的内黄县至今仍有一座颛顼陵。内黄颛顼陵位于内黄县南30千米的梁庄镇三杨庄村西北土岗之阳,与帝喾陵相邻。陵寝历史久远,虽然始建年代无考,但据文献记载,唐文宗太和四年(830年)就在冢前建庙,宋金时期重修,元代在陵园四周修砌了砖墙,

河南内黄颛顼陵祭碑(摄于2016年6月8日)

河南内黄颛顼陵（摄于2016年6月8日）

后又多次修葺，形成建筑宏伟、古朴典雅、碑碣林立、松柏蓊郁的陵寝建筑群。然而，到了清朝末年，由于黄河故道风沙南移，陵墓和建筑群全部被沙土掩埋于地下，1986年清沙之后，才得以重见天日。

对颛顼陵的传统祭祀活动源远流长，历代王朝祭祀不绝，宋代以后列为定制。此外，群众性的祭祀活动也历史悠久，至今尤盛。

内黄颛顼陵与其他地方的"五帝"陵不同，呈现出与山同在的形制。笔者拜谒颛顼陵，经过御桥、御路、宋井、山门、棂星门、庙院、寝殿、享殿基址，来到颛顼陵前。陵前青砖垒砌的周墙上并立嵌有两块墓碑："颛顼帝陵"碑题刻于元天历二年（1329年），为元浙东道宣慰副使李之德所立。"颛顼陵"碑题刻于清嘉庆二十四年（1819年）系清滑县知事张兆安所立。

书有盈尺大字的两通墓碑，大气磅礴。整座陵园芳草萋萋，松柏参天，庄严肃穆，透出了颛顼陵园的沧桑与威严。

【帝喾陵】

帝喾,姬姓,黄帝曾孙,《史记·五帝本纪》记载他"生而神灵,自言其名",15岁时就辅佐颛顼,被封于高辛(今河南商丘高辛镇),故称为高辛氏。

由于帝喾才高智广,能帮助颛顼处理好政事,因此,帝喾30岁时,颛顼就把自己的位置让给了他。帝喾即位后,定都于亳(今河南偃师西)。他知人善任,大公无私,生活俭朴,知民之急,对天下人都平等对待。同时,他在位时期,能掌握日月星辰的变化规律以利民,并懂得利用时间、节令去指导农业生产。

据传,帝喾一生多次外出巡游,他东到泰山、东海,东北至辽宁,北到涿鹿、恒山、太原,西北至宁夏、甘肃,西南至四川,南到湖北、湖南等。他几乎巡遍五岳,拜谒了女娲、少昊、黄帝等的遗迹,这些传说虽未必都是真实的,但从中也窥见当时其所达地域之辽阔。

由于帝喾德行崇高,"仁而威,惠而信",在他的治理下,社会富足,人民安居乐业,天下大治,因此,他深受百姓的爱戴,"修身而天下服"。传说中帝喾的四个儿子在中国历史上也很有名。帝喾有四妃。正妃姜嫄,生子弃,即后稷,是周朝的始祖。次妃简狄,生子

河南内黄帝喾陵祭殿(摄于2016年6月8日)

河南内黄帝喾陵（摄于2016年6月8日）　　河南虞城帝喾陵（摄于2020年8月10日）

契，是商朝的始祖。三妃庆都，生子帝尧。四妃常仪，生子帝挚，尧、挚都曾为部落联盟首领。

相传帝喾活了105岁，在位70多年。帝喾去世后，最初由挚承帝喾的君位，九年后禅让给尧。

帝喾逝后安葬的具体位置，文献里有多种传说，或说葬于今濮阳顿丘城门外南面，或说葬于今清丰县西南，或说葬于今商丘市睢阳区南面，或说葬于今内黄县城南。现在，内黄县三杨庄西硝河北岸丛林中的帝喾陵，保存较为完好。

这是一处帝喾陵与颛顼陵同存的陵区，颛顼陵在东，帝喾陵在西且略小于相邻的颛顼陵，体现了"长幼有序"的伦理。据载，唐太和四年（830年）在陵前建庙，宋、金时期都进行过重修，元代后也多次修葺。经过历代扩建，陵寝规模宏大，建筑雄伟，碑碣林立，松柏蓊郁，建有御桥、山门、庙院、陵墓、碑林及纵横其间的甬道。陵墓四周建有围墙。

对帝喾陵的祭祀历代不绝，宋代以后更列为定制。可惜，内黄地处黄河故道，紧靠硝河，河水多次泛滥，再加上风沙肆虐，到清朝末年，陵墓和建筑群就已经全部被黄沙掩埋于地下了。1986—2003年间的多次清沙，使得陵寝及建筑重见天日。人们在山门西侧清出数块石碑，在山门至祭祀庙院之间清出弧形古残墙，顺中轴线发现御桥、山门、祭拜大殿及祭祀庙院通往陵区的多条甬道。重要的是帝喾陵的护陵墙被发现，镶嵌在护陵前墙的明嘉靖七年（1528年）"帝喾陵"标志碑也随之面世。

在内黄帝喾陵中沿着山门、棂星门、祭拜大殿、碑廊、井亭等建筑依次前行，最后会来到槐林密布的陵区，仿佛置身于森林之中，给人一种远离尘世、回归自然的感觉。此外，在商丘城南23千米高辛镇高辛集东北的田野中也留有一处帝喾陵。

【尧帝陵】

尧，姓尹耆，名放勋，传为帝喾之子，早年被封于陶（今山东菏泽南陶丘）。少年时代辅佐兄长帝挚，改封于唐地（今河北唐县西北），号为陶唐氏。之后，尧代挚为君主，定都平阳（今山西临汾）。

尧办事公正，勤俭朴素，体恤人民，在历史上被视为典范式的仁君。他召集了许多贤德的人来帮助自己治国理政，相传他命羲和掌管天文时令，制定历法；后稷主管农事，教民耕种。尧帝时代，是传说中的大洪水时期。洪水淹没村落田野，民不安生。尧任命鲧去治理水患。但鲧治水多年，并无建树。尧执政初期，部落联盟非常松散，尧积累了一定的施政经验后，开始建立一系列制度。在众多贤人的帮助下，经过尧几十年的治理，呈现出九族和睦，四夷咸服，天下太平，百姓安居的局面。

多数史籍记载，尧帝晚年，没有让傲慢荒淫的儿子丹朱承袭自己的职位，而是经四岳的推举和自己的考察，最后把部落联盟首领的位置禅让给了舜，开创了"禅让制"的先河。但《竹书纪年》等史籍则

山西临汾尧帝陵（摄于2015年5月13日）

山西临汾尧帝陵寝殿（摄于2015年5月13日）

山西临汾尧帝陵陵号碑（摄于2015年5月13日）

认为"舜囚尧于平阳，取之帝位。"

据载，尧帝病逝于阳城（今河南登封东南）。而关于尧帝葬于何处，史籍记载不一。文献记载比较集中的尧帝陵有两处，一处在今山西临汾东北，一处在今山东鄄城，笔者先后拜谒过这两处陵寝。

临汾尧帝陵位于临汾市东北30千米郭村西隅涝河北侧。相传尧帝建都平阳（今山西临汾），有功于民，因而临汾城南建有尧庙，城东北筑有尧帝陵。尧帝陵四周土崖环峙，涝河水经陵前南泄，松柏苍翠，陵丘耸峙，十分壮观。

陵冢高50米，周长约80米。陵前筑有祠宇，相传为唐初创建。祠中有金泰和二年（1202年）的碑文，记载唐太宗征东突厥曾驻跸于此，谒尧帝陵，塑其像。元中统年间，元世祖命人修缮尧帝陵，明清时期也都曾修缮。现陵丘如故，松柏依旧。

陵园内有山门（门上为乐楼）、牌坊、厢房、献殿、朵殿、寝殿、碑亭等建筑，布局紧凑，红墙绿瓦，庄严肃穆，还立有碑碣十余通，记述陵宇沿革和帝尧功绩。

鄄城的尧帝陵位于鄄城县城南富春乡谷林苗圃内。关于尧葬谷林，史书上多有记载。《吕氏春秋》认为"尧葬于谷林"。魏晋时期皇甫

山东鄄城尧帝陵碑亭（摄于2014年5月29日）

山东鄄城尧帝陵（摄于2014年5月29日）

谧所著的《帝王世纪》也载："（尧）葬于济阴之成阳西北四十里，是为谷林。"据北魏郦道元著的《水经注》等史籍，谷林尧帝陵原有相当的规模，北魏时期，陵寝建筑尚完整。但金末以来，黄河屡决，尧帝陵也被洪水湮没。

今天，谷林尧帝陵只剩下高耸的墓冢孤立田间，陵前有明嘉靖二十四年（1545年）濮州知州薛孟所立的"祭文碑"和清光绪二十九年（1903年）濮州知州缪润绂所书的"帝尧陶唐氏墓"碑各一通。其他碑碣及一些建筑构件散落田间，见证了此处尧帝陵由盛至衰的风雨历程。比起建筑完整、布局整齐的临汾尧帝陵，谷林尧帝陵只是残碑伴荒冢。

【舜帝陵】

山西运城舜帝陵神道（摄于2008年9月21日）

舜帝，姓姚，名重华，号有虞氏，故称虞舜。据说舜为黄帝的后裔，但到舜这一代的时候，家境甚为寒微。舜的父亲瞽叟是个盲人，母亲去世很早。瞽叟续娶，继母生弟妹后，不喜欢舜并虐待他，但他对父母仍十分孝顺，对弟弟也十分友善，多年如一日，没有丝毫懈怠。他很早就从事各种体力劳动，历经坎坷。他在历山下搭建茅屋，耕耘种植，并以勤劳、友爱的精神感化周边的人民，只要是他劳作的地方，便兴起礼让的风尚。

舜因孝行而闻名。尧帝晚年，自感年老力衰，就向四岳（四方诸侯之长）征询继任人选，四岳就推荐了舜。尧将两个女儿娥皇和女英

山西运城舜帝陵（摄于2008年9月21日）

湖南宁远舜帝陵拜殿（摄于2016年7月8日）

嫁给舜，以考察他的品行和能力。舜不但使二女与全家和睦相处，而且在各方面都表现出卓越的才干和高尚的人格力量，从而得到尧的信任。后来，尧禅位于舜。

舜执政以后，重新修订历法，还巡守各地，考察民情。举用八元、八恺，放逐四凶，明定赏罚。特别是命禹治平水患，使民安居乐业。故受万民拥戴。《史记》载："天下明德，皆自虞帝始。"

舜在年老的时候，认为自己的儿子商均不肖，就确定了威望最高的禹为继任者，并由禹来摄行政事。故舜与尧一样，都是禅位让贤的圣王。

传说舜帝在巡视南方时，病逝于苍梧之野，其二妃娥皇、女英闻讯前往，在洞庭湖畔泪洒青竹，形成斑竹，亦称"湘妃竹"。

不同史籍记载的舜帝陵所在地主要有今山西省运城市和湖南省宁远县两个地方。

运城舜帝陵在《孟子》一书中有记载："舜生于诸冯，迁于负夏，卒于鸣条。"鸣条有多种说法，一说在今天山西运城北，一说在今河南封丘东，今运城西曲马村南鸣条岗上有舜帝陵。

笔者很早就拜谒过运城舜帝陵，它位于运城鸣条岗西端，陵区坐北向南，由神道、舜帝陵庙和陵冢等部分组成。据载，运城舜帝陵始建于唐开元二十六年（738年），后毁于元末战火中。明正德元年（1506年）重建，但在明嘉靖年间的大地震中又遭毁坏。明万历年间，安邑县令吴愈再次重建舜帝陵，后在清嘉庆年间的大地震中再度成为瓦砾，仅存正殿。清嘉庆二十一年（1816年），重建舜庙。走在神道上，但见巨柏夹道，古树参天，虬枝苍劲。

穿过陵庙山门，进入舜帝陵，陵前有月台、献殿和享厅。舜帝陵的陵冢为砖砌方形，高3米，周长50米。冢前嵌有明代进士邢其任书写的"有虞帝舜陵"石碑，旁立"有虞氏陵"石碣一块。陵冢上槐柏交翠，郁郁葱葱，尤其一株树形奇特的古柏，五个主枝形似虬龙，据说树龄有两千余年之久。

湖南宁远舜帝陵的记载源于《史记》，"（舜）南巡狩，崩于苍梧之野，葬于江南九疑，是为零陵"。九嶷山位于永州市宁远县，舜帝陵一说在三分石，一说在女英峰。明万历《九疑山志》则认为在舜源峰，因此现在公认舜帝陵在舜源峰下。据《九疑山志》记载，最早的舜庙建于舜源山北麓的大阳溪白鹤观前，秦汉以后重建并移址玉琯岩前，明洪武四年（1371年）迁庙于舜源峰下，后因火灾毁圮。如今的舜帝陵为20世纪90年代重建，由神道、舜陵庙、陵山（舜源峰）组成。

站在陵区大门，就能看到气势雄伟的九嶷山。走过仪门和200多米长、两旁并立石人石兽的神道，就来到山麓下的陵庙，陵庙坐南向北，规模宏大，分为前后两重院落，五进建筑。陵庙内建有庄严肃穆的山门、午门、拜殿、正殿、厢房、寝殿。寝殿为一敞开式建筑，紧邻舜源峰，正中为"帝舜有虞氏之陵"碑，相传是汉代零陵郡守徐俭所立，十分珍贵。

无论是在运城古意苍穆的舜帝陵，还是在宁远规模宏大的舜帝陵，笔者都能感受到华夏舜帝文化的厚重。拜谒先祖、寻根祭祖应该成为中华传统文化的精髓。

湖南宁远舜帝陵（摄于2016年7月8日）

第二章　夏商周陵斜阳里

朝代简述

夏、商、周是中国历史记载中最古老的三个朝代。一般来说，中国的信史开始于商，文献与传说记载的夏及之前的历史，存有争议。

夏朝是我国传统史书中记载的第一个世袭制王朝，出现了我国国家形态的雏形。由于流传下来的与夏代有关的史料十分匮乏，加上一直没有可信的考古实物作为依据，所以对于夏朝是否存在，历史上曾多有怀疑。考古学家也一直在依据文献资料，对夏人可能活动的区域进行一系列的考古调查和发掘。1959年，河南偃师发现二里头文化遗址，多数学者认为这极有可能是夏文化的一个重要遗址。

河南偃师二里头文化可能是夏文化的一个重要遗址（摄于2016年8月19日）

传说启大宴诸侯，在古钧台宣示自己正式继承王位（摄于2014年5月31日）

伊尹辅弼商汤击败夏桀,建立商王朝,赢得千秋庙祭
(摄于2009年9月14日)

盘庚迁都安阳殷墟后,疆域及势力空前扩大,商朝进入全盛时期
(摄于2012年7月24日)

古公亶父率族迁至周原并逐渐发展起来,周原成为周文化的发祥地
(摄于2020年7月30日)

河南获嘉同盟山曾响起周武王率八百诸侯盟誓的雄壮声音（摄于2014年5月30日）

    根据历史文献记载及夏商周断代工程的研究，夏朝建立于约公元前2070年，灭亡于公元前1600年。它的创立者为大禹，都城在阳城（今河南登封）。大禹是通过"禅让制"继承首领之位的，也打算将首领之位禅让给益，但大禹去世后，其子启取代益获取了权位。从此，"世袭制"代替了"禅让制"，标志着中国的原始社会基本结束，数千年的阶级社会从此开始。据载，启即位时，曾遭到西方同姓邦国有扈氏的反对，启亲率大军讨伐有扈氏，才确立了王位世袭制。

    夏启去世后，其子太康继立。太康治国无方，追求奢侈淫乐的生活。东夷有穷氏首领后羿趁夏朝内部矛盾激化之机夺取了王权，夏朝自此中断了四十年。太康的孙辈少康逃到有虞氏，在有虞氏的帮助下，少康夺回了政权，恢复了夏朝的统治，这就是夏代历史上的"太康失国""后羿代夏""少康中兴"。

    少康之后，夏王朝维持了较长一段时间的稳定局面。但到十四世夏王孔甲时，夏王室内政不修，外患不断，内部矛盾日趋尖锐。到夏朝末年，末代夏王桀不用贤良，暴虐民众，使得众叛亲离。东方商部落的首领汤乘机起兵，在鸣条之野打败夏桀，夏朝覆亡。夏朝共传14世，17王，延续470年。

公元前16世纪,商部落在黄河下游崛起,其首领成汤深得民心。汤在大臣伊尹等的大力辅佐下,开始了讨伐夏桀的战争。商部落首先消灭了葛、韦、顾、昆吾等夏的属国,翦除了夏桀的羽翼,然后在鸣条之战中大败夏桀的军队。鸣条之战后,夏桀被流放,成汤正式即位为王,建都于亳(地点尚存争议),商王朝正式建立。

商汤之后,外丙、中壬、太甲相继即位,在伊尹辅弼下,商的统治呈现出清明气象。但之后的四代,商朝统治曾一度衰落,直至太戊执政期间,商朝才再度兴盛起来,出现了继成汤之后最好的局面,故后人尊称太戊为"商中宗"。

商朝中期的几百年间,历代统治者由于朝廷内部的纷争、异族的压迫及经济等各方面的原因,曾多次迁都。约在公元前1300年,第

岐山周公庙颂扬了周公旦一饭三吐哺尽力辅政的贤德(摄于2012年9月25日)

20位商王盘庚在位,迁都于殷(今河南安阳),此后都城就固定下来,商朝因此也称殷朝。

盘庚迁殷后,商朝社会经济进一步发展。盘庚的侄子武丁即位以后,商四处讨伐,征服了周围许多小国,疆域及势力影响空前扩大,商朝达到了全盛时期。但武丁死后,商朝逐渐衰落。

商朝末代纣王帝辛在位时,连年发动战争,并且大规模建造琼宫

瑶台，使得社会矛盾不断激化。此时西部的周部落兴起，经过多年准备，其首领姬发联合羌、髳、卢等部落，共同起兵讨伐商纣王，并一直打到商都朝歌（今河南淇县）附近。双方军队在牧野进行决战。结果，商纣王的军队纷纷倒戈，纣王也逃往鹿台自焚，商朝灭亡。

商朝在政治、经济以及科学等各方面都比夏朝有了长足的进步，商朝的青铜冶炼和铸造技术达到了相当高的水平。而在占卜龟甲上发现的甲骨文，被认为是商朝的文字，这是我们今天可以识别的最早的中国象形文字。据夏商周断代工程的研究，商朝建立于公元前1600年，灭亡于公元前1046年，共传17世，31王，延续554年。

周部落是活动在中原西部黄土高原的一个古老部落，其始祖相传为帝喾的儿子弃。弃教民耕稼有功，被帝舜分封于邰（今陕西武功西），号后稷。商朝初年，弃的后代公刘率族人迁到豳（今陕西旬邑西），势力渐兴。到古公亶父时，又迁到岐山南边的周原（今陕西岐山），从此定居下来，并逐渐发展，自称为周。姬昌继任西伯侯之位后，将都城迁到丰邑（今陕西西安西南）。

姬昌的儿子姬发继位后，号称周武王，以吕尚为师，周公旦为辅，积极地为灭商作准备，并在盟津召集八百诸侯会师盟誓。之后，武王联合各方国诸侯，挥师东向。公元前1046年，武王率领的联军在牧野之战中击败商朝军队，商朝灭亡，周朝建立。

周朝可分为西周和东周两个历史时期。西周因建都位于西部的镐京（今陕西西安西北）而得名。西周建立之初，为了加强对各地的统治，屏藩周王室，大封宗室功臣，据载，周初分封了71个诸侯国。周武王去世后，周成王即位，武王之弟周公旦摄政，引起管叔、蔡叔的不满，他们联合商纣王之子武庚发动叛乱，被周公平定。

周朝武、成、康三代，政治清明，是周朝最为强盛时期，但到第四代天子周昭王时出现了危机，其子周穆王继位后，一度恢复了周王朝的威望，但周穆王之后，周朝逐渐衰微。到周厉王时，各种社会矛盾趋于激化，酿成国人大暴动，周厉王被迫出奔。朝政由周公和召公共同执掌，史称"周召共和"。共和元年即公元前841年，中国历史从这一年开始有了明确而且连续不断的纪年。

西周末代君主周幽王时，严重的自然灾害加上周幽王的奢侈腐化，使王朝的危机极为严重。传说周幽王为了博得宠妃褒姒一笑，烽火戏诸侯，失去了天子的信用。之后，周幽王又废黜了王后申氏和太子宜臼，另立褒姒为王后，褒姒之子伯服为太子，导致申氏的父亲申侯联合西方的部族犬戎，举兵攻打周幽王，结果周幽王被杀，原太子宜臼即位，即周平王。

因关中遭受兵火洗劫，残破不堪，犬戎又不时前来骚扰，周平王只得将都城迁往东部的洛邑，西周王朝自此结束。西周传11世，12王，从公元前1046年至公元前771年，共历276年。

公元前770年，周平王东迁，东周王朝开始。但此时周王室已十分衰弱，起初尚占有今陕西东部和豫中一带地方，后来这些领土渐被秦、虢等国所占据，周王室所能控制的范围，仅限于洛邑四周。疆域的缩小，使周王室失去了号令天下的能力，各诸侯国纷纷割据称雄，不再朝觐周王，周王室的权威已是名存实亡。此时，全国有120多个大小诸侯国，其中以晋国、楚国、齐国、秦国及春秋后期的吴国、越国为大。周天子不仅在经济上有求于诸侯，政治上也往往受诸侯的摆布。但周天子仍有"共主"的名义，依然具有一定的号召力。

不过，国势益弱的周王室，只能在诸侯争霸的夹缝中生存，最终在公元前256年被秦国所灭。

东周共传25王，从公元前770年至公元前256年，历时515年。

夏商周作为中国历史上最古老的三个朝代，塑造了中华民族的雏形，缔造了中华早期文明。夏商的青铜器，商朝的甲骨文，周朝的分封制和宗法制……三朝的历史文物、文化、制度深刻影响了日后中华民族的生活和政治智慧。

虽然中国在秦代实现了第一次统一，但秦的思想、政治、文化体系都是在周的基础上继承和发展的。可以说，周朝早年的小统一，为后来秦的大统一奠定了基础。

陵寝概况

夏朝是否存在，如今尚有争议。夏朝诸王的陵墓所在，至今大多尚是个谜。目前，根据史籍记载有迹可循的夏朝王陵只有夏朝第三代王太康陵、第六代王少康陵和第十四代王孔甲及第十五代王后皋等四处陵墓。夏朝其余的13座王陵目前尚未发现。

古代王陵一般会葬在京畿周围，夏朝都城有"禹都阳城"（今河南登封告成镇附近），"启都阳翟"（今河南禹县境内），太康、桀所居之斟鄩（今河南巩义境内），"帝杼居原"（今河南济源境内）等，但目前在这些地方周边已经找不到任何与夏王陵有关的遗迹，这可能是因为历经黄河泛滥和战火硝烟，导致很多文物或被洪水淹没或被战火摧毁，加上不封不树的葬制，因而今天已经很难再寻找到相关遗迹。不过，河南偃师二里头遗址的考古工作至今还在进行，可能会有关于夏朝王陵的新发现。

商朝作为中国历史上的第二个朝代，创造过极其辉煌的文明。令人遗憾的是，到目前为止，盘庚迁都前的历

目前据史籍记载的夏都周边已难觅夏王陵遗址，尚待史家探究（摄于2020年7月31日）

安阳殷墟已经挖掘出十余座商王大墓，使后人得以一窥商王威仪（摄于2020年8月7日）

安阳商王武丁妻妇好墓是殷墟科学发掘以来发现的唯一保存完整的商代王室成员墓葬（摄于2012年7月24日）

代商王陵大多不知所在。商人建立商王朝之后，据载，经历了八次迁都。虽然我们知道一些前期、中期王都的大致位置，但由于自然和人为的破坏，盘庚迁殷之前的商王陵大多影踪全无。只有文献记载中的少数商代王陵，其中有河南偃师和安徽亳州的商汤陵、河南内黄的商中宗陵，以及河南淇县的商纣王陵。

此外，在河南安阳洹水之滨的小屯村已经发掘出十余座商代大墓。小屯村一带为商代后期的都城遗址，被称为殷墟。发掘出的商代大墓中，有的已经被确定为盘庚迁殷后的王陵。但目前，墓葬的分期和各墓墓主的身份还是考古学家争论的焦点。我们期待随着考古工作人员的努力，安阳商王陵和商代历史能变得更加清晰。

西周是周武王灭商后所建立的王朝，是中国远古社会的鼎盛时期。据《易》《汉书》等古籍记载，周朝王陵不封不树，即地面上没有明显痕迹，也没有栽种树木，这给考古工作者寻找西周王陵带来了诸多困难。

西周建都镐京，也就是现在陕西西安西南一带，因此，西周王陵应该就在这一带周边。关中周代王陵的位置，在《元和郡县图志》《太平寰宇记》《关中记》《关中胜迹图志》等史籍中均有述及，有的说在渭南、有的说在渭北，莫衷一是。而一些专家则认为周王陵可能在今西安长安区和户县一带。清乾隆年间，时任陕西巡抚的毕沅经过考证，曾对西安周边相传的周文王姬昌、武王姬发、成王姬诵、康王姬钊和附近的穆王姬满、宣王姬静等周王的陵墓逐一树碑立记，但

陕西西安附近毕沅认定的周王陵经后人考证多存异议（摄于2018年7月23日）

岐山周公庙附近发现的大型墓葬为寻找西周王陵提供了重要线索（摄于2012年9月25日）

河南洛阳"天子驾六"墓坑是东周王城陵区的重要墓葬,其发现震惊世界
(摄于2016年8月19日)

洛阳周三王陵是东周诸王在洛阳附近的王陵区之一,依山排列,雄伟高峻
(摄于2017年7月20日)

后人对毕沅的考证多存有异议。

1949年以后,考古部门经过多次勘探、试掘,在周公庙附近发现一处西周时期最高等级的大型墓葬群。经国家文物局批准,考古工作者对周公庙地区进行了大规模的调查和钻探,共发现10座四条墓道的大墓,4座三条墓道的大墓,还发现车马坑15处。许多专家判定这些大墓应是西周王陵,因为只有王陵才有资格具备这么多条墓道。当然,专家对此尚存争议,但这毕竟为寻找西周王陵提供了极为重要的资料。

西周灭亡后,周平王宜臼于公元前770年迁都洛邑(今河南洛阳),东周从此开始。洛阳作为东周都城的历史长达500多年。经考证,东周诸王去世后均葬在洛阳附近。

东周王陵大致可以分为王城、周山和金村（或成周）三大陵区。三大陵区中，王城陵区有一些损毁，周山陵区保存较好，金村陵区被盗掘较重。

王城陵区位于东周王城的东北部，可能是东周早期周王埋葬的地方，初迁洛邑的周天子还保留着葬在宫城附近的习俗。王城陵区在20世纪初还是一片麦田，1957年曾挖掘出4座级别很高的周墓，陪葬石圭上带有"天子"字样，但墓主人难以考定。但随着城市的发展，该处被圈进了市区，许多王陵可能都被压在高楼之下了。2002年，在修建河洛广场时，发现了陪葬有"天子驾六"式马车的陪葬坑，明显是周王陵的规格。

周山陵区位于洛阳市西南部的周山上，可能是东周中期周王埋葬的地方。周山西起崤山，东止洛阳，蜿蜒起伏长达180多千米。山上有四座高大的封土堆，东西一字排开，西部的一个封土堆相对独立，俗称"灵王冢"，可能为周灵王陵。东部三个封土堆连为一组，俗称"三王冢"，可能为周敬王、悼王和定王的陵冢（一说为景王、悼王、敬王），但真正墓主人的身份尚待考古发现确认。

金村陵区位于汉魏洛阳城遗址北隅，应是东周晚期周王埋葬的地方。史籍记载周景王和周威烈王葬于此，目前此地共发现八座有较长墓道的大墓，但盗掘较重，且由于建在原野田间，农民打井时很容易打穿，下雨、灌溉时也容易被泡塌。1928年因雨后地陷，陵墓地宫暴露，导致陵内许多精美文物被盗，其中大部分流散海外，陵冢也因此面目全非。

夏、商、西周三朝帝王的陵墓，按照史籍的记载，应该以家族血缘关系，实行"子随父葬，祖辈衍继"的埋葬制度，且陵区具有一定的规模，从殷墟发现的大范围商代王陵区可见一斑。根据考古发现，夏代的墓葬大多为长方形竖穴土坑墓，商代墓葬结构多样，有"亞"字形墓、"中"字形墓和"甲"字形墓，并且出现人殉，有大量青铜器陪葬。周朝则有严格的棺椁制度、用鼎制度和车马坑制度。但由于夏、商、西周三朝帝王的陵墓采取不封不树的葬制，加上年代遥远，经过多少年的地理变迁及人为或自然的破坏，绝大多数王陵至今难以确定。

如今，夏、商、西周三朝的王陵早已落寞地消融在斜阳里。俗话说"三代无信史"，夏商周王陵必须用更多的考古实物来探寻考证。

山陵撷要

【大禹陵】

禹，姒姓，名文命，后世尊称大禹，夏后氏部落首领，夏王朝的奠基者。传说他为帝颛顼的曾孙，黄帝轩辕氏第六代玄孙。他最卓著的功绩，就是历来被传颂的治理滔天洪水。

据传，当时中原一带洪水为灾，其父鲧最先受尧之命治理水患，他用堵的方法治水，九年不成，最后在羽山被处死。后来，舜命鲧的儿子禹继任治水之事。禹接任后，立即与益和后稷一起视察河道，并检讨鲧失败的原因，决定改变治水方法，变堵为疏。为此，禹带领治水的民工，逢山开山，遇洼筑堤，以疏通水道，引洪水入海。禹勤于治水，甚至三过家门不入。因治水之功，禹的威望达到顶点，被尊称为大禹。帝舜年老时，禅位给禹，禹以安邑（今山西夏县）为都城，成为天下共主。

据传禹继位后，划定国土为九州，并教化民众，鼓励农耕，在位8年，因操劳

浙江绍兴大禹陵大殿（摄于2017年4月14日）

浙江绍兴大禹陵碑亭（摄于2017年4月14日）

过度而去世。禹的儿子启废除了传统的部落"禅让制"，继承了禹的位子，建立夏朝，从此开始了王位世袭的制度。

据《墨子》《史记》等记载，大禹是在巡视会稽（今浙江绍兴）时去世的，并葬于会稽山。但对于大禹生前是否到过浙江，历来有争议。一些学者认为，大禹巡狩会稽和死葬会稽的故事，是春秋时期越国强大以后，越王勾践为了需要而有意编造出来的。东汉哲学家王充在《论衡》中就说："禹到会稽，非其实也。"不过，《越绝书》明确记载大禹曾两次到过会稽，司马迁的《史记》中也说得十分清楚。

但不管大禹是否真的葬在会稽山，都不影响此地成为人们祭祀和缅怀大禹的圣地。相传启即位后，曾派官员祭禹并建庙；少康即位后，派庶子无余到会稽守禹冢，并建祠定居；秦始皇也曾"登会稽，祭大禹"。会稽山下的大禹陵庙在历代的修建下，规模越来越大，并祭祀不断。

浙江绍兴大禹陵禹穴碑（摄于2017年4月14日）

绍兴大禹陵也是笔者拜谒最多的华夏先祖陵寝。陵区由禹陵、禹庙、禹祠三部分组成。从"大禹陵"牌坊进入神道，过禹贡桥、棂星门，拾级而上，便来到大禹陵碑亭。碑上所镌"大禹陵"三字为明代绍兴知府南大吉所书，笔力遒劲，气势不凡。禹陵左侧为禹祠，祠前一泓碧水，祠内有禹井。禹陵右侧为禹庙，是一座坐北朝南的宫殿式建筑，依山傍水，气势恢宏。禹庙始建于南朝梁大同十一年（1545年），历代均有修葺。建筑自南而北，依山势逐渐升高，依次为照壁、岣嵝碑亭、午门、拜厅、大殿等。大殿为重檐歇山顶，殿内有大禹头戴冕旒、手执玉圭的塑像。大殿侧有窆石亭，窆石相传为大禹下葬时所用的工具。

不过，笔者在这里始终没有看到大禹陵的陵冢所在。考诸史料，或谓年代久远，大禹葬处无从查考，或谓大禹陵本就不存在，后人只是在山下选择了一块依山傍水、景色幽静的地方建亭立碑，以纪念大禹。

其实，笔者与前来拜谒的人们一样，并不会过多追究会稽山大禹陵的真伪，而是把这里作为一种大禹的象征来纪念追忆。大禹陵以及大禹治水的故事，无论是历史还是神话，都永远是中华文明一笔宝贵的精神财富。

【太康陵】

太康是夏启的长子，大禹的孙子。据载，夏启晚年喜欢饮酒、打猎、歌舞，疏于朝政。夏启病逝后，太康继承君位，成为夏王朝的第三位君王。太康自幼受宠享乐，无拘无束，即位后，不理政事，整天宴饮游乐，田猎无度，竟百日不归朝，对臣子们的劝谏也置之不理，从而引起国人的愤慨，内部矛盾趋于尖锐，外部四夷亦相继背叛。这种状况给了一些觊觎权位的人可乘之机。东夷族有穷氏的部落首领后羿，看到太康统治下的夏王朝内部矛盾重重，于是，趁着太康外出去洛水岸边狩猎、数月不归之时，起兵夺取了夏的都城安邑（今河南安邑），掌握了夏的政权。

后羿手握夏朝政权后，为了防止太康返回都城，就派兵把守洛水北岸。此时，各部落的首领不满太康的荒唐，又惧怕后羿的实力，谁

河南太康太康陵文保碑（摄于2017年7月18日）

河南太康太康陵（摄于2017年7月18日）

也不愿出面帮助太康。太康没有想到，由于自己的荒唐，导致登上王位不久就落得如此下场，后悔不及，但为时已晚。太康无可奈何，只好在阳夏（今河南太康西）修筑了一座土城居住下来，这一事件史称"太康失国"。27年后，太康病逝于阳夏，被就地安葬。后来，人们在此修建陵冢，纪念太康，太康陵所在地被称为王陵村。

据《太康县志》记载，太康的陵墓古时高大宏阔，自秦汉至清乾隆年间，历代王朝曾多次对此进行修复和扩建，历代县令也多次下达"保护太康墓令"，所以王陵巍峨高大，陵内碑刻数通，肃然耸立。每年清明时节，当地许多民众都到此修坟植树，使整个墓区陵冢高耸，殿宇堂皇，苍松翠柏，郁郁葱葱。20世纪六七十年代，太康陵的青石碑被砸碎，陵墓也被开挖。1984年文物普查时，在该陵墓地表及陵冢封土内发现有汉代绳纹板瓦、筒瓦和有几何图案的墓砖。由此可知，该陵可能在汉代重修过。

跨越时空的界限，穿过历史的尘埃，历尽几千年风霜后，笔者在王陵村口一条小路旁的小广场中看到了太康陵的圆形封土堆，2米多高的封土堆前刻立一通"夏太康碑"，为清乾隆五十一年（1786年）所立，记述了太康失国及葬于此地的经过。笔者绕陵一周，发现除了陵前一块高大的碑石外，陵墓周围已经没有其他任何陵寝建筑的遗存，陵墓四周松柏环绕，随风摇曳。

夏朝，一个扑朔迷离的朝代，其历代君王究竟葬在哪里还尚不明朗，太康陵究竟是传说还是史实，我们不得而知。不过，其作为夏朝王陵的说法流传已久，不论它曾有过的辉煌和悲凉，都为我们留下了一个昏庸误国君王的身影。

【少康陵】

少康是太康之弟仲康的孙子。《说文解字》云，少康又名杜康，是中国古代传说中的"酿酒始祖"。太康失国之后，后羿虽然掌握了夏朝政权，但迫于诸部落的压力，不敢自己称王，于是立太康之弟仲康为王。因有强悍的后羿在侧，仲康虽有恢复夏天下之心，但不可能有所作为。在位13年后，仲康去世后，葬于安邑附近，墓地不详。

仲康病逝后，其子相继位，但不久就被后羿武力驱逐。之后，后

河南太康少康陵文保碑（摄于2017年7月18日）

河南太康少康陵（摄于2017年7月18日）

河南汝阳杜康（少康）墓（摄于2020年7月29日）

羿自立为王。相先逃至商，再逃至帝丘（今河南濮阳），后迁到斟灌（今山东寿光东）。

后羿夺取王位后，也步了太康的后尘，贪恋女色美酒，喜好巡游打猎，把朝政大权交给东夷族的寒浞掌管。寒浞利用后羿给他的权力，结党营私，发展和壮大自己的势力，朝中的大臣几乎都成了寒浞的死党。最后，寒浞杀死后羿。寒浞夺取权柄后，派其子浇带兵进攻斟灌，相只能再次逃往帝丘。第二年浇攻破帝丘，相自刎而死。此时，相的妻子已有身孕，她逃归母家有仍氏部落，生下少康。

少康自幼聪明，从母亲处得知祖上失国的惨痛经历后，发愤图强，立志要夺回天下。在夺回天下的过程中，少康曾多次遭人追杀。后来，少康母子逃至实力强大的有虞氏部落，并得到了信任。有虞氏部落的首领虞思将自己的女儿许配给少康，又帮助少康积极争取夏后氏遗民的支持。

经过数年努力，少康率部众一举攻杀寒浞，重建夏朝，建都禹之故都阳翟（今河南禹州），史称"少康中兴"。从"太康失国"到"少康中兴"，前后花费了近百年的时间。

少康是一位有作为的君王，复国后勤于政事。在他的治理下，天下安定，文化大盛，各部落都拥戴他。21年后，少康病逝。

相传少康的遗嘱是把自己葬于太康陵旁。后人在太康陵东北侧为少康修建了规模宏大的陵寝。自秦汉至清乾隆年间，历代王朝曾多次修复和扩建少康陵。少康陵原陵冢高大，呈近似圆形，高4米，周长80多米。早年当地村民取土时，将此陵冢的封土基本铲平，近年来村民自觉拉土，但陵冢已今非昔比。

笔者拜谒少康陵时，发现少康陵局促在村庄的房前屋后，且封土已经淹没在杂草丛中，陵碑也遭破坏，只有陵前一个标有"少康陵"的文保碑才使笔者确信这里就是少康陵的所在地。

想着昏庸失国的太康之陵碑高冢大，勤勉中兴的少康之陵却碑碎冢残，不免为之不平。千古悠悠，岁月冲刷，少康在极其艰难的处境中发愤图强、中兴夏朝的这段历史将代代相传。

此外，据史籍记载，少康善酿酒，后世尊为酒神、酒祖，在河南汝阳县北和陕西白水县西北也留有杜康墓。

【夏桀陵】

夏桀，姓姒，名履癸，谥号为桀，是夏王朝的第17任也是最后一位君主，为历史上著名的暴君。据载，夏桀文武双全，但荒淫无度，暴虐无道。日夜与宠姬妹喜饮酒作乐，民众的生活则十分困苦。群臣们苦苦进谏，夏桀根本听不进去，一些大臣甚至惨遭杀身之祸。

安徽巢湖夏桀墓文保碑
（摄于2017年11月5日）

安徽巢湖夏桀墓（摄于2017年11月5日）

夏桀内政不修，导致外患不断，各种矛盾日趋尖锐，夏朝力量渐衰。此时，东方的商部族逐渐强大起来，其首领商汤在贤人伊尹等的辅助和谋划下，先后消灭了邻近的一些部落、方国，然后作《汤誓》，起兵伐夏。大军直逼夏的重镇鸣条。商汤与夏桀大战于鸣条之野，夏朝将士不愿意为昏庸的夏桀卖命，纷纷逃散，兵败如山倒。夏桀见状，只得仓皇逃入城内。商军紧紧追赶，夏桀便带着妹喜和大批珍宝，匆忙逃往南巢（今安徽巢湖）。商汤继续追击，不久俘获了夏桀，夏朝灭亡。

商汤并没有诛杀夏桀，而是把他放逐到南巢，据传，今安徽巢湖卧牛山东侧的桀王城就是南巢国国君巢伯为夏桀所筑，以便监而养之，夏桀最后葬于此。

夏桀在位53年，去世后商汤谥其为"桀"，意含凶猛之意。

笔者至巢湖放王岗寻访时，看到"桀王墓"坐落在一片庄稼地里，一座高达四五米的陵丘被野草和杂树包围，据说这座陵丘就是埋葬着夏桀的墓冢。陵丘的正东面，立有一块约3米高、1米宽的墓碑。墓碑顶部是一块半圆的碑冠，水泥混凝土浇筑。墓碑的正面刻着"桀王墓"三个大字，墓碑的背面刻着"历史载夏桀无道，汤伐之，放逐于南巢，殁后葬于此"的字样。

据史料记载，或说夏桀被放逐于南巢，最后死于卧牛山，或说死于亭山（今安徽和县历阳山）。因此，其死后所葬之地是不是就是现在巢湖的桀王墓，尚难以确定，因为如今在放王岗上，除了一块后立的墓碑之外，并没有发现能够佐证此地为夏桀墓的有力证据，因此夏桀墓究竟在哪里，目前尚不能下定论，历史学者和考古专家对此也颇有争议。那么，夏桀墓究竟在哪里呢？这还有待进一步的史料考证和考古发掘。但不管放王岗的桀王墓之真假，《史记》《尚书》等文献中均有关于"成汤放桀于南巢"的记载，因此，夏桀墓即使不在放王岗，也可能在巢湖周围的什么地方。不过，放王岗的名称和传闻毕竟不应是空穴来风，因此笔者还是来此寻访。

看着在一片庄稼地里雨打风吹的桀王墓，笔者想，夏桀生前昏庸失国，晚年凄苦，其陵冢又在荒野中遭受千年的风雨侵蚀，这可能就是历史报应吧。

【商汤陵】

商汤，又称成汤、武汤，姓子，名履，为商朝的建立者。据载，汤为黄帝的后裔，其祖上为商部族首领，商部族从其始祖契到汤，曾先后迁居八次，至汤定居于亳。

汤为商部族首领之时，正值夏朝末年。夏桀暴虐无道，丧失民心，而商部族在汤的治理下逐渐强大。商汤在贤臣伊尹的辅助下，积聚力

安徽亳州商汤陵
（摄于2011年10月16日）

量，陆续攻灭邻近的葛、韦、顾、昆吾等国，成为当时的强国，并最终在鸣条之野打败了夏桀，一举灭夏，之后建立商朝。

由于商汤以武力灭夏，打破王国永定的说法，从此中国历代王朝皆如此更迭，因而史称"商汤革命"。商汤建国后，鉴于夏朝灭亡的教训，要求其臣属"有功于民，勤力乃事"，同时采取"以宽治民"的政策，注意减轻征敛，鼓励生产，安抚民心，甚至对那些亡了国的夏民，也允许他们保留"夏社"，并封其后人。因此，在商汤统治期间，商朝的阶级矛盾较为缓和，政权较为稳定，统治区域扩大，国力也

安徽亳州商汤陵号碑
（摄于2011年10月16日）

日益强盛，影响甚远，黄河上游的氐、羌等部落都来纳贡归服。

商汤在位13年，去世后葬于亳。商汤陵有多处，包括亳州汤陵、偃师汤陵、商丘汤陵、虞城汤陵、扶风汤陵等。

其中，保存较好的是安徽亳州商汤陵，有关安徽亳州汤陵的记载也较早。早在三国时期成书的《皇览》就载："涡北凤头村，有成汤故垒"，并说在西汉建平元年（公元前6年），汉哀帝派遣御史长卿谒汤陵。在亳州曹操宗族墓中出土的字砖中有"谒汤都"的铭刻。郦道元在《水经注》中也有"商成汤葬于涡河之阳"的记载。

河南偃师汤王陵商汤塑像（摄于2018年10月27日）

这些文献记载的汤王葬地的位置与亳州商汤陵的地理位置一致。明嘉靖二十三年（1544年），亳州知州曾重修汤陵，并在汤陵旁修建祠堂。嘉靖三十七年（1558年），汤陵重立庙堂、门廊，种植松柏，竖立碑碣，蔚为大观，可惜在明崇祯十五年（1642年）被李自成农民起义军焚毁。清康熙、乾隆年间曾先后两次重修汤陵，但陵墓在新中国成立后的"文革"时期又遭浩劫。笔者几年前去往亳州拜谒时，发现汤陵仅剩一高6米余的圆形大土丘，陵前立有"商成汤王墓"的墓碑，周围古柏参天，古意盎然。

历史上对商汤真正的葬身之地多有争议。但《括地志》《河南通志》等史籍也明确记载商汤陵在偃师。1983年春，考古工作者在偃师尸乡沟发现了3600年前的商都西亳城遗址，按照一些文献和专家的观点，

河南偃师汤王陵（摄于2018年10月27日）

商汤陵也应该在此处。据载，偃师汤陵原来颇具规模，冢高5米，略呈正方形，东西长约20米，南北宽约17米。不过，偃师汤陵早已被平毁。几年前，偃师商汤陵所在的蔺窑村村民重修了汤陵。笔者在偃师山化乡蔺窑村东北的田野中看到了新修复的商汤陵，但感觉寂寞荒凉。诸多商汤陵，不管哪个是真墓、哪个是纪念性墓冢，都表达了后人对商汤的崇敬。

【商中宗陵】

商中宗名太戊，子姓，为商朝第九代王，太戊少年继位，早年贪

河南内黄商中宗陵山门（摄于2017年7月29日）

图享乐，不理国政。后经丞相伊陟劝导，振作精神勤于朝政，修德治国。因此史载太戊在位期间，"殷复兴，诸侯归之，故称中宗"，也就是说，太戊实现了商的复兴，结束了国家分崩离析的局面，加强了王权，维护了国家统一，成为中兴之君，故其庙号为中宗。

据说太戊在位75年，是商王朝中在位时间最长的国君。商中宗陵位于今河南内黄刘次范村东，是我国著名的古老王陵之一。商中宗陵为汉代所建，唐代续修，宋初继修，明清两代又多有修葺增建，形成庞大的规模和非凡的气势。《内黄县志》对此有明确的记载："商王中宗陵在内黄县西南二十五里，有镇名次范。陵高一丈五尺有余，环绕数十丈许。庙在陵后，正殿五间，傍有碑亭，前有庙门二重，陵前有丰碑一通，

河南内黄商中宗陵碑刻（摄于2017年7月29日）

河南内黄商中宗陵
（摄于2017年7月29日）

宋开宝七年，翰林梁周翰撰。春秋二祭。每三年，朝廷遣使致祭。改元，则遣京堂大臣赍香帛祭焉。"据说，昔日陵外筑有城垣，俗称皇城。城垣占地4.5亩，前区为陵墓区，后区为祭祀区，中间甬道为中轴线，直通拜殿，甬道东为太戊陵，西为嫔妃墓，陵园内古柏森森，有历代祭碑上百块，还建有接官厅等附属设施，历代王朝也祭祀不绝。

但是到了近代以来，商中宗陵惨遭盗挖和破坏。近年来，商中宗陵的修复受到当地政府的重视，新建了山门，修建了宋碑护碑亭，相关部门还陆续从民间收缴了部分残碑断碣，并重新竖起了宋代巨碑，但陵区的恢复尚待时日。

笔者前往寻访时，陵区的建设工作已经开始，但依然残破不堪。

从边门走进陵区,笔者看到的是一片劫后余生的萧条:甬道两旁的乱草丛中,趺龟半埋,残碑乱卧,仔细辨认,发现多为元、明、清残碑。令人欣喜的是,高大的宋碑保存完好。宋碑《新修商帝中宗庙碑铭并序》刻于北宋开宝七年(974年),高达7米,碑文颂扬了商中宗的功绩,记述了商中宗葬于此地和重修陵墓的情况,弥足珍贵。商中宗陵位于陵区向北偏东的方位,为一不大的圆形土丘,残破不堪,甬道最北面原为拜殿,但早已毁塌,现在新建了几间不大的殿宇。

曾经辉煌一时的商中宗陵园,因岁月的流逝和人为的破坏,再也没有了苍松翠柏映衬下的肃穆,只留下杂乱的荒草,透着荒凉和孤寂。抚今思古,叹时光流转,昔日祭祀的辉煌,已尽付于黄土。

【商纣王陵】

商纣王,子姓,名辛,谥号纣,为商朝最后一位君主。

河南鹤壁商纣王自焚的鹿台遗址(摄于2015年8月6日)

河南淇县商纣王陵碑刻(摄于2012年7月25日)

河南淇县商纣王陵（摄于2012年7月25日）

帝辛并不是其父帝乙的长子，著名的微子启就是其长兄，但因为帝辛为嫡出，因此被立为嗣子。他是个有争议的历史人物，有功也有过。

据载，帝辛天资聪颖，闻见甚敏，身材高大，才力过人，故深得其父欢心。帝辛继位后，发兵攻打东夷诸部落，把势力扩展到江淮一带，客观上有利于把中原先进的生产技术和文化向东南传播，对奠定中国的统一起了一定的作用。但商王朝用兵东南，开支很大，还招致诸多小国的反叛，国力由此衰竭。

然而，帝辛不仅不反思，反而居功自傲，刚愎自用。他嗜好喝酒，宠爱有苏氏部落之女妲己。为了讨好妲己，他在都城附近修筑鹿台，据载鹿台"其大三里，高千尺"，楼观巍峨，亭阁秀丽。帝辛还下令在池子里装满酒，把各种动物的肉割成一大块一大块挂在树林里，这就是所谓的"酒池肉林"。帝辛和妲己整天在其中饮酒作乐，挥霍无度。

帝辛的荒淫行径招致百姓的怨恨和忠良之臣的劝谏。为了镇压反抗者，帝辛竟设置"炮烙之刑"这样残酷的刑罚，即在铜柱上涂油，下加燃烧的炭使其火热，令不满帝辛暴行的臣民行走其上，致受刑之人坠入炭中活活烧死。帝辛的叔叔比干心急如焚，强谏三日不去，结果被帝辛下令剖心。之后，其叔箕子被囚禁，庶兄微子启被逼走，帝辛的暴行，将自己陷入众叛亲离、民怨沸腾的境地。

此时，早已虎视眈眈的周部族首领姬发带兵乘虚进攻。帝辛惊闻，仓促武装大批奴隶、战俘，连同守卫国都的军队开赴朝歌郊外的牧野（今河南淇县南）迎战。结果军队临阵倒戈，帝辛自知末日来临，只得登上鹿台，自焚而死，商朝灭亡。

帝辛被谥为"纣"，释意为"残忍捐义"。周朝建立后，周武王为显示仁君风范，允许纣王的后代葬其遗骨。

相传，纣王的儿子武庚遵照纣王的遗命，命人截断淇水，在河床上凿竖穴，将棺椁置内，封闭墓口后，河水照流。后来，因河道东移，纣王陵墓露出，并渐渐与堤岸连在一起，后人堆土为陵，并在冢前立碑。明嘉靖《淇县志》记载："纣王窝，在县东四流社淇河内，纣葬于此，故名。"后来，"纣窝滩声"成为淇县八景之一。

笔者在今河南淇县城东朝歌镇南淇河西岸找到了纣王陵。商纣王

河南淇县妲己墓（摄于2012年7月25日）

陵经过整修，现为一座长50米、宽15米、高7米的大土冢，墓前立一"纣王之墓"的墓碑，由著名历史学家周谷城题写。

墓冢上荆榛丛生，荒凉零落，与东侧清莹奔流的淇水形成鲜明的对比。淇河大桥上车辆往来不息，飞扬的尘土不时笼罩着商纣王陵这座几近废弃的简陋土冢，纣王陵后面的姜王后墓和苏妲己墓更是凄凉无比。

【周文王陵】

周文王，姬姓，名昌，周部族首领，据载为黄帝后裔，自周始祖后稷以下都承接西伯侯之位。古公亶父为周部族首领后，把周部族迁

河南汤阴曾囚禁周文王的羑里城（摄于2015年8月6日）

到岐山南边的周原（今陕西岐山）定居下来，逐渐发展成西部的新兴势力。姬昌父亲季历为古公亶父的三子，最为贤明，深受古公亶父喜爱，古公亶父有传位季历之意。季历之兄泰伯和虞仲知道父亲的心思后，为了成全父亲，就逃奔到东南荆蛮之地，成为吴国的开创者。

季历之后，姬昌即位，他表面上是一个臣服于商朝的"方伯"，被称为西伯，实际上早就积极为灭商做准备。他重视发展农业生产，礼贤下士，广罗人才，并分化瓦解商朝的附庸，使之纷纷前来归附。

陕西咸阳周文王陵牌坊（摄于2016年8月18日）

他的作为引起商纣王的猜忌,纣王把他囚于羑里(今河南汤阴北)。传说姬昌被囚期间,将伏羲八卦推演为六十四卦,著成《周易》一书。后人为纪念这位伟人,在羑里城址上修建了文王庙,成为人们朝敬先贤的圣地,至今犹存。

姬昌获释后,决心灭商。他在渭水畔拜访了"愿者上钩"的垂钓者姜尚,拜其为军师,问以军国大计,共筹灭商策略。为迷惑商纣王,西伯昌表面上耽于游乐,对商纣王十分驯服,实际上却准备得更为积极。

经过多年努力,周的势力已经十分强大,"天下三分,其二归周"。但就在这大功垂成之际,姬昌不幸去世,其子姬发伐商后,追谥姬昌为周文王。

陕西咸阳周文王陵(摄于2016年8月18日)

周文王虽然没有来得及完成建周大业,但当之无愧是周王朝的奠基者。历史上对其评价很高,他被誉为明君圣人,受后世历代称颂敬仰,《诗经·大雅》中也有颂诗。尤其是东汉后期,民间开始尊奉周文王,官方也开始了对周文王的祭祀,其陵墓得到扩建。但当时周文王陵的具体位置并不清楚,或说在渭北的咸阳,或说在渭南的长安,因此,只能多方祭祀。直到唐代中后期开始,才由渭南的长安转移至渭北的咸阳,宋元以后,开始置陵户于渭北,并设专祠祭奠。现存于咸阳市博物馆的宋开宝六年(973年)树立的"大宋新修周武王庙碑",碑文清楚地记载了官方在咸阳祭祀周陵这一历史。

笔者专程前往位于咸阳市北5千米的周陵乡崔家村南的周文王陵拜

谒，陵前有祭殿，殿宇中保存有历代祭告碑石。祭殿后，山丘状的陵冢仍然高高矗立，草色青青。陵前立有清乾隆年间陕西巡抚毕沅题写的"周文王陵"的墓碑。不过，近年来，根据考古研究，专家发现这座历代受人祭拜的周文王陵可能并非周文王真正的陵墓，而是战国秦王陵，还有一些学者认为真正的周文王陵应在今西安长安区或户县附近。

【周武王陵】

河南获嘉同盟山周武王庙（摄于2014年5月30日）

周武王，姬姓，名发，为西周王朝的开国君主。他是周文王姬昌的次子，其兄伯邑考曾被商朝扣为人质，后来被商纣王烹杀。商纣王甚至将伯邑考的肉做成肉羹赐给周文王。传说周文王强忍悲痛吃下肉羹后，在无人处吐出，后人为了纪念周文王，就在他吐肉羹的地方堆起一个土冢，称之为"吐儿冢"。此冢至今仍保存在羑里城的西北角。

文王去世后，次子姬发继位。姬发继位后秉承父亲遗志，继承其父未竟的灭商大业。他任命姜尚为军师，负责军事，同时任命其弟周公旦为辅佐，负责政务。武王审时度势，深知商朝在纣王的暴虐统治下，政治上虽然十分腐败，但军事上仍有较强的实力。因此他等待时机，整顿内政，增加军力，积极创造灭商条件。为便于进攻商都朝歌（今河南淇县），他将都城迁至镐（今陕西西安西南），并举行了历史上有名的"孟津观兵"，主动前来参加盟会的有八百多诸侯，史称"八百

陕西咸阳周陵拜殿（摄于2016年8月18日）

诸侯会孟津"。武王在盟会上举行了誓师仪式，这表明人心向周，商纣王孤立无援的形势已形成。两年后，商纣王更加昏庸暴虐，杀比干，囚箕子，商王朝内部矛盾更加激化。武王认为时机已到，果断决定发兵伐纣，进行灭殷的最后决战，在牧野之战中，大败商军，一举灭商。

武王灭商的具体年代，历来多有争议。夏商周断代工程公布的《夏商周年表》认为，武王灭商发生在公元前1046年；据《史记》以及《竹

陕西咸阳周武王陵（摄于2016年8月18日）

书纪年》里的年代推算,武王灭商是在公元前1066年;但根据南京紫金山天文台科研人员的推算,武王伐纣时间是在公元前1057年。

姬发灭商后,建立西周,定都镐京,这是中国历史上第三个王朝。姬发不久病逝,谥号"武",史称周武王。

作为中国历史上具有卓越政治、军事才能的君主,周武王与其父周文王一道,备受尊奉。其陵墓长期以来一直都被认定在陕西的咸阳原上,从东汉开始,民间与官方祭祀不断。

笔者在咸阳境内的渭城区周陵乡拜谒过周武王陵,它位于周文王陵北100米处,墓前有清代毕沅所立的石碑"周武王陵"。据载,人们在此祭祀周武王的活动已经绵延了上千年。但一些史籍记载和考古学家的勘探认为咸阳渭城区周陵乡的周武王陵显系讹传,因为西周时期,君主埋葬时"不封不树",陵墓没有封土堆,不种树木。而周武王陵有高大的坟丘,显然不符合当时的陵制。这一带在战国时期归属秦国的领地,应该是秦陵区的范围。至于周武王究竟葬于何处,目前尚无定论,可能在今西安长安区和户县一带。

陕西咸阳周武王陵陵号碑(摄于2016年8月18日)

有趣的是，尽管学界争论不断，但人们在每年春秋之际仍然会来此祭祀，这个传统千年未变。这是国人精神的寄托，是民族灵魂的凝聚。其实，周武王陵承载的文化精神所产生的效应，已远远超过了其陵墓本身。

【周幽王陵】

周幽王（？—公元前771年），姬姓，名宫湦，为西周王朝第十三任君主，也是西周最后一位天子。他是周宣王姬静之子，在位期间政局不稳，又迭遭地震和旱灾，他不思图强，反而贪婪腐败，任用奸佞，引起百姓的不满。

据载，周幽王即位后，立妃子申氏为王后，申后所生之子宜臼为太子。后来，褒国将美女褒姒献给周幽王，得到其宠幸。褒姒为周幽王生下儿子伯服后，周幽王对褒姒更是宠爱有加。

传说，褒姒生性不爱笑，周幽王为取悦褒姒，竟举骊山烽火召集诸侯，诸侯匆忙赶来救援，却发觉只是周幽王为博褒姒一笑而戏弄他们，只好悻悻而去。烽火台是为防备犬戎侵扰而修建的，周幽王"烽火戏诸侯"虽然博得褒姒一笑，但从此失信于诸侯。

不久，周幽王废黜王后申后和太子宜臼，立褒姒为王后，其子伯服为太子。宜臼不甘心被废，于是投奔外公申侯。申侯愤怒之余，联

陕西临潼周幽王陵文保碑（摄于2017年7月24日）

陕西临潼周幽王陵（摄于2017年7月24日）

合犬戎各部突袭镐京。周幽王见犬戎来袭，急忙点燃烽火示警，但各地诸侯害怕再次被戏弄，没有前往援救。最终，周幽王被犬戎兵杀死于骊山脚下，为"烽火戏诸侯"之举付出了代价。

随后，申、鲁、许等诸侯国拥立宜臼继位，是为周平王。宜臼于公元前770年迁都洛邑，从此西周结束，东周开始。

周幽王被杀后，葬于陕西临潼东北。其陵墓历史上曾被盗掘。汉刘歆所著的《西京杂记》有关于西汉广川王刘去盗掘周幽王陵的记载，周幽王陵很高大，墓道门打开后，有很厚的白垩土层，白垩土铲除后，再往下是大量的云母石，再往下挖一尺多深，看到墓中有一百多具"纵横相枕籍"的尸体，只有一个男子，其余都是女子，身上穿着衣服和活人一样。如果《西京杂记》记载属实，估计那名男子便是周幽王，其余一百多名女子应为殉葬的妃子或侍女。周幽王作为一个末代君主，还能有如此多的人殉，匪夷所思。

直到现在，在今陕西西安临潼区代王镇宋家村，周幽王陵依然耸立，它距著名的秦始皇陵仅5千米之遥，但这座陵墓几乎无人知晓。笔者曾亲赴宋家村探访，只见陵冢坐落在田地旁，陵墓的西边和南边被挖去一圈，成了直立峭壁。经过多年人为和自然的破坏，陵冢已经不再高大了，目前的陵墓高不过五米，除了陵东南角处一块小小的文保碑孤零零地立在那里，再没有其他东西。周幽王的荒淫，导致其在位11年就身殒国亡。如今，残破陵冢上茂密的野草随风摇曳，似乎在诉说其荒诞的一生。

【周灵王陵】

周灵王(？—公元前545年)，姓姬，名泄心，东周第11代君王。周灵王是周定王的孙子，而周定王是周平王的九世孙辈。公元前571年，周简王崩，周灵王即位。

河南洛阳东周灵王陵文保碑（摄于2017年7月20日）

河南洛阳东周灵王陵碑亭（摄于2017年7月20日）

周灵王即位时，距周平王东迁已经过去了近200年，正是各诸侯国纷争的时代。此时，周朝国势日益衰败，周天子的威信不断下降。各诸侯国无视周君权威，通过战争扩张势力，强国攻伐弱国，连年战争，民不聊生。

公元前546年七月，宋国大夫向戌约晋、楚两国在宋国都城商丘（今河南商丘）会盟，调停两国间的战争。晋、楚、宋、鲁、卫、陈、郑、曹、许、蔡等十国的有势力的大夫都参加了会盟。会盟约定各国间停止战争，奉晋、楚两国为共同霸主，平分霸权，谁破坏协议，各国共讨之。这次大会史称"弭兵会盟"。弭兵会盟是诸侯们自己组织、决定的会盟，根本没有征求过周灵王的意见，可见当时周天子威信很低，王权日益衰微。

"弭兵会盟"成为春秋时期两个阶段的分水岭。会盟以前，战争以诸侯国之间的兼并为主，会盟以后的战争却以各国内部大夫间的兼并为主。所以，会盟后，与会诸侯国之间停止战争10多年，晋、楚两个大国40多年没有发生战争。

《史记》中关于周灵王的记述不多，只有寥寥数语。公元前545年，周灵王病逝，在位27年。

东周的历代周王都安葬在洛阳附近，大致的方位能够认定，但具体位置却无法确定。至于周灵王陵所在地，文献记载很多。《水经注》曰："洛水故漫经周山，山上有周灵王冢"。《文献通考》也记载："周灵王葬河南城西南桓亭西周山上。"

周山是东周三处王陵区之一，位于今洛阳市区西侧，周灵王陵孤冢高耸，雄伟异常，周长361米，高近50米。东与三王冢相邻。清乾隆年间，洛阳知县龚松林在陵前立碑，上书"周灵王陵"。

2002年，为了摸清周山王陵区内陵墓的形制、规模和年代诸问题，考古工作者在配合周山森林公园的建设中，曾对周灵王陵进行勘探调查。结果发现，周灵王陵的封土用夯土筑成，内含大量的细碎石块、礓石，不利于钻探，所以夯层的厚度不明。而覆斗形的陵墓封土，正是西汉以前帝王山陵的基本形制。特别重要的是，在周灵王陵的南侧，还发现有斜坡式墓道。墓道位于封土正中，墓道的底部平坦，略呈斜坡状，

河南洛阳东周灵王陵（摄于2017年7月20日）

其中填有五花土，经夯打，土质坚实。

笔者在几年前一个炎热的夏季专程到洛阳周山森林公园拜谒周灵王陵，并沿着山道绕陵一周。陵冢巍峨，遍植树木。陵前有一方形碑亭，龚松林所书的"周灵王陵"碑石矗立其中。东周王陵大多数迭遭破坏，只有周灵王和与其相伴的周三王陵建在林木茂密的周山上，使其在两千多年岁月中可于山中安静地酣眠，况且，陵寝就山而建，重峦叠嶂，气势非凡。就这一点来说，不能不称赞周灵王的高明。

第三章　春秋战国墓碑蚀

朝代简述

春秋战国时期是中国历史上分裂对抗最严重且最持久的时代之一，也是中国历史上的大变革时期，因此在古代历史上极其重要。

周平王元年（公元前770年），东迁洛邑（今河南洛阳），东周开始。此时，周室开始衰微，统治范围仅限于洛邑四周，各诸侯国纷纷割据称雄。周王统率诸侯的权力名存实亡，只保有天下共主的名义，而无实际的控制能力，中原各诸侯国之间开始了争夺霸主的局面。

春秋时期大致指东周的前半段，因与鲁国的编年史书《春秋》所叙时段大致相同而得名，春秋结束年代说法不一，一般指从公元前770年到公元前476年，有近300年的历史。春秋时期，周王室的衰微，导致诸侯国之间互相征伐，战争频繁。此时，共有140多个大小诸侯国，其中比较重要的有齐国、晋国、燕国、楚国、宋国、郑国、卫国、鲁国、吴国、越国、秦国等。小诸侯国纷纷被吞并，强大的诸侯国在局部地区实现了统一。齐桓公、晋文公、宋襄公、秦穆公、楚庄王相继称霸，史称"春秋五霸"（一说为齐桓公、晋文公、楚庄王、吴王阖闾、越王勾践）。新兴大诸侯国的霸主，实际上代替了周王室的共主地位。公元前453年，韩、赵、魏三家联手打败智氏，其后逐步将晋国瓜分，分别建立了自己的国家，这就是著名的"三家分晋"。公元前403年，周威烈王册封了韩、赵、魏三家列位诸侯。

战国是指东周的后半期加上东周灭亡后的三四十年，共200余年，其名称来源于西汉刘向的国别体史书《战国策》。历史学家对于春秋时期与战国时期的分界，有多种说法，现在一般以公元前475年到公元前221年作为战国时期。

战国时期，四方混战的局面已发生了变化。诸多中小诸侯国被吞

上：周平王迁都洛邑开启了东周的历史，至今周王城遗址犹存（摄于2020年7月29日）
中：齐国是最早称霸的春秋大国，都城临淄曾繁盛一时（摄于2014年6月14日）
下：春秋时期强大的诸侯通过会盟争霸，葵丘会盟是最著名的一次（摄于2015年8月6日）

并。春秋时期的140多个诸侯国，到战国初期只剩下20多个。其中的魏、赵、韩、齐、秦、楚、燕七国成为战国时期最为强大的诸侯国，史称"战国七雄"。

由于战争烈度急剧上升，在彼此间不断的攻伐中，如何富国强兵，使自己在竞争中生存下来，成了各国的首要考量。在此情况下，一系列的变法改革应时展开。

最早开始改革的是魏国，但秦国的商鞅变法最为彻底，作用最为明显。强大起来的秦国，开始不断扩张领土，与东方六国形成东西对峙局面。东方六国与秦国之间，展开了争取其他诸侯国、孤立对方的斗争。斗争的策略有

吴越争霸为春秋时期的一个尾声,吴都姑苏城盘门至今战意犹酣(摄于2013年6月16日)

秦国是战国时期变法最彻底的国家,商鞅变法使秦国由弱变强(摄于2017年7月24日)

"合纵""连横"之分。合纵就是"合众弱以攻一强",联合抗秦;连横就是"事一强以攻众弱",分化六国。

在秦国的软硬兼施及东方六国的互相猜忌下,"合纵"瓦解,而六国又没有一个诸侯国能够阻挡秦国强大的军事攻势。实力仅次于秦、齐的赵国在长平之战中被秦坑杀兵卒40余万,再也无力抵抗强秦。公元前230年,秦灭韩,两年后灭赵。公元前207年,燕太子丹派荆轲入秦刺杀秦王不成,第二年燕都被秦攻破。此后,魏、楚、齐相继被秦所灭。公元前221年,秦国完成了"秦王扫六合"的统一大业,形成"海内为郡县,法令由一统"的统一国家。

春秋战国时代从公元前770年开始,到公元前221

长平之战使强大的赵国元气大伤，加速了秦国统一的进程（摄于2017年7月21日）

荆轲刺秦王是东方六国抗拒秦国统一战争的最后一次努力（摄于2013年7月17日）

年结束，几乎与东周相始终，共历时500余年。其间战争此起彼伏，风云人物层出不穷，局势跌宕变幻。战场上的兵戎相见，军营中的运筹帷幄，外交场合的谋略交锋，名士的纵横捭阖，宿将的战场争锋，给我们留下了大量耳熟能详的历史典故。同时，社会的变革，也促成了思想的空前活跃和文学艺术的繁荣。更重要的是，各国的兼并与争霸促成了各个地区的统一，为全国性的统一准备了条件。

陵寝概况

春秋战国时期,诸侯国都达上百,本章重点介绍几个比较强大的诸侯国的王陵情况。

根据先秦时期流传下来的传统,春秋战国时期的各诸侯王陵一般也都建在都城之内或城郭附近。

晋国是春秋时期重要的诸侯国,据传是周成王"桐叶封地"而形成的,都城原在今山西太原附近,后来迁都晋南翼城、曲沃、绛县、侯马一带,因此,除晋开国君主唐叔虞的陵墓在山西晋源区外,其他陵墓主要分布在晋南。春秋早期的晋国王陵主要位于今山西省曲沃县曲村、北赵、毛张和翼城天马村一带,这里埋葬着包括晋文侯在内的多代晋侯,此处晋侯陵墓多为"甲"字形,由墓道、墓室组成,随葬品以玉器数量最多,但以青铜器最为重要,还有礼器、车马器、兵器

春秋时期晋国王陵主要分布在晋南,由于迭遭盗掘,如今只剩下荒草残冢(摄于2020年8月1日)

等。而晋献公、晋文公和晋灵公等晋君的陵墓则分布在今山西省绛县东部的南樊、卫庄、磨里一带,并留有高大的封土。春秋后期的晋国王陵应在春秋晚期晋国都城新田,即今山西省侯马市西北郊,汾、浍河交汇处的遗址内,目前已进行部分挖掘。

吴国为春秋后期强国,为周太王时期"泰伯奔吴"而形成的诸侯国,都城早期在今无锡,后迁今苏州,故早期的泰伯陵位于现在的无锡梅村,其余吴王陵应主要葬在苏州城郊。近年考古勘察证实春秋吴王陵区大约在位于今苏州城西部的诸山中,《越绝书》除记载阖闾墓在虎丘、王僚墓在俾犹外,还记载了苏州郊外四座不知名的吴王陵。多年来的考古调查和发掘,也在苏州西部诸山中发现了多座春秋吴国大墓,尤其是1994年发掘的浒墅关真山大墓,凿岩为穴,封土略呈覆斗状,大墓虽遭破坏性盗挖,但还是出土了玉石器、原始青瓷盖罐、贝及漆器等随葬品。对残存的葬具漆皮分析,竟为七棺二椁,此墓葬属于春秋中晚期,根据其巨大的规模、多重棺椁、玉面饰和珠襦玉甲的使用,表明墓主等级很高,当为吴国王室墓葬。

越国据传是夏少康庶子无余被封于越以守禹冢而形成的诸侯国,为春秋后期强国。越国先后多次迁都,包括今诸暨、绍兴、苏州、琅琊等地,越国王陵至今尚未完全发现。1996—1998年,在今绍兴市西南兰

吴国先祖泰伯草创勾吴小国,其位于无锡梅里的泰伯陵万世景仰(摄于2010年7月1日)

亭镇木栅村南的印山顶上，发掘出一座越国王陵，这是迄今为止经正式发掘并被确认的第一座春秋越国王陵，为一座带宽大墓道的长方形竖穴岩坑木椁墓，木椁呈"人"字形，木棺则是由独木雕凿而成的大型独木棺，极具地域特色，专家认为可能是春秋时期越王允常陵墓。

宋国也是春秋五霸之一，始祖为微子启，他是商纣王庶兄，因屡次规劝纣王不听而逃离。商朝灭亡后。周公封微子启于商丘，开启宋国历史。宋国王陵在今河南省商丘市旧城区西南一带。因年代久远，又地处黄泛区，早已被埋在黄河淤泥层下，现只存河南商丘故城西北的宋戴公、宋武公、宋宣公等三公王陵的"三陵台"及河南睢县的宋襄公陵，"三陵台"陵冢高耸，古柏森森，宋襄公陵也修缮一新。

魏、赵、韩是"三家分晋"形成的诸侯，位于新郑的韩王陵规模宏大
（摄于2017年7月29日）

齐国是春秋战国时期的大国，临淄田齐王陵绵延相连，封冢高耸
（摄于2016年10月12日）

春秋战国时期秦王陵主要分布在陕甘一带,这里留有强秦先祖的足迹
(摄于 2015 年 8 月 1 日)

  战国七雄中魏、赵、韩是从晋国分离出来的,魏国始都安邑(今山西夏县),公元前 364 年,魏惠王从安邑迁都大梁(今河南开封),据说,魏国的开国君主魏文侯的陵墓在今山西孝义北。魏国在第三代君主魏惠王迁都大梁后,因大梁地势低平,不便于建造陵墓,于是把魏国王陵建在大梁周边。据载,魏惠王陵墓在开封西边中牟官渡镇,如今荒丘犹存。其余的战国魏王陵在今河南辉县和卫辉一带,据载,新中国成立初期,中国科学院考古研究所曾对今河南新乡辉县市固围村东的三座战国中期魏王陵进行发掘清理,但墓主尚待考。战国晚期魏王陵在今河南新乡卫辉市西南的汲城村,其中以魏安釐王陵最为著名。据载,西晋时期,魏安釐王陵被盗,墓中发现了大批竹简,这些竹简记载了从夏朝到魏襄王之间的重要历史事件,称为《竹书》或《竹书纪年》,被誉为我国文化史上的重大发现,对研究先秦史有很高的史料价值。

  战国赵王陵位于今河北邯郸西北紫山东麓的丘陵地带,现存陵墓分踞五座山丘之上,五座陵台西南起自邯郸县周窑村,东北至永年县温窑村分布排列,其中,在邯郸县境内共三大陵丘,另两座在永年县。赵王陵依山而建,气势恢宏,虽经两千多年的风雨侵蚀和人为损坏,其陵台、陵墓封土、神道等依然保存十分完整,是目前国内单体规模最大的战国王陵。据推测,赵王陵中五座陵台七个封土高大的陵冢可能是赵敬侯、赵成侯、赵肃侯、赵武灵王、赵惠文王、赵孝成王、赵悼襄王七个赵王的陵墓,不过,这一推断还需考古再发掘和专

荆州城北"熊家冢"发现的楚王陵规模最大，陵园布局最完整
（摄于2016年10月4日）

战国燕王陵葬于燕下都城内西北隅，说明当时燕国仍遵古制
（摄于2016年8月8日）

家论证。此外，在山西灵丘等处也有一座赵武灵王陵。

韩国是战国时期的弱国，公元前403年，韩国得到周威烈王的承认，正式位列于诸侯后，建都于阳翟（今河南禹州）。韩哀侯灭郑国后，迁都新郑（今河南新郑）。因此，战国时期的韩国王陵基本都位于河南新郑市郑韩故城周围，此地处于山区向平原过渡的丘陵地带，只有东部的一部分是平原地区，通过多年的考古调查，已发现多处大型韩王陵墓群，分布在今新郑的辛店镇许岗村，观音寺镇王行庄村、柳庄村，城关乡苗庄村、暴庄村、胡庄村，梨河镇宋庄村、庄村，新村镇七里井村等地，墓向均为南北向。据传，韩昭侯陵在今河南宜阳韩城乡的秦山上，从遗留文物看，有一定规模。不过，专家认为，韩昭侯时期都城在新郑，韩昭侯是否会葬在秦韩两国激战的宜阳，有待考证。

齐国是春秋战国时期的大国，始祖为历史上享誉盛名的姜太公。齐国在临淄（今山东淄博临淄区）建都，先后经历了"姜齐"和"田齐"两个世系。姜齐王陵大多在齐都镇临淄故城内或周围，在河崖头村，现已勘探出多座大中型墓，其中一座大墓结构独特，规模宏大，有大批殉马，推断为齐景公墓。田齐王陵则在临淄故城东南的齐陵镇牛山一带，在田齐八代国君中，除第一代君主太公田和和末代君主田建未葬此处，其余六王均葬在此。太公田和陵在今山东青州市北20千米的普通店。齐陵镇的田齐王陵分为东西两处，东为"二王冢"，西为"四王冢"，都是方基圆坟。二王冢位于临淄区东南鼎足山麓，传说是春秋时期的齐桓公和齐景公之墓，但专家有异议。四王冢位于齐临镇淄河村西南，依山而立，东西并列，传为战国时期的齐威王、齐宣王、齐缗王和齐襄王。

秦人发祥于甘肃省陇南地区，后不断向东发展，都城也随之迁移，王陵区也经历了由西向东的历程。春秋早期秦国国君陵墓均在今甘肃陇南礼县大堡子山坡，此处陵墓密集，但盗墓严重。春秋中期及战国早期的秦王陵在今陕西凤翔南指挥乡一带，此处为秦朝都城雍城附近，陵区规模宏大，墓冢地面上均无封土，部分墓室顶部有建筑遗迹，此处埋葬着自秦宪公起至出子为止的22位秦国君主，王陵区内最大的墓葬为秦公一号墓。战国中晚期的秦王陵在秦都栎阳（今陕西西安阎良）和咸阳附近，此时秦国王陵开始实行冢墓形制，从此冢墓越修越大。其中栎阳为秦献公和秦孝公陵区，咸阳则有秦惠文王至秦始皇之间的秦王陵墓。

楚国历史上多次迁都，自熊绎受封在丹阳（今湖北秭归东南）建国后，先后迁都纪郢（今湖北荆州江陵区西北）、陈（今河南淮阳）、寿春（今安徽寿县）等地，其中在纪郢的时间最长，自楚文王迁纪郢到楚顷襄王迁陈，楚在此建都历20王，计400多年。据史籍记载和考古论证，春秋战国时期的楚王陵应在今荆州市江陵区古纪郢外的八岭山和纪山等山中，楚庄王陵在这一带。目前也发现一些规模宏大的陵墓，也可能是楚王陵，但墓主待考。此外，在距荆州城45千米的川店镇宗北村与张场村一带被称为"熊家冢"的地方,却发现了目前规模最大、保存最好、陵园分布最完整的楚王陵,整个熊家冢墓地由主冢、陪冢、殉葬墓、车马坑、祭祀坑等组成。到目前为止,在主冢南侧已探明出殉葬墓90多座,现已发掘30余座,但主陵陵主待考。

燕国是周武王灭商后,封其弟姬奭于燕地而形成的诸侯国,建都蓟(今北京)。战国中期,燕昭王在河北易县易水河畔修建燕下都,因此,春秋时期至战国初期的燕国王陵应在今北京市西城区广安门一带,因在城区内,已不可考。战国中晚期燕国王陵则均在燕下都东城的西北角。分"虚粮冢"和"九女台"两个墓区,"虚粮冢"内有13座古墓,均有高大的封土堆,13座古墓由北向南分成四排,据载,这里应该埋葬着桓公、文公、易公、燕王、昭王、惠王、武成王、孝王等8个侯王。"九女台"墓区在"虚粮冢"之南,中有古河道和一道墙相隔,"九女台"墓区有10个封土堆,分成两排。每排代表一位燕王,王陵设在都城之内是春秋前的常制,但是进入战国后,不少诸侯国已将陵墓移到城外,而燕下都仍将王陵设在城内西北隅,说明当时燕国仍遵古制。

春秋战国是中国古代陵墓制度的初步形成时期,从"不封不树"向"封土坟头"转化,从此,开启了中华大地上帝陵形式的序幕。春秋战国时期的诸侯王,虽然不是后来意义上的皇帝,但作为王陵还是颇具规模的,而且,从挖掘出来的一些诸侯王陵墓可以发现,许多诸侯王的陵墓规制都存在"逾规"情况,有些甚至超越周王的规模。但这一时期,也是盗墓之风盛行时期,因此,春秋战国王陵十室九空。不过,残留的陵丘,蚀损的墓碑,掩不住春秋战国特有的时代气息和风貌。

山陵撷要

【齐桓公陵墓】

齐桓公（？—公元前643年），姜姓，名小白，为春秋时期齐国的第十六代国君。在其兄齐襄公统治时期，由于朝纲失常，政局混乱，公子小白和其兄公子纠曾分别逃亡莒国和鲁国避祸。后来，齐襄公为公孙无知所弑。公孙无知自立为君，一年后又被齐国贵族刺杀。一时间齐国无君，陷入大乱。

公子小白和公子纠闻讯后，争相回国抢占国君之位。为阻拦公子小白夺取王位，公子纠派管仲带兵埋伏在莒国到齐国的路上，管仲企图用箭射杀小白，结果射到了小白的带钩上，小白假装倒地而死，迷惑了公子纠，紧接着，公子小白与鲍叔牙火速赶回临淄，当公子纠不紧不慢地到达齐国都城时，公子小白早已坐上国君之位，是为齐桓公。

齐桓公登位后，在鲍叔牙的劝说下，不计前嫌，委管仲以重任。在管仲的锐意改革下，励精图治，齐国空前繁荣强大。齐桓公开始走上称霸之路，他尊王攘夷，九合诸侯，一匡天下，成为春秋时期第一

山东临淄桓公台（摄于2014年6月14日）

山东临淄齐桓公陵（摄于2016年10月12日）

位霸主。但其晚年不听管仲遗嘱，重用奸人，导致内外矛盾激化，他创下的霸业就此衰落，最后自己的结局也很悲惨。

齐桓公有五个儿子，桓公四十三年（公元前643年），齐桓公重病，但五子只顾争位，根本无暇顾及奄奄一息的齐桓公，最后齐桓公在饥渴中悲惨死去。据载，其遗体在67天后才被收殓，下葬时已腐烂不堪，惨不忍睹。

齐桓公葬于何处？《山东通志》《括地志》等史籍明确记载齐桓公陵墓位于今淄博市临淄区东南15千米的鼎足山上。鼎足山因紫金山、牛首岗、菟头山呈三足鼎立状而得名，三山中间有两座王陵坐落其中，这两座高大的王陵就是传说中齐桓公与齐景公的陵墓，俗称"二王冢"。

"二王冢"东西并列，在鼎足山三个山头的环抱之中，因山为坟，坟冢巍峨雄伟。西冢可看出有好几层，逐层收缩，东冢高于西冢，传说晋永嘉末年曾被盗掘。

然而，山东省文物考古研究院根据"二王冢"的规模、形制和所处的地理位置，并联系田氏王族世系和古代帝王葬制进行了稽考，认为"二王冢"应为战国时期的齐国国君田齐侯剡与田桓公午之墓。真相究竟如何，有待继续考证。

笔者在一个深秋的日子前往寻访，在当地文物护理员的指引下，在一个封闭的院落中看到了"二王冢"的石质标志碑。从此处能够清晰地看到二王冢高居山巅，异常壮观。

几千年前，齐桓公治下的齐国国富民强，称霸诸侯，但谁能想象得出这个春秋五霸之首最后的结局竟如此悲惨，想到这里，愈发觉得齐桓公晚年的孤寂和苍凉。

【晋文公陵墓】

晋文公重耳（公元前697年—公元前628年），是晋献公的儿子，母亲为狐姬。晋献公在位期间，开疆拓土，为晋国的扩张和强大奠定了坚实的基础，可惜，晋献公晚年宠爱骊姬，想废太子申生而立骊姬的儿子奚齐。在骊姬的谗陷下，太子申生被逼自缢，又欲加害公子重

山西新绛晋国都城绛遗址（摄于2020年8月1日）

山西曲沃晋文公墓（摄于2015年5月13日）

山西曲沃晋文公墓塑像（摄于2015年5月13日）

耳和其弟夷吾，重耳被迫出逃。

在流亡的19年里，重耳和他的亲信、随从历尽千辛万苦，饱尝世态炎凉，先后到过狄、卫、齐、曹、宋、楚等国避难。晋献公死后，晋国乱象丛生，晋惠公背信弃义，被秦穆公所俘，后患病辞世；晋怀公党同伐异，与其父如出一辙，后众叛亲离被杀。秦穆公为了秦国的利益，把女儿嫁给重耳，并派兵帮助重耳入主晋国，称晋文公。

重耳即位时，已年逾花甲，但他雄心未已。在舅舅狐偃、姐夫赵衰等的辅弼下，改革内政、整军经武，实施通商宽农、明贤良、赏功劳等政策，实行三军六卿制，使晋国国力大增。重耳利用周王室内乱，兴兵勤王，提高了晋在中原诸侯国中的地位。公元前632年，晋楚大战于城濮（今山东鄄城西南），晋军采取先主力佯退，后回师夹击的战术，最终击败了不可一世的楚军。接着，晋文公与齐、鲁、宋、卫等七国之君盟于践土（今河南原阳西南），并得到周王策命，晋文公跃升为中原霸主，从而开创了晋国长达百年的霸业。

公元前628年，功成名就的晋文公病逝，葬于今山西绛县。

《元和郡县志》《平阳府志》《绛县志》等文献均有关于晋文公墓在绛县东的记载。今天，晋文公雄极一时的霸业早已烟消云散，晋文公墓的墓冢也历经沧桑，但还依然静静安卧在山西绛县卫庄镇的下村侧。多年前的一天，笔者前往凭吊晋文公墓。寻访之路非常艰难，当地知道晋文公墓的人不多，经多方询问，笔者才最终来到卫庄镇下村，并远远看见了村西不远处巍然屹立的晋文公雕像。

这尊雕像是卫庄镇下村村民于2001年捐资修建的，为一尊5米高的汉白玉立像。雕像后侧就是晋文公的陵墓。陵墓依地形而建，圆形墓冢非常高大，犹如山丘，冢上绿树葱茏，2600多年来，叱咤风云的霸主晋文公一直静静地长眠于此。墓前立有"晋文公墓"石碑一通，为清乾隆五十一年（1786年）刻立，至今保存完好。据说墓后岭顶曾建有祠庙，但在抗日战争期间被日寇拆毁。

笔者无法想象当初陵墓及其祠庙的规模，但鉴于历代统治者对晋文公祭祀的重视，应该修建得庄严静穆，雄伟壮观。可惜如今这里却清寂荒芜，当年的建筑也荡然无存。当天天气晴朗，笔者拨开齐腰高的荒草才来到墓前，一代宏图霸主的陵寝就这样默默淹没在随风摇曳的漫漫荒草中。

【秦穆公陵墓】

秦穆公（？—公元前621年），嬴姓，名任好，为春秋时代秦国国君。秦穆公为秦德公之子，于公元前659年继位后，任人唯贤、唯才，

陕西凤翔秦穆公塑像（摄于2015年8月1日）

"五羖大夫"的故事最为典型。当年，晋国灭掉虞国，俘虏了虞国的大夫百里奚。晋献公嫁女于秦穆公，将百里奚作为陪嫁奴仆送往秦国。百里奚不愿受辱，于中途逃走，被楚国抓去。穆公闻知百里奚是个难得的人才，就用"五羖"（五张黑羊皮）把他赎回。穆公与百里奚探讨国事三日，非常高兴，对百里奚委以重任。经百里奚的推荐，又从宋国迎来了蹇叔，并引来了贤而多谋的西戎大臣由余。正是在他们的辅佐下，秦穆公击败晋国，俘虏了晋惠公，还消灭了梁、芮等国。

为拉拢当时力量强大的晋国，秦穆公协助流亡在外的晋献公之子重耳回国夺取君位，重耳即晋文公。秦穆公的女儿怀嬴也嫁给了重耳，实现了"秦晋之好"。但晋文公病逝后，秦晋两国又重现对抗局面，秦国的东进之路再度被晋国扼住。秦穆公于是向西发展，逐渐灭掉西戎所建的许多国家，并出兵攻打蜀国和其他位于函谷关以西的国家，开辟国土千余里。秦穆公的这些作为，为日后秦统一中原奠定了基石，秦穆公也因此被《史记》认定为春秋五霸之一。

秦穆公在位39年，于公元前621年去世，被安葬于雍（今陕西凤翔南），据载有170多人殉葬。长期以来，人们一直都把秦都雍城遗址内靠近北城墙的一处高丘认定为秦穆公墓，即今凤翔县城凤翔博物馆内的"秦穆公墓"。

陕西凤翔所传秦穆公墓碑刻（摄于2015年8月1日）

笔者专程前往位于今凤翔县城文化路上的凤翔博物馆参观"秦穆公墓"。该墓园占地近十亩，建有仿古式样的彩绘大门，墓冢在院内中心部位，高出地面6米有余，墓上松植青翠，紫岚氤氲。大门前还立有清代陕西巡抚毕沅所题写的"秦穆公墓"高大碑石，显得古朴大气。

秦穆公墓这一著名的历史胜迹，多少年来，曾引起许多文人骚客的探幽访古，凭吊缅怀。不过，近年来经过考古工作者的调查和发掘，发

陕西凤翔所传秦穆公墓冢（摄于2015年8月1日）

现这处秦穆公墓实际上是秦都雍城内的一座高台建筑。20世纪80年代起，考古工作者先后在凤翔县内南指挥村、三岔等地发现了几处秦公陵园。这些秦公陵墓基本分布在雍城遗址之南，而且平地起坟，不封不树。高丘耸立的秦穆公墓显然与秦人这一时期的埋葬制度及区域不相符。但秦穆公究竟埋于何处，考古工作者目前尚不能确定。

秦穆公是秦国发展史上一位颇有影响的人物，也是建都雍城的秦君中最为贤明的一位。除他之外，在春秋的历史舞台上，秦国再没有过上乘的表演。多少年过去了，与秦穆公有关的许多事迹，如吹箫引凤、秦晋之好等，已经作为成语被载入典籍，流芳百世。

【秦景公陵墓】

秦景公（？—公元前537年），春秋时期秦国国君，秦桓公之子，公元前576年，秦景公即位。他秉承秦穆公、秦桓公的东进之策，联楚伐晋，欲以图强，但国力尚不够发达。于是，秦景公将自己的妹妹嫁给楚兴王，通过秦楚联姻，巩固秦楚联盟。公元前564年，秦景公求援于楚国，联合伐晋，获得胜利。公元前562年，楚求于秦，秦楚联军共同伐郑，迫使郑国离晋附楚。公元前559年，晋率诸侯联军伐秦，秦于泾河上游阻截，诸侯联军死伤甚众，但仍然渡过泾河，直至秦境而归，秦、晋军队均遭很大损失。其后，秦、晋等诸侯国虽数议结盟，但均无结果，但秦的国力日益增强。

陕西凤翔秦景公塑像（摄于2015年8月1日）

陕西凤翔秦景公陵陈列馆（摄于2015年8月1日）

秦景公治理秦国长达40年，将秦国势力不断推向中原，秦景公是秦穆公之后，一位较有作为君主。

公元前537年，秦景公病逝，葬于都城雍城（今陕西凤翔）的陵区。沧海桑田，秦景公墓如同其他秦国君主的陵墓一样渐渐湮灭，不知所在。

20世纪70年代，在陕西宝鸡市凤翔县灵山东南30千米的南指挥村中，有村民发现，不管雨水多寡，庄稼总是长不好，但并没有人深究原因。直到1976年的一天，一靳姓村民为修补自家的院墙挖土的时候，发现黄土的颜色与周围黄土明显不同。此事很偶然地被陕西省考古研究院的专家知道，专家立即组织进行实地勘察，秦景公的陵墓就此被发现，这座陵墓又被称为秦公一号大墓。

令考古队员震惊不已的是，秦公一号大墓的墓室东西长59.4米，南北宽38.8米，深24米，面积竟然比两个国际标准篮球场还要大。尽管大墓有近270多个盗洞，连椁室中装殓秦景公的棺具也遭到严重破坏，但还是出土了3000余件文物，考古工作者用了10年的时间才发掘完毕。

秦公一号大墓占据了中国考古史上五个之最：是迄今为止中国发掘出的最大的先秦墓葬；墓内184具殉人，是中国迄今为止发现殉人最多的秦公墓葬；椁室的柏木"黄肠题凑"椁具，是中国迄今发掘出的周、秦时代最高等级的葬具；椁室两壁外侧的大型圆木，有学者称为"木碑"，是中国墓葬史上最早的墓碑实物例证；大墓中出土的石磬是中国发现最早刻有铭文的石磬，且铭文多达 180 余字，考古工作者正是依据其上文字最终推断墓主人为秦景公。

笔者参观秦公一号大墓时，也被如此规模的陵墓震撼。墓室坐西向东，平面呈"中"字形，东西两端分别有斜坡墓道。整座墓葬总面积达 5334 平方米。墓室四周有三层台阶，第三层台阶中部即为椁室。椁室分主副两部分，主椁室位于墓室中部，副椁室位于主椁室西南。主椁室、副椁室各有椁具一套。椁室按"黄肠题凑"的制度建成，与四周密布的木棺形成一组无比壮观的场景，其规模和气势远远压倒同级任何一个诸侯王墓，为我们重新认识秦国历史，提供了极为珍贵的资料。

陕西凤翔秦景公陵址（摄于 2015 年 8 月 1 日）

陕西凤翔秦景公陵地宫（摄于 2015 年 8 月 1 日）

【宋襄公陵墓】

宋襄公（？—公元前637年），子姓，名兹父，是春秋时期宋国第二十任国君。他是宋桓公的次子，为宋桓公的嫡出，但他不以嫡子身份倨傲，而是常怀仁义之心。兹父的庶兄目夷，为父亲的侍妾所生。宋桓公病重时，兹父曾在父亲面前恳求把太子之位让给庶兄目夷，但目夷不肯接受。

公元前651年，宋桓公去世，兹父即位，是为宋襄公。他任用目夷为相、贤臣公孙固为司马，内修国政，以仁义治国，国力有了较大的提升。他即位之初，曾参加过齐桓公召集的葵丘会盟，并受盟主齐桓公之托，照顾齐国太子昭。齐桓公病逝后，齐国发生内乱，太子昭逃到宋国，向宋襄公求救。尽管当时宋国力量并不强大，但宋襄公还是召集了卫国、曹国和邾国的人马攻打齐国。齐人对出逃的太子昭也怀有同情之心，故里应外合，拥立太子昭为齐孝公，宋襄公由此声名鹊起。

攻打齐国之后，宋襄公逐渐变得志大气盛，想效仿齐桓公会盟诸侯，确立霸主地位。公元前639年春，宋襄公在鹿上首次会盟诸侯，齐、楚等国的国君相聚在一起，宋襄公以盟主自居，这种安排引起楚王等的不满，一度为楚王所拘，但因这一会盟，《史记》把宋襄公列为了春秋五霸之一。

公元前638年，宋襄公领兵攻打郑国，郑国向楚国求救。楚国派兵攻击宋国国都，宋襄公所率军队与楚军在泓水（今河南柘城西北）相遇。宋军已先在泓水河北岸布好阵势，宋襄公庶兄目夷主张趁楚军渡河之机消灭他们，但宋襄公却自称为仁义之君，不能趁人家渡河之危发起攻击。然而，弱小的宋军哪是强大楚军的对手。楚军渡过泓水后，经过一阵厮杀，宋军大败，宋襄公也被射伤大腿。宋襄公不合时宜的"仁义"做法，导致他次年因腿伤发作不治而死，霸业成空。据载，宋襄公葬于襄邑（今河南睢县）城中行宫内。沧海桑田，如今行宫早已不复存在，但墓冢至今犹存。

河南睢县宋襄公望母台（摄于2017年7月29日）

河南睢县宋襄公襄陵牌坊（摄于2017年7月29日）

河南睢县宋襄公襄陵（摄于2017年7月29日）

宋襄公陵位于河南睢县的湖岛上，笔者专程在秋日的一个午后前往拜谒，由"襄园"而进，沿通往湖岛的长堤前行。襄公桥尽头，一尊高大的宋襄公石雕像耸立在望母台上，望母台是宋襄公为思念其母亲而建造的。其后为宋襄公的陵墓，由石牌坊、神道和陵冢组成，神道两侧有石刻。陵冢呈圆锥形，高6米，由黏土堆压而成，四周有花岗岩围护。陵墓四周树木葱郁，芳草萋萋。

宋襄公陵是笔者见过的春秋五霸陵中修缮最好的一座王陵，显示出睢县对千年以前挥斥方遒的宋襄公的尊崇。宋襄公是历史上颇富争议的一位历史人物。他的所作所为虽有迂腐之处，但其对"忠孝""仁义"思想的执着还是难能可贵的。后人对宋襄公的评价也不低，赞其为孤独英雄。

【吴王阖闾陵墓】

吴王阖闾(？—公元前496年)，名光，是春秋时期吴国的一位国君。他是吴王寿梦之孙，吴王诸樊之子。吴国在吴王寿梦在位时期开始强盛。寿梦有四个儿子，即诸樊、余祭、余眜和季札。寿梦去世后，其子诸樊、余祭、余眜相继即位。四子季札虽然德行最好、能力最强，却无心王位，多次推辞。

江苏苏州吴王阖闾陵前颜真卿所书"虎丘剑池"石刻（摄于2018年9月25日）

江苏苏州虎丘剑池壁上题刻（摄于2018年9月25日）

余眛病故后，吴王之位被余眛的儿子僚得到，是为吴王僚。但诸樊之子公子光心有不甘，他认为叔父季札不接受王位，王位理应由作为长房长子的自己来继承。因此暗中招纳贤能之士，准备刺杀吴王僚，夺回王位。公子光以投奔而来的楚国旧臣伍子胥为宾客，通过伍子胥介绍，结识了勇士专诸，并在一次宴会上，派专诸将剑藏在鱼腹中，趁上菜之机刺杀了吴王僚，这就是历史上著名的"专诸刺王僚"的故事，公子光由此夺得吴国王位，是为吴王阖闾。

江苏苏州吴王阖闾陵（摄于2009年1月30日）

阖闾即位后，以伍子胥为相，以齐人孙武为将军，通过一系列措施使吴国成为春秋中后期最强大的诸侯国之一。公元前506年，吴军在孙武、伍子胥的率领下，攻克了楚国都城郢都，楚王出逃，后楚臣申包胥入秦乞师，据传在秦廷哭了七天七夜，才使秦出兵助楚复国。公元前496年，吴王阖闾在与越国的槜李之战中，越以死罪刑徒阵前自刎，乘吴军注意力分散之机发动猛攻，大败吴军，阖闾伤重去世，葬于今江苏苏州城西北的虎丘山中。

传说，当年为修建阖闾的陵墓，其子吴王夫差征调了十万民工穿土凿池，积壤为丘。阖闾下葬时，其灵柩外套铜椁三重，池中灌注水银，以金凫玉雁随葬，同时，还陪葬了"扁诸""鱼肠"等许多把名剑，这一切引起后来的秦始皇和东吴大帝孙权的窥视，他们都曾派人来此凿石求剑，但宝剑没有得到，倒在阖闾墓前挖成了悬崖深池，称为剑池。从此，剑池成为虎丘最神秘、最吸引人的古迹。唐代大书法家颜真卿特此书写了"虎丘剑池"四个大字，笔力遒劲，与剑池古迹相得益彰。

笔者多次参观虎丘，每次必去剑池。站在剑池旁，但见两片陡峭的石崖拔地而起，顿觉"池暗生寒气"，竟有身临深渊之感。在剑池的石壁上，还留有明代宰相王鏊等人留下的题记，记载了明正德七年（1512年），剑池池水干枯见底，人们发现了池壁上紧关着的石扉，怀疑可能就是阖闾的墓穴入口。1955年，苏州整修虎丘山名胜古迹，对剑池疏浚时，也发现这个洞穴及一丈多长的隧道，并在隧道尽头发现了四块长方形石板。石板究竟是不是阖闾墓门？吴王墓是否确在其中？在未经考古发掘证实之前，这一切仍将是一个千古之谜。

【越王允常陵墓】

允常（？－公元前497年），姒姓，为春秋时期越国君主。谈到越王允常，可能大家都不熟悉，但讲起他儿子勾践，我们就耳熟能详了，尤其是其"卧薪尝胆"的发奋图强精神千古流传。其实，越王允常在越国历史上也是一位颇有作为的君主，虽然史籍对允常的记述很少，然而从零星、散见于各类文献中的有关材料中，仍可看出允常是越国霸业活动的开创者、奠基者。他是在其父夫谭死后,继任越国君主之位。即位后,允常接受中原各地先进生产技术,发展农业和其他产业,他非常重视冶炼业,曾命欧冶子为其铸剑,铸造的青铜宝剑坚韧锋利。在允常统治时期,越国国力开始强盛,并向外扩张,至其晚年,越国疆土已经扩展至今浙江北部,江西东北一部也归属越国。越国也从允常开始称王,并在楚国的帮助下与北部的吴国发生战事。周景王八年(公元前537年),越国与北部的吴国在越国北部边界檇李(今浙江嘉兴西南)发生战争,虽然后来双方缔约媾和。但周敬王十年(公元前510年),

浙江绍兴越国王陵文保碑(摄于2017年8月24日)

允常与吴王阖闾再度发生冲突,檇李等地被吴国占领。周敬王十五年(公元前505年),允常利用吴国兴兵伐楚、国内空虚之际,发兵攻入吴境。自此,吴越两国怨恨加深,战争日益频繁。周敬王二十三年(公元前497年),允常去世。

据史籍记载:允常葬在府城西南的木客山。但长期以来,允常陵墓不知所在。1998年在绍兴兰亭镇木栅村南印山,发掘清理出一座春秋战国时期的大型土墩墓,从其规模来看,可以确定应为春秋战国时期的越王陵墓。笔者专程去印山参观这座到目前为止所发现的唯一一

浙江绍兴印山越国王陵墓室（摄于2017年8月24日）

浙江绍兴越国王陵独木棺（摄于2017年8月24日）

座越王陵墓。陵墓的墓坑之大、墓道之长、墓椁之伟、封土之雄令人震撼，它凿岩而成，墓向朝东，是一座由墓道、墓坑、墓室组成的平面呈甲字形的竖穴土坑墓，底面用长方木横向平铺，在底面两边用长方木互相斜撑，形成一个三角形墓室，中间有一具采用独木雕凿而成的大型独木棺，制造独木棺的树龄应在千年以上，这是笔者所见过的形制最独特的王陵，极富越国特点。具有这样身份和地位的陵墓主人到底会是谁呢？查诸资料，专家发现印山在早期也叫"木客山"。史书记载，古时这一带森林茂密，系伐木场地，越国被吴国打败后，越国许多士兵在这里砍伐木头进贡给吴国，这些砍伐木头的人，当时被人称为"木客",因而印山在早期也叫"木客山"。结合《越绝书》的记载,"木客大冢者,勾践父允常冢也",再从修建年代来看也建于允常时期,且允常始称王,为显示王者气派,所建坟墓也必然特别巨大。因此,专家认为印山越王陵的主人有可能是越国开始"拓土始大,称王"的允常,也就是第一位越王。当然,考古学者从墓内大量填筑青膏泥、木炭的种种迹象分析,也发现明显带有中原和当时楚国等地的特点。如果对印山大墓的断代为春秋末、战国初的话,那么印山大墓的墓主或许是在允常之后,甚至可能就是勾践。据《越绝书》载:"独山大冢者,勾践自治以为冢。徙琅琊,冢不成,去县九里。"可见勾践曾在今绍兴为自己建造独山大冢,南宋爱国诗人柴望的七律诗《越王勾践墓》也认为勾践墓在绍兴,这些都说明勾践也可能葬回绍兴。由于印山大墓在历史上多次被盗,除了少量价值不高的文物外,墓椁中甚至没有留下丝毫有关尸骨的痕迹,给墓主的确定带来了困难。不过大部分专家更倾向于认为这是越王允常的陵墓。

【赵武灵王陵墓】

赵武灵王(?—公元前295年),嬴姓,赵氏,名雍,为战国中后期赵国的君主。赵武灵王在位时,面对强邻环伺的局面,革新图强,从赵国国情出发,汲取北方游牧民族军事上的特点,推行"胡服骑射"政策,赵国因而强盛,灭中山国,败林胡、楼烦,辟云中、雁门、代三郡,并修筑了"赵长城",赵国很快成为战国七雄的强国之一。赵武灵王曾大会天下诸侯,风光一时。但赵武灵王在储君问题上处理不当,铸成大错。他因宠幸的吴娃早逝,就废掉长子公子章,立与吴娃生的次子何为太子,并在壮年退位,自称主父,太子何即位为赵惠文王。后来,他又打算把代郡分给公子章,让其称王,结果引起两个儿子之间的战争。赵惠文王的军队很快就控制了局面,公子章败退,逃入主父的沙丘宫。赵王何的将领随即围攻沙丘宫,诛杀公子章,并不许主父出宫。宫内本无存粮,公子成的部队对主父断粮断水,赵武灵王最终饿死沙丘宫。

后世学者对于赵武灵王陵墓的确切位置存有争议。史书和地方志

河北邯郸武灵丛台（摄于 2015 年 5 月 13 日）

山西灵丘赵武灵王陵文保碑（摄于 2020 年 8 月 6 日）

等文献有互不相同的记载，概括起来共有河北邯郸、平山、沧州、灵寿及山西灵丘五种不同说法。邯郸说在《太平寰宇记》和乾隆《大清一统志》中均有记载，书中所记邯郸赵王陵区有五组陵墓，位于邯郸西北郊区丘陵地带的山岭之上。不过，赵武灵王陵墓在邯郸说仅仅根据记载，并没有考古材料印证，因此难以证实。平山说来源于《正定府志》的记载，然而，近年来的考古发现已经确定其为中山国王陵，而非赵武灵王墓。沧州说见于《太平寰宇记》，但沧州之说出现时代较晚，其属地既无墓丘，亦无遗迹，故沧州之说可信程度亦不高。灵寿说可能缘于史籍记载赵武灵王当年率军攻破中山国都灵寿后，在灵寿城外驻兵建"赵王城"，后人误将城中"赵王台"上的赵武灵王庙传为赵武灵王墓。而山西灵丘的赵武灵王墓，则见诸《史论·赵世家》（集释）、《大同府志》、《汉志》等史籍记载，而且至今陵墓高耸，应该比较可信。于是，笔者在一个金秋的日子不远千里来到灵丘。灵丘名是汉高祖十一年（公元前196年）高祖在这里筑城设县时所定，用以纪念雄才大略的赵武灵王。

山西灵丘赵武灵王陵（摄于2011年6月23日）

赵武灵王墓位于灵丘县武灵镇城道坡村，墓前广场上有赵武灵王"胡服骑射"的雕像。墓园大门名"武陵门"。穿过墓园大门，迎面就看到了赵武灵王的墓冢，为平地而起的一座圆形坟丘，封土高8米，墓冢气势宏伟。墓前没有竖立墓碑，只有墓南立有明崇祯年间的石碑一通，整个墓园遍植树木，庄严肃穆。

第四章　秦陵汉阙黄尘起

朝代简述

秦汉时期是中国历史上第一个大统一时期，在我国历史上，秦朝首次建立了统一的多民族中央集权国家，在西汉时期得到继承和发展，秦汉时期也是中国统一国家形态的奠基时期。

秦国，原来只是一个西陲小国。秦孝公任用商鞅进行变法，奠定了秦国富强的基础。自秦孝公起，秦国连续六代君王都不懈地致力于向外扩张。到秦王嬴政在位时，强大的秦军先后翦灭韩、赵、魏、楚、燕、齐六国，结束了春秋战国以来诸侯割据的局面，首次完成了真正意义上的统一，并在此基础上建立起中国历史上第一个中央集权王朝。

一统天下的秦王嬴政自认为功德超过了历史上的三皇五帝，因此兼采二者尊号，将最高统治者的称号改为"皇帝"。他自称始皇帝，子孙将是二世、三世、四世以至无穷，虽然始皇帝的愿望没有实现，但皇帝这个称号却沿用了两千余年。

阿房宫是秦始皇一统天下后修建的壮丽宫殿，其夯土台遗址高大宏敞（摄于2018年7月24日）

秦始皇修建了四通八达的驰道并巡行各地，井陉秦驰道至今犹存（摄于2015年5月11日）

秦始皇为巩固统一局面，废除了分封制，推行郡县制，并统一了文字、货币和度量衡，还修驰道、筑长城。秦始皇的开创之功，有目共睹。但其苛政峻法、横征暴敛及沉重徭役，也使强盛一时的秦王朝随时都有倾覆的危险。始皇帝三十七年（公元前210年），秦始皇在巡视途中死于沙丘（今河北广宗西北），时年50岁。此时，始皇帝的长子扶苏正在上郡监军。跟随始皇帝出游的宦官赵高乘机勾结皇帝的小儿子胡亥，并诱惑丞相李斯伪造遗诏，最终立胡亥为帝，扶苏被赐死。

继位为秦二世的胡亥昏庸无能，大权被赵高独揽，他们继续苛政重赋，终于激起陈胜吴广起义。秦二世在慌忙中组织修骊山陵墓的刑徒为兵进行抵抗，但此时反秦浪潮已经汹涌澎湃，项羽在巨鹿之战中歼灭秦军主力，刘邦则乘机经武关兵临咸阳。此时，秦二世已被赵高杀死，继立的秦王子婴向刘邦投降，曾经强盛一时的秦王朝仅存世15年就被推翻。

汉朝是我国封建社会前期的鼎盛时代。由于秦的统治时间短，因而封建社会各种典章制度的完善、确立和巩固，基本上完成于汉代。汉代分为西汉和东汉两个历史时期。

西汉是由刘邦建立的。刘邦原为沛地亭长，陈胜在大泽乡发动起义后，刘邦在家乡起兵响应，他与项羽率领的起义军一起消灭了秦王朝，并在随后的楚汉之争中打败了项羽。公元前206年，刘邦称帝，是为汉高祖，定都长安（今陕西西安）。

陈胜吴广在安徽宿州大泽乡揭竿而起，涉古台是历史的载体和见证（摄于2012年9月1日）

刘邦在灵璧垓下决战中击败项羽，迫使项羽演出了"霸王别姬"和乌江自刎的历史悲剧（摄于2012年11月1日）

西汉初年推行郡国并行制。后来，因王国势力威胁到中央，故汉景帝开始进行"削藩"。景帝又平定了吴楚等王国的"七国之乱"，初步削弱王国的势力。汉武帝通过施行"推恩令"，最终从根本上解除了王国对中央的威胁。武帝采纳董仲舒建议，实行"罢黜百家，独尊儒术"政策，使儒家思想逐渐成为社会上占统治地位的理论。

经过几代皇帝的努力，西汉的经济也得到恢复和发展，社会出现安定繁荣的局面。在强盛国力的支撑下，汉廷北击匈奴，开疆拓土，并开通了闻名天下的"丝绸之路"。

西汉晚期，外戚专权现象严重。外戚王莽窃取政权，建立新朝。但王莽建立新朝不久，绿林赤眉起义就发生了。汉室后裔刘秀与其兄乘势起事。刘秀在昆阳之战中一举摧垮新莽大军，奠定大局。

刘秀在昆阳之战一举摧毁王莽大军，奠定东汉百年基业（摄于2013年10月22日）

公元25年，刘秀称帝，重建汉朝政权，定都洛阳，史称东汉。东汉早年，汉光武帝采取息兵养民政策，开创了"光武中兴"，逐渐恢复了汉朝往日的强盛。但东汉一朝，刘秀之后的皇帝除明帝、章帝外，几乎都在幼年继位，导致外戚与宦官交替把持朝政，加上豪强地主大肆兼并土地，各种社会矛盾积聚起来，引发农民起义。在镇压农民起义的过程中，各地豪强势力崛起，形成了诸强割据的局面，东汉皇权名存实亡。东汉最后一位皇帝献帝也为权臣曹操所操控。公元220年，汉献帝被迫让位于曹操之子曹丕，东汉灭亡。

当年汉献帝被迫让位与曹丕的受禅台曾见证了朝代更迭的悲怆
（摄于 2012 年 7 月 27 日）

　　秦汉时期是我国封建社会的初步发展时期，秦王朝推行的一系列巩固统一的措施对后世影响深远。继之而起的汉王朝，基本延续秦朝的制度，史称"汉承秦制"，但实际上汉朝在许多方面也颇有建树，尤其在社会伦理政治秩序的建构方面，汉朝统治者采取的基本方针被之后历代皇帝采纳。

陵寝概况

秦始皇陵是中国历史上第一座真正意义上的帝王陵,在中国古代帝王陵发展史上具有重要的地位。始皇帝嬴政骊山陵坐落在今陕西西安东郊,背靠骊山、面向渭水,是中国古代规模巨大的帝陵之一。据载,始皇帝陵修筑时间长达37年,到始皇帝病逝时,骊山陵还未完成。故陵墓规模宏大、埋藏丰富。

据明人都穆的《骊山记》记载:"始皇陵内城五里,旧有四门,外城周十二里,其址俱存。"从现今的勘察来看,陵园面积约8平方千米,平面呈长方形,分内外两城,内城周长3840米,有5座城门。外城周长6210米,有4座城门。内城分为南北大体相等的两个区域,北面区域又被隔成东西两部分。陵冢位于内城南部,夯土筑造,底部方形,形状为覆斗形,陵冢现仍高达76米。

陵北有大型陵寝遗址,是举行祭祀典礼的建筑,内外城西墙之间

秦始皇骊山陵是中国历史上第一座真正意义上的帝王陵
(摄于2011年7月27日)

西安秦兵马俑再现了秦王扫天下的壮观场景（摄于 2008 年 10 月 20 日）

的官舍与园寺吏舍为奉陵的祭品加工地与官员住处。外墙东侧有陪葬墓及丛葬坑群。史籍还记载，秦二世在埋葬秦始皇时，下令始皇帝宫内没有子女的宫女全部殉葬。为了防止泄密，参加修建墓葬的工匠都被活埋在墓里。

此外，陵东还有模拟军阵陪葬的兵马俑坑，它是 1974 年临潼村民在打井时偶尔发现的。秦兵马俑坑位于秦始皇陵东 1 千米处，先后发现一、二、三号三个坑，坑内共出土真人大小的陶俑约 7000 多个，以及 100 多乘战车、400 多匹陶马和数十万件兵器。其中一号坑发现的兵马俑就达 6000 多件，这些陶兵俑身高 1.75-1.86 米，身穿彩色战袍，手执戈、矛、剑、吴钩、弓、戟等兵器，与车马俑一起组成大型军事长方阵，形象生动，神态逼真。巨大规模的军阵场面，再现了秦王扫天下的壮观场景，也给我们提供了认识始皇帝陵和秦朝历史的实物资料。

秦朝二世而亡，据载当时是以黔首（即百姓）的礼节埋葬秦二世胡亥的，现在西安雁塔区曲江乡曲江池村南有胡亥墓，不过，专家有不同看法。秦三世秦王子婴死后葬地没有记载，因此至今不知所在。

汉王朝共有 26 个皇帝。其中，西汉王朝有 12 个皇帝，东汉王朝有 14 个皇帝，他们分别葬在西安和洛阳附近。

西汉建都长安（今陕西西安），因此陵墓分布在西安周围，其中

赵高谋害秦二世后将其以黔首之礼草葬于杜东（摄于2011年7月27日）

陕西咸阳原上的西汉诸陵大多采用方上的墓葬形式（摄于2018年7月2日）

西汉帝陵周围建有皇亲国戚和权臣列侯的陪葬墓（摄于2011年7月28日）

有9位皇帝安葬在汉长安城北渭河北岸的咸阳原上。西起兴平市南位乡，东到渭城区正阳乡，依次排列着汉武帝刘彻茂陵、汉昭帝刘弗陵平陵、汉成帝刘骜延陵、汉平帝刘衎康陵、汉元帝刘奭渭陵、汉哀帝刘欣义陵、汉惠帝刘盈安陵、汉高帝刘邦长陵、汉景帝刘启阳陵。另外两座陵墓——汉文帝刘恒的霸陵和汉宣帝刘询的杜陵，分别位于长安城东郊的白鹿原和南郊的杜东原上。

西汉帝陵一般坐西朝东，形制大多采取方上式的墓葬形式，只有汉文帝霸陵采取因山为陵的形制。据《汉旧仪》《皇览》等记载，西汉帝陵一般占地7顷，陵冢修筑于陵园中心，高12丈。地下墓室深13丈，墓室为方形，通向地面有四条斜坡墓道，死者口含玉石，身着金缕玉衣，置于梓宫中。梓宫外随葬车、马、丝绸、金银、玉石、珠宝、米谷、兵器、货泉、器皿等，四周堆垒层层上好的柏木，木头皆朝向梓宫，即所谓的"黄肠题凑"。

汉代帝后合葬，同茔而不同陵，后陵大多在帝陵的东面，坟丘亦较帝陵为小，只有吕后坟丘的大小几乎与高祖长陵坟丘相等。帝后陵冢四周筑有平面方形的夯土垣墙，每面垣墙的中央各辟一门，门外立双阙。

西汉帝陵的寝殿一般建筑在陵园之东，用于举行祭祀典礼。此外，西汉帝陵都在陵冢外面建有皇亲国戚、权臣列侯的陪葬墓。汉高祖刘邦是开国之君，故长陵陪葬墓的规模最大。而汉武帝的茂陵，陪葬墓最有名，包括著名的卫青墓、霍去病墓。

为了保护诸帝陵寝，汉朝从汉高帝长陵开始至汉元帝渭陵结束的这段时间里还设置陵邑。即把各地的大姓和有功之臣迁到帝陵附近建立陵邑，咸阳原帝陵区的"五陵原"曾经盛极一时。历史上，西汉的很多帝陵都有被大规模盗掘的记录，因此，今日人们所见西汉帝陵，墓冢仍高大雄伟，地下的墓室中恐怕早已面目全非了。

东汉建都洛阳，因此东汉的14位皇帝，除汉献帝刘协的禅陵在河南修武、北乡侯刘懿早卒和少帝刘辩被董卓废黜未建陵外，其他11座帝陵都位于今洛阳附近地域。至于其具体位置，历来说法不一。

按魏晋时皇甫谧《帝王世纪》的说法，东汉帝陵分为邙山和洛南两大陵区。其中，洛南陵区有明帝刘庄的显节陵、章帝刘炟的敬陵、和帝刘肇的慎陵、殇帝刘隆的康陵、质帝刘缵的静陵、桓帝刘志的宣陵等六陵。邙山陵区有光武帝刘秀的原陵、安帝刘祜的恭陵、顺帝刘保的宪陵、冲帝刘炳的怀陵、灵帝刘宏的文陵等五陵。

东汉陵制从选址、布局到地宫建制基本上承袭西汉，但在陵寝建筑等方面有所改变，陵园的布局改为坐北朝南，规模有所缩小。东汉时期也是帝陵陵墓前石刻像生制度产生、发展的重要时期，陵墓前放置石像生的做法为以后历朝所沿用。同时，东汉陵园四周不筑垣墙，而是改筑行马，即拦阻人马通行的木架，寝殿多位于陵园东部。

东汉帝陵的地下建筑也改变了西汉以黄心柏木为椁的制度，应多用砖石砌建椁室，东汉时期，画像砖、画像石墓室形式流行，东汉帝陵地宫也应以此为装饰。

随着时间的流逝，如今东汉帝陵的确切位置已经扑朔迷离。导致这种情况出现的因素很多，包括连年的战乱、当地盗墓成风、清乾隆年间洛阳知县龚松林的"树碑运动"，以及史籍记载的其他不同因素等。

秦汉时期是我国帝陵形制的奠基时期，秦始皇修建了中国历史上第一座规模庞大、设计完善的帝王陵寝，并初创了园寝制度。而汉代在此基础上，形成了一套较为完备的葬制，墓园、墓室等方面也极具规模。高大的夯土坟丘、宏伟的祭祀建筑、从"黄肠题凑"到砖石墓室等，都显示汉代是帝陵制度的一个重要转型期，对后世有很大的影响。笔者曾多次在沟壑纵横的咸阳古原上信步，在墓冢遍山的北邙山头间遐想。西北的黄土漫天飞舞，在落日的映衬下，高耸的陵冢显得格外孤寂。

洛阳北邙山上的汉光武帝原陵是东汉修缮最好的皇陵（摄于2011年10月18日）

山陵撷要

【秦始皇骊山陵】

秦始皇帝（公元前259年—公元前210年），嬴姓，名政，秦朝的开创者，也是中国历史上第一个称皇帝的封建王朝君主。嬴政是秦庄襄王之子，公元前246年，嬴政继为秦王。九年后亲征，镇压嫪毐叛乱，罢免吕不韦相职。此时的秦国国力强盛。他任用尉缭和李斯等人，积极推行统一战略。从公元前230年起，用了10年时间，秦国陆续兼并关东六国，一统天下。

嬴政认为，王号不足以显其业，便创立了"皇帝"尊号，自称始皇帝。他在政治、经济和文化思想方面推行了一系列巩固统一中央集权国家的措施。他实行郡县制和中央官制，建立了一套自中央到地方的垂直管理体系，统一了文字、货币和度量衡，进一步修筑长城，并多次巡视天下。然而在他统治时期，刑法残酷，劳役过重，还发生了"焚书坑儒"事件。

公元前210年，始皇帝在巡视途中病逝在沙丘，其遗体被运回秦都咸阳，葬于咸阳郊外的骊山。骊山陵，在嬴政即秦王位时就开始营建，据《汉旧仪》记载：秦始皇"使丞相李斯将天下刑人隶徒七十二万人作陵"，直至始皇帝病逝时，工程还未完成。

秦始皇陵位于今陕西西安东郊，背靠骊山，面向渭水，气势雄伟。陵园仿秦都咸阳的布局建造，建有内城、外城两重，封土呈覆斗形。经过千百年的自然和人为破坏，今天的秦始皇陵除了尚保存高76米的封土堆外，已经看不见其他地面建筑。不过，封土之下的秦始皇陵地宫情况一直引起世人的关注，《史记》有此记载："穿三泉，下铜而致椁，宫观百官，奇器珍怪，徙藏满之……以水银为百川江河大海，

河北广宗沙丘宫遗址（摄于2015年5月14日） 陕西西安秦始皇陵（摄于2011年7月27日）

机相灌输。上具天文，下具地理。以人鱼膏为烛，度不灭者久之。"可见始皇帝陵地宫规模宏大，埋藏丰富。但史籍有"楚霸王项羽入关后，曾以三十万人盗掘秦始皇陵，并火烧秦陵地下宫殿"的记载，而考古探测也证实，一号和二号兵马俑坑确实被火焚烧过，但始皇帝陵地宫情况究竟如何，至今尚不清楚。

笔者曾数度来到始皇帝陵前仰望，也曾拾级而上，站在始皇帝陵顶俯瞰，想象着这座至今仍气势不凡的陵冢之下，神秘莫测和幽深宽

陕西西安秦兵马俑（摄于2008年10月20日）

广的地宫究竟是什么模样。是让人惊喜，还是令人失望？不过，1974年在始皇帝陵东发现的规模巨大的秦兵马俑，为我们再现了秦始皇当年为完成统一中国的大业而展现出的军威。笔者多次参观秦始皇陵兵马俑，参观时确实会有一种错觉，仿佛回到了秦并六国的烽烟岁月。

【秦二世胡亥陵墓】

胡亥（公元前230年—公元前207年），嬴姓，名胡亥，为秦朝第二位皇帝，也称秦二世。他是始皇幼子。始皇帝的长子扶苏为人仁厚，对始皇帝实行的"焚书坑儒""重法绳之"等政策有不同看法，并屡次劝谏，因而触怒了始皇帝，被贬到上郡当将军蒙恬的监军。而胡亥从小跟随始皇帝身边。根据始皇帝的要求，他跟随中车府令赵高学习狱法，因此与赵高的感情较深。

公元前210年，始皇帝开始第五次巡视，左丞相李斯和赵高陪同。胡亥央求父皇带自己同行，始皇帝答应了。没想到，始皇帝的这一承诺，改变了胡亥的命运，也给秦朝带来灭顶之灾。

陕西西安秦二世陵园门（摄于2011年7月27日）

陕西西安秦二世陵台（摄于 2011 年 7 月 27 日）

陕西西安秦二世陵（摄于 2011 年 7 月 27 日）

巡视途中，始皇帝生了病，且日益严重，便赶紧拟了一道诏书，让公子扶苏立即赶回咸阳主持丧事。诏书交给随行的赵高，尚未发出，始皇帝就在沙丘平台病逝了。赵高与丞相李斯商议密不发丧，同时篡改始皇帝诏书的内容，立胡亥为太子，逼迫扶苏和蒙恬自尽。胡亥靠赵高等人伪造的遗诏坐上了皇帝的宝座，史称秦二世。

胡亥做了皇帝后，昏庸无道，赋敛越重，戍徭无已，并任凭赵高"指鹿为马"，专擅朝政。

秦朝的暴政最终导致了陈胜吴广起义，江山危在旦夕。赵高恐诛罚及身，逼令胡亥自刎。胡亥死时只有 23 岁，仅仅当了 3 年皇帝，被赵高以百姓之礼草草埋葬。

据载，秦二世墓位于今陕西西安东南雁塔区曲江乡西曲村南半坡上，多少年来，这座荒冢杂草丛生，极尽荒凉，访者寥寥。不过，当笔者前往参观的时候，胡亥墓已经修复一新，兴建了大门、享殿等。

步入墓前台阶,就能看到一个圆形土冢,高约 5 米,墓前立有清陕西巡抚毕沅勒石的墓碑"秦二世皇帝墓"。两千多年来,胡亥在这个不大的土冢中忍受世人的白眼。这也难怪,强盛一时的秦帝国在短时间内就败亡在他的手上。一个懵懂少年,在错误的时间和地点选择了错误的人生,只落得荒草野径,残风败树,正如享殿前门柱上那发人深思的楹联:"一夫自毁,二世而亡,便野史逸闻,只为千秋留笑柄;仁义不施,身家焉保,漫荒烟衰草,惟余孤冢泣残阳。"楹联意味深长,形象生动地概括了胡亥可恶可悲又可怜的一生。不过,也有人对胡亥葬处有不同看法,认为 2004 年夏季在西安神禾塬发现的秦陵有可能是二世的陵冢。真相究竟如何,还有待考古工作者的进一步研究。

【汉高帝刘邦长陵】

汉高帝刘邦(公元前 256 年—公元前 195 年),字季,沛县丰邑(今江苏丰县)人,为汉朝开国皇帝。他虽出身农家,但不事生产。据载,刘邦"为人隆准而龙颜,美须髯",为人豁达大度,曾任泗水亭长。

秦朝末年,刘邦奉命押解犯人到骊山服役,途中有不少人逃脱。按秦朝法律,让犯人逃脱是死罪,所以刘邦索性放走所有人,与十余

河南永城芒砀山刘邦斩蛇处(摄于 2011 年 12 月 13 日)

陕西西安汉高帝长陵文保碑（摄于2018年7月23日）

位愿意跟随他的人隐匿于芒、砀山泽之间，并斩杀拦路大蛇，传说中刘邦"斩白蛇"就缘于此。

　　不久之后，陈胜吴广起义发生了。刘邦闻风响应，率众攻占沛县等地，称"沛公"，后投奔势力较大的项梁。刘邦的实力在战斗中逐渐强大起来。公元前206年，刘邦利用另一支起义军项羽牵制秦军主力之机，率军从武关攻进秦都咸阳，进驻霸上，秦王子婴向刘邦投降，秦朝灭亡。刘邦废秦朝苛法，并与关中父老约法三章。但实力在握的项羽自称西楚霸王，俨然天下共主。刘邦被封为汉王，辖有巴蜀地及汉中一带。刘邦在萧何、韩信等帮助下，"明修栈道，暗度陈仓"，与项羽争夺天下，经过4年的楚汉战争，刘邦反败为胜，最终击败项羽，统一天下。

陕西西安汉高帝长陵（摄于2011年7月27日）

公元前 202 年，刘邦在定陶汜水之阳即皇帝位，定都长安，史称西汉。

登基后，刘邦为巩固统治，铲除异姓诸侯王，分封同姓诸侯王，建章立制，并采用休养生息的宽松政策治理天下。公元前 195 年，刘邦讨伐英布叛乱，被流矢射中，其后箭伤复发，病重不起，同年崩，终年 62 岁，尊号为高皇帝，庙号高祖，葬于长安北部的咸阳原上。此地古属长平，陵墓因而得名长陵。

长陵是汉代修建的第一座皇陵，它自刘邦登基后的第二年便开始修建，与长安隔渭河相望。据说在晴天，站在未央宫前殿遗址的高台上，能清晰看见巍峨的长陵，想必汉高帝晚年经常会站在这里遥望自己的归宿。

长陵是一座缩小版的长安城，建有豪华的寝殿、便殿等建筑，据载寝殿内也陈设有"衣冠、几仗、象生之具"。可惜，今天地面的祭祀建筑早已无存，不过考古工作者在对长陵进行勘察的过程中，还是发现了大量的实物遗存，包括城门遗址、寝殿遗址、夯土墙遗迹等。笔者是在多年前的一个夏天前往参观的，因为没有标识，所以花了很长时间才找到。

汉高帝刘邦的长陵坐西朝东，地处咸阳原的最高点，远望就像山峰兀立，非常雄伟。长陵虽称是汉高帝刘邦和皇后吕雉的合葬陵墓，其实是"同茔异穴"，高帝陵在西，吕后陵在东，相距约 280 米。两陵均状似覆斗，为夯土叠筑而成，均高 30 米左右。长陵也是西汉诸帝王陵墓中陪葬墓最多的一座，构成一个庞大的陵墓群。唐人彦谦在《长陵诗》中感叹道："长陵高阙此安刘，祔葬累累尽列侯。"

据载，西汉灭亡之后，历朝帝王对长陵也采取一些保护措施，使长陵在两千多年之后仍能以高大雄伟的姿态屹立在咸阳原上。不过，西汉陵寝大多遭到盗挖。西汉末年，赤眉军攻入长安，曾发掘长陵，高帝陵和吕后陵均遭劫难。孤耸的长陵如今很少有人光顾，呈现出"西风残照，汉家陵阙"

的意境，多少年来，长陵雄踞于咸阳原上，目睹人间的无常世事。

【汉文帝刘恒霸陵】

汉文帝刘恒（公元前202年—公元前157年），为西汉第三位皇帝。他是刘邦的第四子，因为不是嫡子，在刘邦诸子中最不引人注目。客观环境造就了刘恒小心谨慎、宽容平和的性格。他从来没有想过会继承皇位，只是历史的机遇让他在不经意中登上了帝位，这缘于其母亲薄姬的出身。

刘恒的母亲薄姬原为秦末魏王豹的姬妾。魏王豹被刘邦所杀，薄姬被充入汉宫织室作贱役，后被刘邦召幸，生下刘恒。薄姬地位低下，因此每天都与儿子小心翼翼地生活。

刘邦病逝后，吕后掌握朝廷大权，对刘邦的宠妃和皇子进行血腥的大清算，唯有薄姬母子因从前备受冷落而被吕后忽视。薄姬与被封为代王的刘恒无所追求地生活在封地。公元前180年，吕后去世，吕氏势力被忠于刘氏的丞相陈平、太尉周勃和朱虚侯刘章等铲除。善良仁孝的代王刘恒被迎立为帝，时年23岁，史称汉文帝。文帝在位期间，躬修节俭，轻徭薄赋，出现了中国历史上第一个治世。

公元前157年，文帝病逝，葬霸陵。霸陵位于西安东南15千米处，是西汉帝陵中仅有的两座位于汉长安城东南的陵寝之一。陵墓南靠白鹿原，因临灞河（古称霸水），故名"霸陵"。汉文帝是我国历史上

陕西西安汉文帝霸陵文保碑（摄于2018年7月24日）

陕西西安汉文帝霸陵（摄于2012年10月5日）

陕西西安汉文帝母亲薄太后南陵（摄于2018年7月24日）

一位比较简朴的皇帝，因此，霸陵"因其山，不起坟"，力求"节俭"，一改前代帝王移土起冢之惯例，以自然山峰为主，正面经人工修整，略呈金字塔形，成为我国历史上第一座依山为陵的帝陵。

据记载，霸陵是在白鹿原北坡的断崖上凿洞为玄宫的，墓门、墓道、墓室均以石块垒砌而成，并有排水系统。文帝提倡薄葬，生前留下遗诏："厚葬以破业，重服以伤生，吾甚不取。"因此，霸陵地宫的陪葬品"皆以瓦器，不得以金、银、铜、锡为饰"。霸陵也因此成为汉朝帝陵中很少受到盗墓贼注意的一座皇陵。

薄姬死后,安葬在南陵,靠近文帝的霸陵,永远守护在儿子的身边。

依据西汉规制,霸陵四周应该筑有垣墙,且四面门外有门阙,但目前仅剩地面上的少量汉瓦及卵石。以前,陵冢前石碑林立,不过,经过两千多年的历史岁月,如今霸陵前只剩下清代毕沅所立的刻有"汉文帝霸陵"的碑石,以及宋元以后所立的十多通碑碣。

在西汉诸帝中,文帝是笔者比较崇敬的一位帝王,他虽不是大汉王朝的创始人,但却足以称为汉王朝的奠基人。

寻找霸陵的行程远比寻找其他汉陵来得艰难,几乎是在村头无路可走的时候,才在一片果园中发现了霸陵的陵碑。霸陵使笔者很震撼,不是震撼于它的恢宏,而是震撼于它的简朴。在中国历代帝王中,文帝的一生相对节俭朴素,是一位为世人称道的皇帝。

霸陵的陪葬墓与长陵不可同日而语,见于文献记载的只有武帝陈皇后墓、馆陶长公主刘嫖墓、董偃墓等。霸陵的附近还有薄太后陵和窦皇后陵。一个是汉文帝的母后,一个是汉文帝的皇后,其中透着的浓浓亲情,再一次让笔者肃然起敬。

【汉景帝刘启阳陵】

汉景帝刘启(公元前188年—公元前141年),为西汉第四位皇帝。

陕西西安汉景帝阳陵阙门遗址
(摄于2020年11月6日)

陕西西安汉景帝阳陵(摄于2020年11月6日)

陕西西安汉景帝阳陵陪葬俑（摄于2011年12月3日）

他是汉文帝刘恒之子，母亲为汉文帝皇后窦氏。本来他即位的可能性很小，可偏偏他的三个哥哥早逝，这才使他幸运地被立为太子。

文帝病逝后，32岁的刘启登基，为汉景帝。他继续父亲的施政方针，轻徭薄赋，与民休息，与其父共创了"文景之治"的盛世局面，并为其子刘彻的"汉武盛世"奠定了基础，也因此被后人奉为不可多得的盛世之君。

景帝在位期间，最大的政治事件莫过于"七国之乱"。汉初分封了许多同姓诸侯王，以拱卫中央，但诸侯王握权拥兵，甚至自行征税、铸造钱币，最终成为中央集权的威胁。景帝即位后，中央与地方王国的矛盾加剧。御史大夫晁错上疏《削藩策》，被景帝采纳。景帝的削藩之举引起诸侯王的震动，吴、楚、赵、济南、淄川、胶西、胶东等七国以"清君侧"为名相约起兵。景帝为平息事态，腰斩晁错于东市。但七国联军并未因此撤兵，景帝这才醒悟过来，即派太尉周亚夫率军镇压，最终平定叛乱。

公元前141年，刘启病死于长安未央宫，享年48岁，葬于阳陵。

阳陵位于今陕西咸阳渭城区正阳镇四沟村北的咸阳原上，因陵地属弋阳，故名。阳陵是景帝刘启及王皇后同茔异穴的合葬陵园，是咸阳原上西汉帝陵中最东边的一座，始建于公元前153年，至汉武帝元朔三年（公元前126年）竣工，修筑时间长达28年。整座陵园占地面积约20平方千米，由帝陵、后陵，南、北区从葬坑、刑徒墓地和陵庙等礼制建筑，以及阳陵邑等部分组成。陵园四周有围墙围绕，每面围墙中间处设置有阙门。汉景帝陵冢雄踞陵区西部中间，呈覆斗形，封土高31米，坐西面东。

阳陵修建时间长，又正处在盛世时期，因此陵寝规模大，陪葬品也很丰富。但西汉末年的农民起义战火，使阳陵的宗庙园陵都遭到毁坏。后来，阳陵又累经盗挖破坏，其地面建筑今已无存，但陵园范围内还能见到大量绳纹板瓦、筒瓦、花纹砖和瓦当。20世纪90年代，考古工作者在阳陵周边发掘出了许多高等级的从葬坑，出土了大量的陶俑，其中有武士俑、宦官俑、仕女俑，动物俑等，轰动一时，使汉阳陵成为我国迄今为止发掘和清理面积最大、等级最高的皇家陵园遗址。

笔者曾两度参观阳陵，相比汉文帝霸陵，寻访阳陵的道路要顺畅得多。虽然笔者无法参观阳陵地宫，但通过阳陵从葬坑出土的数以万计的大量彩绘陶人俑、大量陶质动物及成组的陶、铁、铜质生活用具，笔者似乎走进了汉景帝时代繁荣的社会生活。如果没有从葬坑这些陪葬品的发现，阳陵就像其他汉代帝陵一样，给人的感觉就仅仅是一个高大的封土堆。

虽然阳陵还有许多我们未知的东西，但这些陪葬品已经使人窥见文景之治曾经的鼎盛和辉煌。这些从文景之治走来的陶俑将继续默默地守立在这里，陪伴着它的主人，并无声地向世人诉说着远逝的盛况。

【汉武帝刘彻茂陵】

汉武帝刘彻（公元前156年—公元前87年），为西汉第五位皇帝。他是汉景帝刘启的第十个儿子，最初被封为胶东王。当时的太子是刘彻的哥哥刘荣，刘荣为栗姬所生。汉景帝有个同母姐姐馆陶长公主刘嫖，因为刘彻愿意"金屋藏娇"，所以，刘嫖就把女儿陈阿娇许配给了刘彻。

为了使女儿能够成为皇后，馆陶长公主不断向景帝称赞刘彻的聪明达理，又屡次在景帝面前诬陷栗姬，最后导致太子刘荣被废，7岁

陕西兴平汉武帝茂陵（摄于2018年7月23日）

的刘彻被立为太子。

　　刘彻16岁登基，在位时间长达55年，是汉代执政时间最长的一位皇帝。政治上，他通过推恩令，最终解决了王国问题。军事上，他依靠卫青和"匈奴未灭，何以家为"的霍去病，彻底击溃了匈奴势力。经济上，他招募张骞出使西域，最终开辟了丝绸之路。思想上，他"罢黜百家，独尊儒术"。其文韬武略开创了中国历史上的西汉盛世。

　　公元前87年，汉武帝驾崩于五柞宫，享年69岁，葬于茂陵。

陕西兴平汉武帝茂陵陵号碑
（摄于2011年7月28日）

陕西兴平汉茂陵陪葬墓——霍去病墓
（摄于2011年7月28日）

茂陵位于今陕西兴平市南位乡策村南，东距咸阳市15千米。是咸阳原上最西边的一座西汉帝陵，因陵寝隶属茂乡而得名。

汉武帝继位第二年就开始修建陵墓，茂陵的营建前后长达53年之久，动用了国家贡赋的三分之一，陵寝工程规模浩大。《关中记》云："汉诸陵皆高十二丈，方一百二十步，惟茂陵（高）十四丈，方百四十步。"陵冢形如覆斗，显得庄严稳重，是西汉诸陵中规模最大的陵寝。

在西汉诸陵中，汉武帝的陪葬品也是最丰富的。据说，在他还没有去世的时候，陵墓里的财物就已经放不下了，这自然引起后人的觊觎。据《后汉书》记载，西汉末年的农民起义军攻占长安后，就"发掘诸陵，取其宝货"，茂陵中的宝物搬了几十天，"陵中物不能减半"。后来董卓和唐末黄巢起义军也盗发过茂陵。不过，考古界认为，茂陵虽经多次盗挖，地宫中仍应留下不少文物。

如今，茂陵虽然已经没有了往昔的辉煌，但夯土筑成的覆斗式陵冢依然肃穆。陵前有两座石碑，其中一座是由清代陕西巡抚毕沅题写的"汉孝武帝茂陵"碑，茂陵周围还分布着许多陪葬墓，包括卫青墓、霍去病墓等。笔者几度徘徊在茂陵前，看着丛生的杂草和散落的残砖断瓦，不禁遥想曾经的汉家威仪。

有趣的是，许多人都把以霍去病墓冢为中心的茂陵博物馆当作茂陵。当年叱咤风云的汉武大帝一定想不到，多年以后，自己爱将的陪葬墓修葺一新，并安然接受着后人的瞻仰，而自己却孤零零地躺在公路边上的荒冢下面，少人问津，正如清代诗人徐开熙《拜武帝茂陵》所云："英雄从来只数君，荒坟犹自上侵云。"

【汉平帝刘衎康陵】

汉平帝刘衎（公元前9年—5年），字乐，为汉元帝刘奭之孙，西汉第十二位皇帝。刘衎是中山孝王刘兴之子，本与皇位无缘。可是汉哀帝刘欣英年早逝，尚无子嗣，汉元帝也只剩下刘衎一位后裔。因此，汉元帝的皇后王政君决定让只有9岁的刘衎继位，王政君作为太皇太后临朝听政。

陕西咸阳汉平帝康陵（摄于2018年7月23日）

古代皇帝给现在普通人的印象一般都是可以为所欲为，可是于公元1年登上皇帝宝座的平帝却活得十分憋屈。皇位是王政君给的，自己又年幼，只能事事听从别人的意见。此时，把持国政的是王政君的侄子、大司马王莽。

王莽可不是一个简单的人。作为外戚王氏家族的重要成员，他以谦恭俭让、礼贤下士的面目示人，一时间在朝野威名远扬。但当王莽逐步掌握朝政后，其政治野心日渐暴露。他开始排斥异己，拔擢亲信。对于汉平帝，王莽也根本不放在眼里，每次上朝，百官听命的是大权在握的王莽而不是汉平帝。

为了巩固权势，王莽把自己的女儿立为汉平帝的皇后。同时，为了长久把持朝政，王莽下令不允许包括刘衎母亲卫姬在内的刘衎家人进京，以防刘衎的家人左右刘衎。王莽的长子王宇反对父亲的做法，设计欲让卫姬进京，被王莽发现，王宇及卫氏家族多人被处死。

平帝在位期间，各地灾害严重，民不聊生，叛乱事件也时有发生，可谓内忧外患。随着平帝逐渐长大，对王莽的所作所为日益不满。王莽自知平帝的存在终存祸患，篡杀之谋由此而生。元始五年（6年），汉平帝刘衎在未央宫病逝，时年14岁，谥号孝平皇帝。对于汉平帝刘衎的去世，一些史籍认为，是王莽在腊日向汉平帝进献椒酒，在椒酒中下毒，致使汉平帝中毒而亡。

陕西咸阳汉平帝康陵陵号碑（摄于2018年7月23日）

据传，王莽的行为虽然为人所不齿，但其女儿却是一个忠贞不渝的人，对父亲的行为痛斥不已。公元23年，当绿林军攻入长安，诛杀王莽，烧毁未央宫的时候，王皇后不肯离去，大呼："何面目以见汉家！"毅然迎向火海赴死。王皇后去世后，与汉平帝一起葬于康陵。

陕西咸阳汉平帝康陵文保碑（摄于2018年7月23日）

康陵位于今陕西咸阳渭城区周陵镇大寨村东。陵园略呈正方形，陵园边长420米左右。陵冢和其他汉帝陵一样为覆斗形，但封土高30米左右，从上到下可分为4层。平帝王皇后的陵冢在康陵东南，封土堆高10米，陵冢亦形如覆斗。汉平帝与王皇后生前因为年龄差距、王莽的强势等因素，并不和谐，但两人的陵墓却相依相偎。如今，陵前的建筑早已废圮，只有汉代的砖瓦残片，散落在陵园附近的地面上。

汉平帝之时，西汉王朝已近尾声，王莽取代汉朝的意图越来越明显。汉平帝去世后，王莽只是短暂地立只有两岁的孺子婴（即刘婴）为皇太子作为过渡，很快就上演了孺子婴禅让的闹剧，篡汉称帝，建立"新"

朝，故汉平帝实际上就是西汉王朝的末代皇帝。

【汉光武帝刘秀原陵】

汉光武帝刘秀（公元前6年—57年），字文叔，南阳蔡阳（今湖北枣阳西南）人，为东汉的开国皇帝。他是西汉远支皇族，其家族因"推恩令"的推行而从列侯递降，到他父亲刘钦这一辈，只是南顿县令这样的小官员了。而刘钦在刘秀9岁时就去世，生活无依的刘秀，只好依靠叔父刘良抚养，据载其勤于耕作、苦读诗书。

王莽建立新朝后，由于采取了一系列错误的政策，加之天灾不断，终于爆发绿林赤眉起义，天下大乱，刘氏宗族也纷纷起兵反抗。22年，刘秀会同大哥刘縯，抱着恢复刘姓统治的目的，于舂陵（今湖北枣阳南）正式起兵反莽，组成了一支七八千人的武装，称为"舂陵军"。之后舂陵兵又与绿林军进行联合。

23年，西汉宗室刘玄被绿林军的主要将领拥立为帝，称为更始帝。刘秀受封为太常偏将军。同年，王莽派遣大司空王邑、大司徒王寻率领号称百万的大军围攻昆阳（今河南叶县），力图一举扑灭更始政权。昆阳守军仅八九千人，为此，刘秀率12名骑士乘夜出城调集援兵。之后，

河北高邑千秋台（摄于2019年10月3日）

河南洛阳东汉光武帝原陵碑刻（摄于 2018 年 10 月 27 日）

河南洛阳东汉光武帝原陵（摄于 2011 年 10 月 18 日）

刘秀率领援军千余为前锋，猛冲王莽军，冲乱敌军阵地，汉军士气大振，城内绿林军乘势出击，王莽军主力被歼灭于昆阳城下，昆阳之战对于绿林军入关和新莽政权的覆灭，起了决定性的作用。刘秀因功受封武信侯，不久，迎娶了思慕多年的阴丽华。

很快，绿林军攻入长安，王莽死于混战之中，新莽政权随之土崩瓦解。以后，更始帝派刘秀北渡黄河，镇慰州郡。刘秀趁机延揽英雄，扩大势力，并与更始政权公开决裂。

25 年六月，刘秀在众将拥戴下，于河北鄗城（今河北柏乡北）的千秋亭即皇帝位，建元建武。为表重兴汉室之意，新成立的政权仍使用"汉"的国号,史称东汉,刘秀是为汉世祖光武皇帝。之后,定都洛阳,击灭赤眉,荡平各地割据势力,一统天下。

光武帝是历史上比较有作为的帝王,他偃武修文,励精图治,国势昌隆,史称"光武中兴"。建武中元二年(57年),刘秀病逝于洛阳南宫,终年66岁,在位33年,葬于原陵。

据载,刘秀临终前下旨"务从约省",所以,原陵营造之初,并无奢华的建筑。但后来其子汉明帝还是为他建起了规模巨大的陵墓。

汉光武帝原陵位于河南孟津白合乡铁榭村西南。陵区呈长方形,由神道、陵园和祠院组成。汉光武帝陵位于陵园正中,陵冢高耸似山,冢高20米,墓前竖立着一块清乾隆五十六年(1791年)刻立的墓碑,上书"东汉中兴世祖光武皇帝之陵"。在墓冢北部黄河边,相传有皇后阴丽华的陵墓。原陵内有古柏1400多株,千章古柏,蓊然肃穆。

与我国古代其他帝王陵寝相比,光武帝原陵有一个很大的不同:历代皇帝都选择背山面河之处,唯有原陵一反常规,采用"枕河蹬山"的形制。据载原陵曾被董卓挖掘过,曹丕对此事评价说:"原陵之掘,罪在明帝"。这句话背后的意思是,汉明帝将原陵建造得奢华无比,所以才招来了董卓的盗掘。

今天光武帝原陵的形制,是宋开宝六年(973年)重新整修的模样。

河南洛阳东汉光武帝原陵古柏(摄于2018年10月27日)

不过，也有专家对铁榭村的原陵有不同的看法，认为根据《帝王世纪》的记载，原陵应位于汉魏洛阳城西北十五里的邙山之上，而不应在黄河岸边。因此，铁榭村的原陵，很可能并非光武帝之陵，或是其他时代的墓葬或建筑遗址。原陵有可能是刘家井大冢，或者三十里铺村的大汉冢，当然，具体位置的确定还有待考古的进一步发现。

笔者多次考察邙山古陵，先后寻访了铁榭村的汉光武帝陵和疑似汉光武帝原陵的刘家井大冢和三十里铺村大汉冢，除铁榭村的汉光武帝陵前有后世修建的一些建筑外，其他的只剩下巍然耸立着的陵冢，原先的陵阙及其他的祭祀建筑早已成为一堆瓦砾，这不由得使笔者想起唐朝诗人李白在《忆秦娥·箫声咽》中的词句："西风残照，汉家陵阙。"

【汉献帝刘协禅陵】

汉献帝刘协（181年—234年），字伯和，是东汉最后一任皇帝。他是汉灵帝之子，汉少帝刘辩的弟弟，起初被封为陈留王。

按常规，刘协是无缘帝位的。但汉少帝在位时，大权旁落，朝臣之间争斗不已。朝政先由汉灵帝皇后的弟弟大将军何进掌握，后又被

河南修武东汉献帝禅陵文保碑及献殿（摄于2011年10月17日）

河南修武东汉献帝禅陵陵号碑（摄于2011年10月17日）

权臣董卓控制。董卓为便于把持朝政，废除少帝刘辩，立陈留王刘协为帝。百官尽管对此有异议，但慑于董卓的淫威，不敢表示反对。于是，年仅9岁的刘协被董卓立为汉献帝，开始了他作为傀儡皇帝的漫长生涯。

董卓被王允和吕布等人合谋诛杀后，献帝几经磨难，逃出长安，结果落入曹操手中。曹操迫使献帝迁都许昌，"挟天子以令诸侯"。献帝不满曹操大权独揽，不甘受人羁绊操弄，曾暗下"衣带诏"，谋诛曹操。事情败露后，大臣董承等参与密谋的人都被曹操处死。曹操还杀死献帝的皇后伏氏，威逼刘协立其女为皇后。

建安二十五年（220年）正月，曹操病死，其子曹丕随后逼迫刘协禅位给自己。同年十月，汉献帝禅位于曹丕。曹丕在繁阳登上受禅坛，接受玉玺，即皇帝位，并废献帝为山阳公，曹皇后为山阳公夫人，勒令二人搬出宫去，但仍然可以用汉天子礼乐。

刘协做了大半辈子的傀儡，到最后也没有摆脱被取代的命运。不过，据传说，刘协在为山阳公的十多年时间里，利用在宫中所学医术，为百姓医治疾病，深受爱戴。14年之后，刘协病逝，终年54岁。魏明帝曹叡素服为他发丧，并以汉天子礼仪将其葬于禅陵，谥号"孝献"。

禅陵位于今河南省修武县方庄镇古汉村南，成为东汉帝陵中唯一一座不在洛阳附近的帝陵。禅陵规模不大,也没有帝王陵墓常见的石人石马。陵墓有高七八米的封土,为呈半圆形的土冢。据载,当年魏明帝派员为汉献帝营造了陵墓,置园邑,并设有"园邑令丞"专职进行管理。以后,因有山阳公国的存在,献帝禅陵一直得到比较好的管理,各代皇帝每年都派使臣赴汉献帝禅陵祭奠。

　　如今,陵冢由于常年自然和人为破坏,呈不规则的方形,南侧和西侧均已呈直立状,且封土上已经长满了树木及荆棘杂草,凹凸不平。陵冢前立有墓碑一块,刻有乾隆五十五年(1790年)河北镇总兵王普所写的"汉献帝陵寝"字样。汉献帝禅陵封土不大,但在提倡薄葬的曹魏时期,这样的封土规模实属难得。据说,在许昌市张潘镇也有一个献帝陵,称为"愍陵",不过,根据记载和当时的历史,许昌的献帝陵应该是个衣冠冢。

　　笔者曾绕着禅陵行走一圈。禅陵虽远不及其他帝陵那样宏大和庄严,但也算颇具规模,高耸的陵冢在周围的庄稼地里还是显得很突兀的,依然透露出一些森严和肃穆。如今,在周围柏树的掩映下,历经沧桑的禅陵似乎依然在苦涩地向人们诉说着刘协跌宕起伏的人生。

河南修武东汉献帝禅陵陵冢(摄于2011年10月17日)

第五章 三国两晋陵凋落

朝代简述

三国两晋时期是我国历史上政权更迭最为频繁、复杂的时期之一。一般的历史读物常把三国两晋南北朝合在一起叙述。为了能够对这一时期的帝王陵寝作更为详尽的介绍，笔者在本编中将三国两晋帝陵单独列出，而把南北朝帝陵放在下一编里讲述。

东汉末年，黄巾起义爆发，东汉中央政府除派军压制外，又诏令地方州郡府衙和豪强地主招募军队，参与镇压。黄巾军的主力虽然很快被击溃，但地方州牧和豪强地主却因此拥有了强大的武装及势力，不再受朝廷管制，开启了群雄割据的时代，导致汉末纷争不断，并逐渐形成了曹操、刘备、孙权三股势力。其中，曹操实力最强，他通过官渡之战等战役基本上统一了北方，并利用自己担任汉丞相的有利地位，"挟天子以令诸侯"，将矛头指向江东的孙权和荆州的刘备。

东汉建安十三年（208年），曹操带了二十万大军，号称

曹操挟天子以令诸侯，在邺城铜雀台上傲视群雄（摄于2012年7月23日）

孙刘联军在赤壁用火攻击败曹军,奠定了魏蜀吴三国鼎立的基础(摄于2012年11月7日)

八十万,向南推进,试图一举统一南方,处于劣势地位的孙刘联军最后以火攻之计在赤壁大破曹军。曹操失败后,再无力向江南进军,孙权和刘备则乘胜发展势力,扩张地盘。赤壁之战为日后魏、蜀、吴三国鼎立的局面奠定了基础。

曹操逝世后,其子曹丕继任丞相、魏王,220年篡汉称帝,建都洛阳,国号"魏",史称曹魏。曹魏历5帝,共46年。

与曹操相比,刘备的力量要小得多,但他在诸葛亮等良臣的辅佐下,先占荆州,后得益州,并于221年在成都称帝,国号"汉",史称蜀或蜀汉。蜀汉历2帝,共43年。

孙权的势力主要在江东。通过孙坚、孙策、孙权父子的四处征战,孙氏最后尽有吴地,独领江东。229年,孙权称帝,建都建业(今江苏南京),国号"吴",史称孙吴。孙吴历4帝,共59年。

三国鼎立的局势形成后,维持了四十余年之久。263年,魏国丞相司马昭派钟会、邓艾、诸葛绪分兵三路进攻蜀汉。钟会大军被蜀汉

孙吴经过四处征战，尽有吴地，独领江东，吴都建业霸气尽显（摄于2010年9月21日）

大将军姜维挡于剑阁前，但邓艾一路军队则避开姜维大军的锋芒，抄阴平小路，直取涪城，进逼成都。蜀汉后主刘禅投降，蜀汉被魏所灭。

此时，司马氏家族已几代把持了魏国的朝政。265年，司马昭去世后，其子司马炎逼迫魏元帝曹奂禅位给自己，夺取了曹魏政权，定都洛阳，建立晋朝，史称"西晋"。280年，晋武帝司马炎派晋军开始了灭吴战役。他派将军王濬率大军沿长江直捣吴都建业，孙吴末代皇帝孙皓率文武百官出城投降。至此，魏、蜀、吴三国全部灭亡，西晋统一天下。

两晋是西晋和东晋两个朝代的合称，这一时期还包括与东晋并存的十六国时期，时间是从265年西晋代魏开始，到420年刘裕代晋称帝结束，凡156年的历史，共历15帝。它是中国历史上政权更迭最频繁的时期。

西晋是司马氏家族建立的，在曹魏后期，司马懿父子三人就通过发动高平陵之变，诛杀大将军曹爽及其家族多人，掌控了魏国大权。西晋建国初期，晋武帝司马炎为增强宗室力量以护卫中央，实行分封制，共分封了27个同姓王，以郡建国，之后又不断扩大宗室诸王的权力。这一时期，匈奴、鲜卑、羯、氐、羌五个北方民族也大量内迁，

剑门关的险峻迫使魏军抄阴平小道进逼成都，蜀汉就此灭亡
（摄于2007年11月24日）

定居于西晋的北方、东北和西北等边陲地区，对西晋王朝呈现半包围之势。北方民族的民众逐渐成为西晋王朝管辖下的编户，需要纳税且遭受官僚欺压，心生不满。

西晋中后期，司马氏同姓王之间为争夺中央政权而爆发了混战，史称"八王之乱"。这期间，北方各族趁西晋内耗之机，纷纷起兵进入中原地区。建兴四年（316年），匈奴人刘曜率军围攻长安，晋愍帝出降，西晋灭亡。西晋历4帝，共52年。

此后，黄河流域便成为各民族的逐鹿之地。短短的一百多年时间里，在这里先后建立了数十个大小不一、国祚长短不一的政权。其中

洛阳城目睹了西晋皇室内耗导致的匈奴兵围城及西晋覆亡的惨剧
（摄于2013年10月20日）

16个政权实力较强,史称"十六国",包括前期的成(成汉)、汉(前赵)、后赵、前燕、前秦和前凉六国,以及后期的后秦、后燕、南燕、北燕、后凉、南凉、西凉、北凉、西秦、夏十国。此外,同时期割据的还有代、冉魏、西燕等国,实际的政权数量应在20国以上,这是一段血腥的战乱时代。

中原混战,迫使北方士族及皇族衣冠南渡。317年,西晋皇族琅邪王司马睿在江东士族的支持下在建康(今江苏南京)称晋王,次年即帝位,重建晋廷,占据汉水、淮河以南大部分地区,史称东晋。

此时的北方,各少数民族政权纷争迭起。后来,由氐族人建立的前秦先后灭掉了前燕、前凉、代等割据政权,统一了黄河流域。东晋太元八年(383年),前秦皇帝苻坚率大军南下,意图一举荡平偏安江南的东晋,统一南北。双方在淝水(今安徽寿县东南)交战,最终东晋以8万军力大胜80余万前秦军队,此后,北部中国再度陷入分

淝水之战的胜利稳固了东晋的政局,却使北方再度分裂
(摄于2012年9月1日)

裂,而东晋王朝的局面却因此稳定下来。东晋一直以正统王朝自居,也曾多次试图北伐,恢复中原,但由于内部不团结,最后除了权臣刘裕取得一定成果外,其余大都没有建树。而刘裕在北伐和平定内乱过程中,逐渐把持东晋政权,担任相国,受封宋公。420年,刘裕废晋恭帝自立,改国号为宋,东晋灭亡。东晋历11帝,共104年。

三国两晋时期虽然是一个分裂、混乱的年代,但却是民族大融合的关键时期。大量少数民族的内迁,使北方的游牧文化与中原文化交融,给中华文明带来了新的活力。这种文化交融虽然极其痛苦,但奠定了隋唐盛世的基础。

陵寝概况

三国两晋时期帝王的陵墓，大多修建在都城的周围。其中，曹魏诸帝王中，除曹操的陵墓在邺城（今河北临漳）外，其余都葬在洛阳周边。蜀汉只有两代皇帝，先主刘备的惠陵在成都南郊，后主刘禅因亡国被迫迁往洛阳，病逝后也葬于洛阳北邙山。孙吴定鼎江东，孙权蒋陵位于今南京东郊，其余帝陵也在南京周边城市。西晋帝陵都在洛阳北邙山一带，东晋帝陵则分布在南京周边。相比之下，十六国的帝陵则比较分散。

关于曹操的墓地，据《三国志·武帝纪》记载，建安二十三年（218年）六月，曹操下诏令安排后事："古之葬者，必居瘠薄之地。其规西门豹祠西原上为寿陵，因高为基，不封不树。"两年后，曹操在洛阳病逝，葬于高陵。

据载，当年曹操的高陵曾依东汉的礼制"立陵上祭殿"。但黄初三年（222年），其子魏文帝曹丕为防止政权交替后陵墓被挖掘，以"古不墓祭"为由毁掉了曹操陵墓上的殿屋，加上千年的风雨冲刷，曹操高陵的地面痕迹逐渐消失。

长期以来，关于曹操高陵的具体位置，一直流传多种说法，包括故里说、聊斋说、七十二疑冢说，等等。众说纷纭，使曹操高陵谜团重重。不过，随着2009年10月河南省考古工作者在河南安阳县安丰乡西高穴村发现曹操高陵，这一争议最终尘埃落定。

曹操的儿子曹丕是魏国的第一位皇帝。曹丕对离洛阳不远的北邙山首阳山情有独钟，他即位第二年就亲自在偃师境内的首阳山东挑选了一块"丘墟不食之地"作为寿陵。鉴于"汉氏诸陵无不发掘"，因此他要求死后陵墓"因山为体"，不立封树，不建寝殿，不造园邑，不筑神道，"欲使易代之后"人们"不知其所"。魏文帝这个决定，对时局动荡不定的魏晋帝陵格局影响很大。其后两百多年间，没有出现大型的陵墓，豪富家族的厚葬风气也大有收敛。迄今为止，曹丕陵地的具体位置依然是个谜。

魏明帝曹叡的高平陵位于今河南汝阳埠云乡茹店村东南。高贵乡公曹髦葬于洛阳城西北三十里的瀍涧之滨，应为洛阳城北北邙山以南的区域，由于因山为体，不

曹操诏令葬于西门豹祠西原上，后虽扑朔迷离，但高陵最终在此发现
（摄于2016年6月8日）

封不树，故陵址不详。魏元帝曹奂陵墓旧传在今河北临漳习文乡赵彭城村西南，有残冢留存，经考古挖掘所传有误。

  蜀汉有两位皇帝。先主刘备的惠陵位于成都南郊，为刘备与甘夫人、吴夫人三人合葬陵。惠陵陵寝建筑由照壁、山门、神道、寝殿、陵墓等组成。虽然关于刘备的葬地有多种说法，但成都惠陵，史志言之确凿。后主刘禅因亡国被迫迁往洛阳，病逝后也葬于北邙山，其墓

蜀汉昭烈帝刘备位于成都南郊的惠陵庄严肃穆，草木青幽（摄于2011年7月16日）

地位于今河南孟津平乐镇翟泉村东。据说20世纪60年代,那里还有一座高7米、直径15米的大冢,如今,已淹没在一片农田之中了。

孙吴有四位君主。吴大帝孙权的陵墓在都城建业(今江苏南京)东郊的钟山南麓,称蒋陵,俗称孙陵岗,其皇后步氏、潘氏与之合葬,太子孙登也移葬这里。近代民国时期,人们在孙陵岗遍植梅花,将孙陵岗改名为梅花山,成为人们赏梅佳处。废帝会稽王孙亮葬于今河南鹿邑和安徽亳县之间的赖乡。景帝孙休葬于安徽当涂,末帝孙皓在国亡后迁居洛阳,死后葬在北邙山,如今陵墓已不知所在。

吴大帝孙权没有想到其蒋陵陵冢千年之后成为南京人赏梅的名山(摄于2012年3月28日)

西晋建都洛阳,除怀帝司马炽和被刘聪杀死在平阳的愍帝司马邺之外,武帝司马炎、惠帝司马衷,加上追封的宣帝司马懿、景帝司马师、文帝司马昭,均葬于今河南偃师境内的首阳山一带。首阳山是邙山的一座山峰,位于西晋都城洛阳东北约十几千米。

由于晋宣帝遗命:土藏、不封、不树、不谒,故在《晋书》中,西晋的帝陵大多只记载陵号,如宣帝葬高原陵、景帝葬峻平陵,文帝葬崇阳陵,武帝葬峻阳陵,惠帝葬太阳陵,但陵址略而不详。后来,考古工作者根据在首阳山南面的南蔡庄附近出土的荀岳墓志和晋武帝

西晋帝陵葬于洛阳首阳山,虽有陵号但不封不树,致使踪迹难觅
(摄于2017年7月20日)

南京钟山之阳历代陵寝遍地,但东晋帝陵陵号虽存,陵冢却踪迹全无
(摄于2012年3月28日)

司马炎妃子左棻墓志,才大致确定了西晋一些帝陵的位置。1982年,中国社会科学院考古研究所的考古人员经过勘察,认为位于偃师南蔡庄北的墓地即为晋武帝峻阳陵,位于杜楼村北的枕头山墓地很可能是晋文帝崇阳陵。目前,其余帝陵的准确方位还没找到。不过,据说东晋大兴二年(319年),前赵刘曜为毁坏晋陵风水,派兵挖掘了崇阳陵和太阳陵。东晋永和七年(351年),峻阳陵和太阳陵又遭到盗墓贼的盗挖,造成二陵地宫严重崩塌。

晋室南渡,建立东晋政权,建都建康(今江苏南京),在104年的时间里先后有11位皇帝执政。除废帝司马奕葬于吴县吴陵外,东晋帝王都埋葬在今南京附近,大致位置在南京城西、东、北三个方向，紧靠宫城。元帝司马睿的建平陵、明帝司马绍的武平陵、成帝司马衍的兴平陵和哀帝司马丕的安平陵，在鸡笼山之阳；康帝司马岳的崇平陵、简文帝司马昱的高平陵、孝武帝司马曜的隆平陵、安帝司马德宗的休平陵、恭帝司马德文的冲平陵，均位于钟山之阳；穆帝司马聃的永平陵，位于幕府山之阳。这些陵墓大多依山为陵，形制规模不大。由于当时陵墓规制草创，东晋帝陵承袭西晋帝陵"不封不树"的传统，大多不起坟堆，葬制也比较简陋。加上岁月流逝，在南京周围的地面上已经难寻觅东晋帝陵的痕迹。因此，今天我们只能知道东晋帝陵的大致位置，具体的地点至今尚有争议。

西晋灭亡之后，北方进入十六国时期。建立这些政权的少数民族正处于不同的发展阶段，进入中原后你争我夺，互相拼杀。而且这一时期，这些政权存世时间都不长，没有财力和能力来营建大规模的陵寝，有些干脆采用传统的"潜埋"办法，不起坟，如后赵石勒就采用这种葬制。

历史上，这一时期的帝陵还遭受当时及后世王朝的破坏，如十六国时期汉赵烈宗刘聪麾下的靳准发动政变，不仅把京城所有的刘氏皇族全部斩杀，还掘发了前赵皇帝刘渊的永光陵和刘聪的宣光陵。再如前凉文王张骏葬身的陵墓，在后凉吕纂时代也被人挖掘。因此，这一时期的陵墓，只剩下了前秦世祖苻坚、大夏世祖赫连勃勃和成汉中宗

十六国时期的帝陵大多湮灭，成汉墓是少量尚存遗迹的帝陵之一
（摄于 2017 年 9 月 12 日）

李寿等少数帝王陵墓尚有遗迹外，其他的帝王陵址大多湮没。

三国两晋时期是中国历史上的大分裂时期，朝代的频繁更替，使这一时期的帝陵盛行薄葬。两晋帝王们甚至不筑坟丘，不建寝殿，只记陵号。同时，这一时期，北方少数民族的内迁，对当时的陵寝制度造成了巨大的冲击，使这一时期各朝代、各政权的陵寝制度显得特别混乱，但也表现出了少有的丰富多彩。连续的战乱，导致了这一时期各个政权的短命和帝陵位置的不确定，加之历代王朝对这些帝陵的破坏，使得这一时期的帝陵大多凋落，难觅踪影。

山陵撷要

【魏武帝曹操高陵】

魏武帝曹操(155年—220年),字孟德,小字阿瞒,沛国谯县(今安徽亳州)人,三国时期曹魏政权的奠基人。曹操出生在官宦世家,《三国志》称其为汉相曹参之后。曹操的父亲曹嵩是宦官曹腾的养子,并继承曹腾的爵位,在汉灵帝时官至太尉。

年轻时期的曹操,机智警敏,爱好武艺。20岁时被举为孝廉,任洛阳北部尉,初显才能。黄巾起义爆发,曹操被任命为骑都尉。东汉中平五年(188年),曹操因其家世被任命为典军校尉。第二年,汉灵帝驾崩,并州牧董卓入京,执掌朝政,倒行逆施,引起各地群雄起而讨伐,曹操参与讨伐行动,代理奋武将军。由于联军各怀心思,讨伐联军很快解散。之后,曹操担任东郡太守,并在镇压黄巾军的过程中发展壮大,势力范围扩张到黄河以北。

安徽亳州曹操故里(摄于2011年10月15日)

安徽亳州曹操家族墓（摄于2011年10月15日）

　　建安元年（196年）曹操迎汉献帝至许（今河南许昌），从此以汉献帝名义发号施令。建安五年（200年），曹操通过夜袭乌巢，烧毁粮草物资，在官渡大败当时北方最强大的袁绍军队，基本统一北方。建安十三年（208年），曹操任汉朝丞相，并把兵锋转向南方。但在孙权、刘备联军的努力下，曹操败于赤壁，无奈退回中原，魏蜀吴三国鼎立局面基本形成。建安十八年（213年），曹操被汉献帝册封为魏公，三年后被加封为魏王，权倾朝野，汉献帝形同虚设。建安二十五年（220年），曹操病逝于洛阳，终年66岁。其子曹丕称帝后，追尊曹操为太祖武皇帝。

　　关于曹操的葬地，有多种说法，一说为《三国志》记载，建安二十三年（218年）六月，曹操下诏令安排后事，"古之葬者，必居瘠薄之地。其规西门豹祠西原上为寿陵，因高为基，不封不树"。曹丕遵父嘱，安葬曹操于高陵。二说为《魏书》载曹丕曾"亲祠谯陵"，有人据此推测曹操葬于故里谯县（今安徽亳州），曹操的祖父、父亲等人之墓也在这里。三说为《聊斋志异》故事，其中有一篇"曹操冢"，说曹操陵墓在许城河底。四说为流传最广的"七十二疑冢"说，说曹操为防掘墓，令立七十二疑冢。因此，很久以来，曹操安葬之处一直众说纷纭。

实际上，聊斋说只能当作传奇故事而不能看作信史。而分布在今河北磁县的曹操七十二疑冢，经考古发掘实际为北朝的大型古墓群。

2009年10月，河南省文物工作者在河南省安阳县安丰乡西高穴村发现了曹操的高陵。为带斜坡墓道的双室砖券墓，建筑规模宏大，结构复杂，墓葬平面呈甲字形，坐西向东，墓室分为前室和后室，中间有甬道相通，前后室顶部为四角攒尖顶，甬道为砖券拱形顶。前后墓室南北两侧各有一个侧室。此墓虽遭多次盗墓，但还是出土了许多重要随葬品，其中有多块刻有"魏武王"字样的圭形石牌，为确定曹操墓提供了实物依据。

河南安阳魏武帝高陵（摄于2012年7月24日）

【魏明帝曹叡高平陵】

魏明帝曹叡（205年-239年），为曹操之孙，魏文帝曹丕长子。他年幼聪慧，好学多识，曹操很是喜爱，常令他伴随左右。曹叡15岁时，被封为武德侯。曹丕继位魏王后，初被封为齐公，后晋封为平原王。其母为甄妃，后因妒忌被逼出宫自杀，死非善终，曹叡一直心怀不平。曹丕病逝后，22岁的曹叡在洛阳即位，是为魏明帝。登基后，他首先巩固了政权，稳定了局势，使经济有所发展。对外他采取拉吴拒蜀策略，他多次派兵出征，扩大了地盘。并且平定鲜卑，攻灭公孙渊，颇有建树。

河南孟州司马懿故里（摄于2020年11月7日）

他也赋诗作文，擅长于乐府诗，并重视文士，有作品流传。但其统治后期，大兴土木，嬉乐无度，不听劝谏，故英年早逝，于景初二年（239年）病逝于洛阳宫中嘉福殿，时年35岁，葬于高平陵。高平陵位于今洛阳市汝阳县埠云乡茹店村东南的霸陵山下，此处与中岳嵩山遥遥相对，沟壑深险，巍峨壮观，为洛阳东南之要冲。据传，曹睿生前常常想起儿时和祖父曹操一起戏乐的场景，故把陵址选择在酒神杜康墓侧，以追寻祖父慷慨豪饮之气，这个传说的真实性不得而知，但魏明帝葬于汝阳确有多种史籍记载。《三国志》《水经注》《河南通志》及洛阳的一些县志都有关于魏明帝曹睿葬霸陵山下高平陵的记载，在陵冢周围，也发现了汉魏时期的瓦当、筒瓦、青砖、下水管和房基石等建筑遗物。据说，魏明帝下葬时，埋入了大批金银珠宝奇石珍玩，朝廷还从曹氏宗族中拨出100多人留守陵地守护，这些曹氏子孙在这里繁衍生息，形成了一个村落，就是现在的曹留庄。魏明帝下葬后，每年，曹魏朝廷都会在高平陵前举行隆重的祭祀典礼，而正始十年（249年）的祭典却酿成了一次大政变。原来，魏明帝临终前，把幼帝曹芳托孤给大臣司马懿和皇族曹爽。司马懿为曹魏重臣，三朝元老，极富谋略，屡有军功，魏明帝时，司马懿为骠骑将军，都督雍、凉二州诸军事等重职，而曹爽为大将军，假节钺，都督中外军事，位高权重，因此曹芳继位后，司马懿与曹爽之间争权夺利，矛盾日益尖锐。司马懿老谋深算，佯称病重，暗中周密部署。正始十年（249年），曹爽陪伴魏帝曹芳到洛阳城南拜谒高平陵，司马懿看准时机，假借皇太后的诏令，关闭各城门，以迅雷不及掩耳之势发动了政变，免除了曹爽兄弟的全部官职，并诱使曹爽兄弟及其亲信放弃抵抗，束手归洛阳。随即诬以谋反罪将曹爽兄弟及其党羽全部处死，曹爽被诛灭三族，自此司马氏独揽朝政大权，史称"高平陵事变"。千年过去，如今的高平陵地面其他建筑虽然已经废圮，但夯土冢犹存。笔者在一个盛夏时节来到高平陵，远远就看到农田中矗立的陵丘，高约7米，陵前立有文保碑。在洛阳一带，像高平陵一样的陵丘很多，但高平陵因为"高平陵事变"而在历史上赫赫有名，魏明帝没有想到，因自己陵墓的祭祀活动而引发的事变竟成为曹魏政权的转折点。高平陵事变虽然已经成为历史，但作为一个重要的历史事件，一直被人们所诉说。

河南汝阳魏明帝高平陵（摄于 2020 年 7 月 29 日）

河南汝阳魏明帝高平陵文保碑（摄于 2020 年 7 月 29 日）

【吴武烈帝孙坚高陵】

吴武烈帝孙坚(155年—191年),字文台,吴郡富春(今浙江富阳)人,孙权之父,三国孙吴政权的实际奠基人之一。据传为孙武的后代,年轻时为县吏,史书说他"容貌不凡,性阔达,好奇节",且有勇有谋。据传,有一次孙坚随父乘船去钱塘,途中遇到强盗抢劫商人财物,这些盗贼公然在岸上分赃,过往船只吓得不敢前行。孙坚见状,提刀上岸,盗贼见此情景,吓得扔下财物,四处逃窜。孙坚不肯罢休,追杀一盗贼而回,由此名声大噪。

黄巾起义爆发后,起义火焰很快燃遍整个中原地区,引起东汉统治者的恐惧,他们调动一切力量,对起义军进行镇压。孙坚跟随中郎将朱儁征讨黄巾军。孙坚作战勇猛,屡建战功,被东汉朝廷授予长沙太守、乌程侯。

东汉中平六年(189年),汉灵帝驾崩,董卓专权,飞扬跋扈,引发各路诸侯群起讨伐。孙坚参加了征讨董卓的联军,袁术表奏他为破虏将军,领豫州刺史。战斗中,孙坚多次击败董卓的部队,声名大起。董卓被迫迁都长安,孙坚进兵洛阳,并在洛阳城外战败董卓,击走吕

湖北襄阳岘山(摄于2019年8月11日)

江苏丹阳吴武烈帝高陵（摄于2015年1月10日）

布，随后攻克洛阳。再之后，他意外得到汉帝所遗传国玉玺，于是引兵返回鲁阳。初平三年（192年），袁术派孙坚征讨荆州刘表。孙坚击败刘表大将黄祖后，渡过汉水，包围襄阳。刘表闭门不战，派黄祖调集兵士与孙坚大战，黄祖败走，逃到岘山之中。孙坚在追击中，被黄祖部将暗箭所伤致死，时年37岁，后追谥武烈皇帝，被其长子孙策葬于曲阿（今江苏丹阳），其墓曰"高陵"。今天，在丹阳司徒镇大坟村北有一座高大封土，据说就是孙坚的高陵。地方史籍都有此记载，明隆庆《丹阳县志》载有："（丹阳）县西十五里，孙坚击刘表于岘山，

江苏丹阳吴武烈帝高陵文保碑（摄于2019年3月13日）

为表将黄祖射死，还葬曲阿。及子权称帝，追谥武烈，墓曰高陵。"

笔者在冬日的一个下午专程前往考察。孙坚高陵在大坟村北，在村尽头不远处就能看到在水塘中间有一树林密布的圆形小山丘，因为是冬天，因此草木枯萎，但这座馒头状的陵墓在平地上还是显得很高大，陵前竖有"高陵"二字的文保标志碑。

今苏州南门外青旸地的墓葬也被传是孙坚和孙策墓，唐陆广微《吴地记》及民国《吴县志》均有记载。北宋政和六年（1116年），该墓曾被盗掘。为此诗人杨舜韶曾作诗云："阖庐城边荒古丘，昔谁葬者孙豫州。久无行客为下马，时有牧童来放牛。"1921年，吴中保墓会重立墓碑，墓碑上由会长吴荫培题写"汉破虏将军孙坚、吴夫人、子讨逆将军孙策墓"。

1963年，青旸地的"孙坚和孙策墓"被列为苏州市文物保护单位，墓冢为高约5米、直径约50米的大土墩。1981年，苏州博物馆对这座墓冢进行发掘，发现了东汉墓3座，均为砖室墓。其中一座墓较大，为凸字形双室砖墓，有甬道、石门，门楣雕刻青龙、白虎和羽人画像，前室置有石供案。后室葬具已朽。早年被盗，出土实物资料不多，仅出土釉陶五联罐等，并未发现其为孙氏墓葬的证据。1982年，根据文物普查情况，苏州市政府调整公布了苏州市文物保护单位名单，孙坚和孙策墓不再作为文物保护单位进行保护。此后，周边逐渐建起了大批住宅。

笔者为找寻孙坚、孙策墓，曾多次在苏州青旸地一带寻访，均未发现。据附近老居民说，从前的孙策墓占地面积很广，墓墩很高大，但现已被夷为平地，殊为可惜。此外，也有记载孙坚被安葬在家乡浙江富阳的祖坟内，称为吴陵，今已湮没。

【吴大帝孙权蒋陵】

吴太祖孙权（182年—252年），又称吴大帝，字仲谋，吴郡富春（今浙江富阳）人，是三国时代孙吴政权的建立者。其父孙坚生前东征西拼，为未来的孙吴政权立下根基。孙坚中箭身亡后，孙权的哥哥孙策继承

湖北鄂州武昌古城孙权塑像
（摄于2019年8月12日）

父业，渡江发展，平定江东，在东汉末年的群雄割据中打下了江东基业。建安五年（200年），孙策在打猎时被刺客击伤，不久去世。孙权在这种情况下接手父兄基业，统领江东。

孙权为孙坚的次子，由于其早年随父兄征战天下，因此胆略超群，统御有方。曹操曾称赞道：生子当如孙仲谋。

据载，孙权最初掌管江东时，局势动荡不安。孙权在张昭、周瑜、程普等旧臣辅佐下。不仅阻止了宗室动乱，又出兵山越，击败黄祖，还拥有了会稽、五郡、丹阳、豫章、庐陵、新郡等州郡。稳定了江东局势。建安十三年（208年），面对曹操大军南征，在孙吴内部战和纷争不已的情况下，孙权果断决定以周瑜、程普为左右都

江苏南京吴大帝蒋陵文保碑（摄于2010年11月12日）

江苏南京吴大帝蒋陵（摄于2010年11月12日）

督,合兵刘备与曹操决战,最终在赤壁大破曹操,这便是历史上有名的"赤壁之战",显示了孙权的雄才大略。

建安二十四年(219年),孙权与刘备因荆州归属发生战事,孙权利用刘备荆州守将关羽发动襄樊之战之机,派兵袭取荆州,关羽被擒杀。曹魏黄初二年(221年),刘备兴兵讨伐孙权。孙权任命陆逊为大都督,于次年在夷陵之战中大破蜀军,稳固了孙吴的荆州疆土。

吴黄龙元年(229年),孙权正式登基为帝,国号为吴,史称孙吴。在位期间,加强与台湾联系,促进江南开发,太元二年(252年),孙权病逝建业宫中,享年71岁,称帝24年,实际统治东吴长达53年。谥号大皇帝,庙号太祖,葬于南京东郊钟山南麓蒋陵。他的皇后步氏、潘氏及太子孙登也葬在这里。

历史上对孙权蒋陵记载不多。《三国志》记载:"夏四月,权薨,时年七十一,谥曰大皇帝。秋七月,葬蒋陵。"因此,我们无法了解陵墓建筑的详细情况。

据传,明洪武年间,明太祖朱元璋在钟山一带建造孝陵时,曾曰:"孙权亦是好汉子,留他守门。"因此孙权蒋陵被保留了下来,仅搬走陵前的一对石麒麟。近代民国时期,蒋陵所在的孙陵岗遍植梅花,故被改名为梅花山。

由于地面建筑遗存的消失,后人对孙权的陵墓究竟在不在梅花山产生疑虑。2004年,专家曾用仪器对梅花山进行勘测,发现梅花山下确有人工修筑的墓道,以及封门墙。但情况究竟如何,还要待考古发掘后才能定论。也有专家认为,孙权陵墓应在中山门外的卫岗,因为此处也在钟山南麓,而且在1929年曾经挖出了大量孙吴赤乌年间烧制的古砖。

1993年,为纪念孙权,人们在梅花山东麓修建了一座孙权故事园。2012年,孙权故事园改建为东吴大帝孙权纪念馆。纪念馆中心是一尊高大的孙权石像。石像西南侧,有一座扇形孙权故事画廊,嵌有12幅孙权故事浮雕石刻,生动再现了孙吴大帝纵横驰骋的一生。

【汉昭烈帝刘备惠陵】

汉昭烈帝刘备（161年—223年），字玄德，涿郡涿县（今河北涿州）人，三国时期蜀汉的建立者。根据《三国志》记载，刘备是汉朝宗室、西汉中山靖王刘胜的后代。但到刘备一代，家业已经破落。刘备少年时，父亲早亡，与母亲以织席贩履为业，生活非常艰辛。

据说，刘备不怎么爱读书，但喜欢结交豪杰，与关羽和张飞志同道合，引为兄弟。黄巾起义爆发后，刘备参与镇压起义军，曾先后投奔公孙瓒、陶谦、曹操、袁绍等，担任过下密丞、平原令、豫州刺史等职。建安五年（200年）春季，刘备因参与谋杀曹操的衣带诏事件，遭曹操讨伐，投奔荆州牧刘表，屯于新野。

在新野期间，刘备结交豪杰。广招贤士，刘备曾三度前往隆中拜访人称"卧龙"的隐士诸葛亮，史称"三顾茅庐"。诸葛亮向刘备陈说了三分天下之计，世称"隆中对"。此后，诸葛亮出山辅弼刘备。

建安十三年（208年），曹操率军南征，此时，刘表次子刘琮继为荆州牧，闻讯投降曹操。刘备则与孙权联合，大败曹操于赤壁，并攻占武陵、长沙、桂阳、零陵四郡，据有荆州地，基业初成。建安十九年（214年），刘备又攻取成都，占据益州。建安二十四年（219

重庆奉节白帝城永安宫（摄于2017年4月22日）

四川成都汉昭烈帝惠陵神道（摄于2011年7月16日）

年），刘备称汉中王。但此时，镇守荆州的关羽因孤军北伐，遭遇孙吴大将吕蒙偷袭，被擒杀害，荆州为孙权夺去。

（蜀）汉章武元年（221年），刘备在成都称帝，国号"汉"。同年，刘备以为关羽报仇的名义，兴兵讨伐孙吴。结果被吴将陆逊在夷陵之战中打败，退至永安白帝城，忧愤成疾。章武三年（223年），刘备托孤诸葛亮后，在白帝城永安宫病逝，享年63岁，谥号为昭烈帝，葬成都惠陵。

惠陵位于今四川成都南郊的汉昭烈庙内，墓呈圆锥形，残高20米，周长180米，仅3亩，应该算是一个比较简陋的帝陵了。不过，虽然占地不大，但墓冢古柏森森，

四川成都汉昭烈帝惠陵陵号碑
（摄于2011年7月16日）

四川成都汉昭烈帝惠陵陵冢
（摄于2011年7月16日）

陵阙巍然，且留存至今，比起湮没了的三国其他帝陵，也算幸运。

其实，关于刘备的葬地，还有多种说法。除了惠陵说以外，尚有奉节说和莲花村说。奉节说的依据是刘备死于农历四月，此时气温较高，按照当时的交通状况，从奉节白帝城到成都需要30多天时间。按当时的技术，尸体肯定会腐烂，因此刘备很可能就地葬在奉节。奉节在历史上曾为夔州府治，多种版本的刘氏族谱均记载刘备葬于夔州府后花园，明代《夔州府志》也有甘夫人墓在夔州的记载。

莲花村说则认为刘备墓应在眉山彭山区牧马镇的莲花村，这一带自古就流传有皇坟的传说，似乎暗示了这一说法。

不过，这些毕竟仅是传说。诸多的史籍记载都明确刘备的惠陵应在成都。现在的惠陵规模较小，究竟原来的规模怎样，史籍没有记载，但根据三国时期丧葬从简的习俗看，惠陵当年的规模不可能很大。在三国时期这样一个动荡不安的时代，刘备的惠陵也不可能豪华。其实，简陋的惠陵正符合人们心目中的刘备形象。笔者曾多次想在刘备惠陵前拍一张空无一人的照片，但熙攘的游人使这个目标无法完成，这从一个侧面反映了后人对刘备的崇敬。

【晋武帝司马炎峻阳陵】

晋武帝司马炎（236年—290年），字安世，河内温县（今河南温县西南）人，为晋朝开国君主。他是司马懿之孙、司马昭嫡长子。司马氏家族原为曹魏的权臣家族，司马懿担任过曹魏的大将军、大都督、太尉、太傅等显官要职。他善谋奇策，多次征伐有功，成为辅佐曹氏三代的重臣，最终掌控了魏国的朝政，为司马氏夺取曹魏政权奠定了坚实的基础。司马懿死后，其长子司马师以抚军大将军的身份辅政，继续独揽朝廷大权，但不久就病逝，其弟司马昭袭兄之位，专揽国政，开始走向代魏之路，以至于高贵乡公曹髦说出了"司马昭之心，路人所知也"的名言，此时，曹魏政权确实已经名存实亡了。

司马昭病死后，其子司马炎袭父爵，为晋王，数月后逼迫魏元帝曹奂禅位给自己，国号晋，建都洛阳，为区别后来建都建康（今江苏

湖北襄阳岘山羊祜祠（摄于2019年8月11日）

南京）的晋朝，史称西晋。

西晋成立之初，晋武帝鉴于曹魏无屏藩以致孤立而亡的事实，大封同姓诸王，诸王不仅拥有军队，还出镇州郡，总缩军民，埋下了日后八王之乱的祸因。同时，在战略上，晋武帝为击灭孙吴、结束全国的分裂局面做了充分准备。他很早就派羊祜坐守军事重镇荆州，并在长江上游的益州训练水军，建造战船，着手灭吴的准备工作。

经过长达十余年的充分准备，咸宁六年（279年），晋武帝发出向孙吴展开大规模进攻的诏令。为了迅速夺取胜利，晋军分六路沿长江北岸，向吴军齐头并发。安东将军王濬率领的一路晋军，顺流而下，直取吴都建业（今江苏南京），吴主孙皓投降。至此，三国鼎立的局面完全结束。

灭吴战争能够胜利，晋武帝正确的战略功不可没。

全国统一之初，晋武帝采取了一些措施，稳定了社会秩序，促进社会经济的恢复与发展，使西晋出现了"太康繁荣"的景象。政治的安定与财富的累积，使晋武帝开始怠惰政事，纵情享受。上行下效，导致奢侈腐化的

河南洛阳西晋太学辟雍碑
（摄于2017年7月20日）

风气在社会上逐渐蔓延，西晋最终在这样一片享乐中萎靡，直至政局不可收拾，西晋亡国，距司马炎去世只有短短27年。

太熙元年（290年），晋武帝病逝于含章殿，葬于峻阳陵。峻阳陵位于今河南偃师境内的北邙首阳山一带。在洛阳偃师，有一道绵延30余里的土山蜿蜒东去，这就是邙山的最高处，因日出先照而得名首阳山。西晋皇帝以首阳山作寿陵的规定在司马懿的"终制"中就确定了。首阳山在偃师以北，范围很大，峻阳陵的确切位置不得而知。后根据民国初年在首阳山南面的南蔡庄附近出土的晋武帝司马炎贵人左棻的墓志，才大致确定峻阳陵的位置。

笔者去过邙山多次。首阳山南望伊洛，依山临水，从风水学的角度来说，确为一块风水宝地。但因为专家对峻阳陵的方位只是一个猜测，

河南洛阳晋武帝峻阳陵兆域（摄于2017年7月20日）

因此笔者最终没能够找到确切的地点，只能眺望苍苍茫茫的首阳山，想起晋武帝建立的西晋王朝那么快就陷入了刀光剑影的境况，而如今这一切已成了遥远的过去，扑朔迷离的晋武帝峻阳陵连同纷乱的西晋王朝就像历史烟云一般逝去无痕。

【晋恭帝司马德文冲平陵】

晋恭帝司马德文（385年—421年），为东晋第11位皇帝，也是东晋最后一位皇帝。他是晋孝武帝司马曜次子、晋安帝司马德宗之弟。

司马德文最初封为琅邪王，之后历任中军将军、散骑常侍、卫将军、开府仪同三司，加授侍中、领司徒、录尚书六条事等官职。其兄晋安帝在位期间，东晋王朝已处于内外交困、风雨飘摇之中。元兴元年（402年），权臣桓玄发动叛乱，攻入都城建康，控制朝廷。元兴二年（403年），桓玄挟持晋安帝至浔阳（今江西九江），并代晋自立，司马德文随晋安帝居于浔阳。之后，北府将领刘裕等人举兵讨伐桓玄，并成功夺取了京口和广陵，向建康挺进，并最终击溃桓玄军队，桓玄在逃亡的船上被部将冯迁所杀。

桓玄死后，安帝虽然复位，但桓玄的叛变已经摧毁了东晋的皇权，刘裕成为东晋举足轻重的实权人物。义熙十四年（418年）刘裕被封为相国、宋公，政令由他来出。此时，刘裕已有篡位之意，伺机谋害安帝，司马德文担心兄长遇害，整日陪侍，保护安帝。同年12月，安帝患病，回宫休养。刘裕派人潜入内宫，凶残地将晋安帝活活勒死。

刘裕杀安帝后，见时机尚不成熟，就立司马德文为帝，改年号为

江苏南京建康都城遗址（摄于2021年3月26日）

江苏南京古阅武台（摄于2019年9月28日）

元熙，此时，刘裕已牢牢控制东晋政权。元熙二年（420年），刘裕见时机成熟，命令党徒傅亮草拟好禅位诏书，入宫逼司马德文誊抄。司马德文强作欢颜地对左右说："桓玄篡位，晋朝那时已经失国，多亏刘公（刘裕）出兵讨平，恢复晋室，晋朝才得以再延续了近20年。今日禅位，我心甘情愿，没有什么怨恨。"说完，提笔誊抄诏书，交给了傅亮。然后，携同后妃等眷属凄伤出宫，东晋自此灭亡。

司马德文禅位与刘裕后，被废为零陵王，迁居秣陵。刘裕仍不放心。南朝宋永初二年（421年），刘裕命令琅琊侍中张伟携毒酒前去鸩杀司马德文，但张伟不忍谋害故主，在路上喝下毒酒自尽。于是，刘裕再派亲兵，越墙进入司马德文室内，逼司马德文饮毒酒。司马德文拒绝，亲兵便将他挟上床去，用被子蒙住他脸面，用棉被将司马德文活活闷死。

司马德文被杀后，谥号为恭皇帝，葬冲平陵。

东晋历代皇帝偏安江左，基本依照西晋司马懿遗诏营建陵寝，不起坟茔，不做神道。据唐李吉甫《元和郡县志》载："冲平陵在（上元）县东北二十里，蒋山西南。"1960年11月，南京市文管会在富贵山东南麓发现晋恭帝冲平陵的玄宫石碣。1964年，南京博物院考古工作者在石碣出土处以西约400米发现了一座大型东晋晚期墓葬。墓葬凿山而成，由墓室、甬道、封门墙、墓道和排水沟五部分组成。尽管陵墓早年被盗，但还是出土了 70 余件随葬品。有专家认为此墓可能是晋恭帝司马德文的冲平陵。

笔者在南京市博物馆看到了晋恭帝玄宫石碣，碣长 1.25 米，宽和厚都为 0.3 米，上阴刻"宋永初二年太岁辛酉十一月乙巳朔七日辛亥晋恭皇帝之玄宫"。

江苏南京东晋恭帝冲平陵玄宫石碣（摄于 2017 年 9 月 5 日）

【魏武悼天王冉闵陵】

魏武悼天王冉闵（？—352 年），字永曾，魏郡内黄（今河南内黄西北）人，十六国时期冉魏政权的建立者。其父冉瞻少时被后赵太祖石虎收为养子。

冉闵年幼时就果断敏锐，很得石虎宠爱。冉闵成年后，身高八尺，骁勇善战，在昌黎之战中，后赵各路军队都弃甲溃逃，只有冉闵带领的一支军队未遭创伤，冉闵由此威名大显，他也因善战有谋略而升为大将军。当时，各族宿将对其无不畏惧。

石虎去世后，后赵政局混乱，诸子争立。此时，冉闵担任都督，总管内外兵权，引起后赵统治者的疑惧。石遵的继任者几度想谋害冉闵，最终引起冉闵起兵反击，并将石氏家族消灭。他得到大司马李农之助，于东晋永和六年（350 年），称帝，建都邺城（今河北临漳），国号大魏，史称冉魏。

冉魏建立后，冉闵立即与东晋政权联系，请求派兵共同讨伐北方

河北临漳邺城遗址（摄于 2020 年 8 月 7 日）

胡人。他利用汉、胡矛盾煽动民族报复情绪，滥杀羯族老幼贵贱 20 多万人，使北方混战更趋激化。之后，他与后赵残余争战不已，实力被大大削弱。

东晋永和八年（352 年），冉闵遭前燕大军围攻，尽管冉闵奋力迎击，但终因寡不敌众，为前燕将领慕容恪所擒。据说，慕容恪捉到冉闵后，献与前燕景帝慕容儁，面对慕容儁的嘲讽，冉闵慷慨陈词，宁死不屈，慕容儁大怒之下，令人鞭之，后送至龙城。冉闵被斩于遏陉山（今属辽宁朝阳），后被追谥为武悼天王。

冉闵是一个历史上充满争议的人物，关于冉闵葬于何处，有多种说法。一种说法是冉闵葬于遇害地遏陉山，也有说法是冉闵战死后，因痛恨其杀戮胡人过重，于是胡人争剖其尸，将其遗骨弃之荒野，不许下葬，冉闵的遗骨被胡狼所食。还有一种说法是冉闵葬于今河南安阳的内黄县。据说，冉闵被杀后，冉闵的部将收尸未果，便把冉闵的衣冠、靴子等带到冉闵先祖的故乡魏郡内黄，为冉闵筑了一座衣冠冢，这就是内黄冉闵墓的由来。

河南内黄魏武悼天王冉闵生平碑（摄于 2017 年 7 月 29 日）

内黄冉闵墓位于内黄县高堤乡冉村外，冉村原名孙村，因纪念冉闵，后改为冉村。墓冢坐北面南，据史籍记载，冉闵墓区原来规模很大，占地约80亩，南面有神道，神道两侧有石羊、石马、翁仲、华表对称竖立，墓前放置石案、香台等，后毁于历年战乱。笔者来到冉村，村旁一个小广场上竖有一尊高9米的冉闵雕像，前方的神道两侧为剑林，表达了后人对冉闵的崇敬。不过，也许拜谒的人太少，也许疏于管理，神道荒草过膝，令人伤感。

河南内黄魏武悼天王冉闵陵址（摄于2017年7月29日）

【前秦世祖苻坚墓】

前秦世祖苻坚（338年—385年），字永固，氐族，略阳临渭（今甘肃天水东）人，十六国时期前秦的第四位皇帝。他是前秦惠武帝苻洪之孙。苻洪为前秦的建立奠定基础。苻洪死后，其子苻健在东晋永和七年（351年）入据关中，次年称帝，都长安，建立前秦政权，苻健是苻坚的伯父。

据载，苻坚自幼聪明过人，深受祖父苻洪的宠爱，后承袭父爵为东海王，广交当世豪杰，在朝野享有盛誉。苻健病逝后，其子苻生继位，苻生性情极其残暴，朝中人人自危。寿光三年（357年），苻坚在氐、汉豪贵的支持下率兵冲进皇宫，斩杀苻生，自己登上帝位。

苻坚在位期间，抑制豪强、整顿吏治，强化王权，劝课农桑、兴修水利。且崇尚儒学，广兴学校，使前秦很快强大起来，史称"关陇清晏,百姓丰乐"。

前秦强盛后,苻坚有意一统天下。并先后攻灭前燕、前凉、代等国,统一北方大部地区。随后,把矛头指向据有江南地区的东晋。前秦建元十九年(383年),苻坚不顾群臣的劝阻,执意出兵伐晋,亲率号称八十万的前秦大军浩浩荡荡进发。前秦先头部队很快占据寿春(今安徽寿县),与晋军隔江相峙。苻坚求胜心切,竟自率八千轻骑赶抵寿春。当苻坚从寿春城头观察晋军时,发现晋军军容整齐,心生惧意,甚至将八公山上的草木都当作晋军。此时,东晋提出渡过淝水作战的要求。苻坚认为可以趁晋军半渡淝水之时进攻晋军,以获胜利,因此表示同意。没有想到,前秦大军往后一退,就出现了全军溃退的情景。前军统帅苻融骑马入乱军中试图压住阵脚,但堕马被杀。前秦军伤亡惨重,苻坚亦中流矢受伤,单骑逃到淮北。

淝水之战后,前秦元气大伤,再也无力控制政局,前秦分裂,北方重新四分五裂。其中姚苌等人重新崛起。姚苌为羌人,其父为后赵将领姚弋仲,本获罪当死,苻坚赦免了他,姚苌本人也被苻坚封为龙骧将军。他利用苻坚在关中大乱、出逃五将山之时,派兵围攻并擒获

安徽寿县古城墙(摄于2012年9月1日)

苻坚。在逼迫苻坚交出国玺、禅位未果后，姚苌将48岁的苻坚绞死于新平（今陕西彬县）佛寺内。

据载，苻坚被害后，其族孙苻登即帝位后，以天子礼安葬苻坚于新平。后来，姚苌曾掘墓鞭尸，甚至"荐之以棘，坎土而埋之"，以泄其愤。

笔者曾两度前往苻坚陵，第一次因中途突降暴雨而作罢。第二次则在一年以后的八月，这次笔者翻山越岭，寻觅良久，才终于拜谒了苻坚陵。苻坚陵位于咸阳城西北130多千米处的彬县水口乡，陵冢坐南向北，面积140平方米。墓碑上刻有"前秦国王苻坚之墓"。墓冢形似角锥，俗称"长角冢"。

陕西彬县前秦世祖陵文保碑
（摄于2016年8月17日）

陕西彬县前秦世祖陵
（摄于2016年8月17日）

不过，墓冢周边荒草过人，笔者非常艰难地穿过大片荆棘丛生的野草丛才找到苻坚墓。淝水之战使苻坚身败名裂。不过，公正地看苻坚，他还不失为一名有作为的帝王。

【夏武烈皇帝赫连勃勃嘉平陵】

夏武烈皇帝赫连勃勃（381年—425年），字屈孑，原名刘勃勃，

陕西靖边夏都统万城遗址（摄于2018年7月26日）

陕西延川夏武烈皇帝嘉平陵文保碑
（摄于2018年7月26日）

匈奴铁弗部人，为十六国时期夏国的建立者，是当时叱咤风云的一代枭雄。

刘勃勃是南匈奴后裔，其父刘卫辰入居塞内后，被前秦皇帝苻坚委任为西单于，都督河西诸部族。后在与拓跋部的战争中，其父的部落被北魏消灭，刘勃勃率余众逃往后秦。

后秦皇帝姚兴十分欣赏刘勃勃。据载，刘勃勃生性善辩聪慧，颇具风度仪表，并且还善于用兵。因此，姚兴很信

陕西延川夏武烈皇帝嘉平陵（摄于2018年7月26日）

任他，任命他为安北将军、五原公，把鲜卑族及杂族共两万多部落拨给他，让他镇守朔方（今陕西延安）。

后秦弘始九年（407年），刘勃勃拥兵自立，自称为天王、大单于。他认为匈奴是夏后氏的后代，故国号大夏，署置百官，并修建都城统万城（今陕西靖边北），有统御万国之意。之后，他改姓赫连氏，意为"徽赫与天连"。

据说，赫连勃勃的将作大匠叱干阿利对统万城的土城垣有着严酷

的质量要求，如铁锥能刺入墙壁一寸，筑城的人就要被杀掉。因此建成后的统万城城垣坚固无比，历经1600多年仍屹立不倒。

赫连勃勃建国后，先后击败南凉、后秦，俘掠大量人口牲畜。夏昌武元年（418年），他乘东晋将领刘裕灭后秦急于南归之机，攻取长安，作为南郡，并在灞上（今陕西安东）称帝，不久回师。

赫连勃勃在位期间，生性凶残，残暴嗜杀，狂妄自慢，晚年尤甚。夏真兴七年（425年），赫连勃勃病逝于统万城永安宫中，终年45岁，谥号烈武皇帝，庙号世祖，在位共19年，葬于嘉平陵。

嘉平陵的修筑耗费了巨大的人力物力。据说，其子赫连昌动用大量民众修筑嘉平陵，祭祀时杀了数千匹马，陵墓上还种植了荆棘，从而使他的陵墓变得难以寻觅。目前，在陕西、甘肃、宁夏、山西、内蒙古等地均有其疑冢存在。据清嘉庆《延安府志》载："延川县南六十里，白浮图寺前七冢，相传赫连勃勃葬此。"《延绥揽胜》载："白浮图寺，在（延川）城南七十里处，相传赫连勃勃葬地。"《延川县志》也载："白浮图寺在县南六十里，寺前有冢，前人以为夏王疑冢云。"现仅存一冢，位于延川县稍道河乡古里村东1.5千米处。墓地北临交口河水，东西南三面环以山原，占地面积约3万平方米。冢呈椭圆形，残高十余米。

笔者驱车爬山越岭，来到稍道河乡古里的白浮图寺所在的原上，只见一座经历了千百年风雨沧桑、现已残破不堪的古冢屹立在寺南的高原上，旁边一块黑色的石碑上刻着"赫连勃勃墓"。笔者不知这座荒草孤冢是赫连勃勃的真墓还是疑冢，但见四周群峰苍凉，山风呜咽。赫连勃勃这位大夏国皇帝，才略一流，故能够在陕北高原大有作为，但他过于残暴，注定只能如同流星一般在历史长河中瞬间陨落。

第六章　南朝北朝麒麟残

朝代简述

南北朝是我国历史上又一个大分裂时期。这一时期,南北双方的朝代更迭不断,但长期维持着互相对峙又各自发展的局面。这一时期,社会纷乱不已,战火遍及全国,充斥着血腥、权欲和仇恨。

南朝是从刘裕篡夺东晋政权开始的。东晋虽然是司马氏政权的延续,但司马氏在政治上威望不高,基本上靠外姓强人来支撑,早期是王导、谢安等,后期主要是刘裕。刘裕为北府军将领,具有杰出的军事才能,屡建功勋,对内平定了孙恩、卢循起义和桓玄叛乱,消灭了刘毅、诸葛长民、司马休之等异己势力,使南方出现了百年未有的统一局面。对外消灭南燕、后秦等国,降服仇池,又大破北魏,收复淮北、山东、河南、关中等地,光复洛阳、长安两都,因战功被封为宋王、太尉,算是一代枭雄。元熙二年(420年),掌握着东晋军政大权的刘裕代晋称帝,国号宋,史称刘宋。

刘裕在位期间,废除苛法,轻徭薄赋,为"元嘉之治"打下坚实的基础,可惜他在位3年就病逝了。刘宋是南朝最强、疆域最大、统治年代最长的一个政权,历8帝,共60年。

宋昇明三年(479年),南徐州刺史萧道成逼迫宋顺帝退位,建立齐朝,称齐高帝。4年之后,齐高帝萧道成病重而逝。齐朝历7帝,只存在短短的24年,是南朝存在时间最短的一个政权。

齐中兴二年(502年),齐朝大司马萧衍逼迫齐和帝禅位,建立梁朝,萧衍为梁武帝。他在位时间达48年,在南朝的皇帝中列第一位。梁武帝在位期间颇有政绩,南朝的经济文化经历了最繁盛的时期,但其晚年不顾群臣反对,接纳了东魏叛将侯景,招致"侯景之乱",都城建康(今江苏南京)被攻陷,梁武帝被幽禁,最终饿死台城。之后,梁朝又出现帝位之争,国运式微。梁朝历4帝,存在56年。

梁大丰二年(557年),梁朝相国、陈王陈霸先废梁敬帝萧方智,即位称帝,建

刘裕北伐成功，曾"飨六军"，宴请群僚于徐州戏马台，项羽、刘裕皆豪杰（摄于2014年5月28日）

梁武帝在位期间颇有政绩，却因"侯景之乱"饿死台城，悲怆千秋（摄于2017年1月8日）

陈霸先建立的陈朝是南朝最后一个朝代，其长兴故里以他为荣（摄于2017年4月15日）

陈后主荒废朝政,致使都城被破后与贵妃避入胭脂井,耻笑千年(摄于2015年9月10日)

立陈朝。陈朝建立时已经出现南朝转弱、北朝转强的局面。陈霸先为政主张勤俭,使得南方经济逐渐从"侯景之乱"的破坏中复原,但只当了3年皇帝就去世。末帝陈后主陈叔宝,不持政务。

隋开皇八年(588年),隋朝派晋王杨广率50多万大军南下。第二年,隋军攻入建康。陈后主与张贵妃、孔贵嫔避入皇宫后院的胭脂井中,最后被俘,陈朝亡。陈朝历5帝,存33年。整个南朝共存世168年。

北方自西晋灭亡后,一直处于十六国割据的混乱局面。鲜卑族拓跋部建立起北魏后,通过不懈努力,先后击灭后燕、大夏、西秦、北燕、北凉等割据势力,逐散了柔然,北魏太延五年(439年),魏太武帝拓跋焘统一了北方。孝文帝拓跋宏在位期间,迁都洛阳(今河南洛阳),并进行了一系列改革,促进北魏经济文化迅速发展,北魏王朝一度强盛。

孝文帝死后仅20多年,北魏就发生了"六镇之乱"。内乱虽然最终平息,但边镇豪强集团利用当时的混乱局面,各自发展势力,使北魏政权摇摇欲坠。武泰元年(528年),北魏孝明帝元诩因不满其母胡太后专权而被鸩杀,驻扎在晋阳的柱国大将军尔朱荣借口为孝明帝报仇,率大军南下,溺死胡太后和幼帝元钊,并纵兵围杀北魏公卿百官两千多人,制造了骇人听闻的"河阴之变"。晋州刺史高欢乘机进兵

北魏开国皇帝拓跋珪为王朝统一北方奠定了坚实的基础（摄于2020年8月4日）

北魏孝文帝迁都洛阳，推行改革，国势一度强盛（摄于2018年10月27日）

高欢把持东魏朝政，权倾一时，其在太原天龙山的避暑宫遗址尚存（摄于2015年10月30日）

晋阳，消灭尔朱氏的势力，立孝文帝之孙元脩为帝，控制朝政。但孝武帝元脩无法容忍高欢的专横，投奔长安的宇文泰，北魏政权从此瓦解。

从开国皇帝道武帝拓跋珪至末代皇帝孝武帝元脩，北魏共历14帝，享国149年。

北魏永熙三年（534年），高欢立年仅10岁的孝文帝曾孙元善见为皇帝，即孝静帝，并迁都邺（今河北临漳），这就是历史上的东魏政权，管辖北魏统治的东部地区，由高欢把持。第二年，宇文泰立元宝炬为帝，即文帝，建都长安，这就是历史上的西魏政权。西魏政权管辖原北魏统治的西部地区，由宇文泰把持。

东魏武定八年（550年），孝静帝禅位于高欢之子高洋，东魏灭亡，仅1帝，历17年。高洋建立齐国，史称北齐。西魏恭帝三年（557年），宇文护迫使西魏恭帝禅让于宇文觉，西魏灭亡，历3帝，历时21年。宇文觉在这基础上，建立北周。北齐和北周经过多年战争，北周建德六年（577年），北周消灭北齐，统一北方。北齐历6帝，共28年。北周大定元年（581年）周静帝禅位杨坚，北周灭亡，历5帝，共25年。以北魏灭北凉，统一中国北方算起，北朝前后历时142年。

南北朝时期从公元420年开始，至589年结束，共170年的历史。它是中国历史上一个重要而特殊的时期。在政治经济制度方面，它上承秦汉，下启隋唐，具有重要地位，同时又由特定的政治经济环境决定而创立了许多制度，具有鲜明时代特征：政治上，士族制度贯穿魏晋南北朝时期；经济上，江南迅速开发，中原相对停滞，中国经济和文化重心逐渐开始向东南转移；在民族关系上，加速了民族交融和封建化进程，至北朝末年，胡汉差异逐渐消失，实现了民族大融合。

在北齐与北周的争战中兰陵王高长恭曾名重一时（摄于2016年6月9日）

陵寝概况

南朝陵寝相对规模较大,陵前有石兽、石柱、石碑,布局规整(摄于2011年11月12日)

南朝立国江南,建都建康,因此,南朝的帝陵主要分布在今南京和周边的丹阳等地,其中刘宋、陈两朝帝陵多分布在南京的栖霞区、江宁区,齐、梁两朝帝陵多分布在丹阳。

由于南朝社会经济的发展,南朝陵寝相对规模较大,布局规整,并拥有较豪华的墓室。南朝帝陵一般背依山峰,面对平原,方向视地形而定,大多坐北朝南。冢前有石兽、石柱、石碑等,这样的陵墓布局对后来唐宋明清各代帝王陵墓建筑有很大的影响。

南朝帝陵的地宫一般都包括墓道、封门墙、甬道、墓室和排水沟五部分,墓道建在墓室前,设两重石门,门额呈半圆形,上雕仿木结构的平梁、人字拱。甬道后为墓室。南朝墓室多为单室,也有长方形

南朝帝陵墓室内壁用画像砖砌出图案，题材广泛（摄于2017年1月8日）

和椭圆形，墓室内壁用画像砖砌出图案，题材广泛，墓底有砖砌的排水暗沟。

由于历史的风雨沧桑、早年被盗和后来人为的破坏，宏伟的南朝陵墓已面目全非，但尚存的陵前石雕仍耸立在田野之间。

南朝石刻一般放置在陵墓前约一千米的位置，包括神道石兽、神道石柱和神道碑。帝陵前的镇墓神兽分天禄、麒麟，天禄顶部雕饰双角，麒麟为独角。帝王、贵族的陵墓前一般放置两座神道石柱（又称华表），上部附有一块长方形的石额，刻有陵墓主人的官职、姓名等。

南朝陵墓前的神道石刻上承秦汉，下启隋唐，而与同时代的北朝石窟艺术遥相媲美。虽经千年的风雨，南朝陵墓石刻已经风蚀严重，但它还是以残美古韵展示在世人的面前，供后人们欣赏和遐想。

相比之下，北朝陵寝破坏较大，除了高大的封土堆外，陵前石刻所剩无几。北朝是从北魏开始的，北魏多次迁都，先后迁都盛乐（今内蒙古和林格尔）、平城（今山西大同）、洛阳，因此，帝陵也分布多地，包括盛乐金陵、云中金陵和洛阳北魏帝陵等。盛乐金陵和云中金陵因史料记载不详，其陵墓详细位置已不可考。近年来，一些学者在山西大同左云县及其周边地区发现了疑似北魏帝陵陵园的痕迹，不过，还需要更多考古和文献证据来证实。

南朝帝陵虽经千年风雨剥蚀但仍以残美古韵展现在世人面前（摄于2011年11月12日）

北朝帝陵分布于大同、洛阳、磁县、西安，大多数帝陵有迹可循
（摄于2016年6月9日）

曾经规模宏伟的北朝帝陵如今只剩下一座座残冢散落在田间地头
（摄于2016年6月9日）

　　洛阳的北魏帝陵包括孝文帝迁洛后的7位北魏皇帝的陵墓，史载均葬于洛阳以北的邙山之上，但具体地点记载简略。20世纪70年代以后，经过多次考古调查、发掘和研究，孝文帝长陵、宣武帝景陵、孝明帝定陵、孝庄帝静陵的具体位置才得以确定。

　　北魏孝文帝迁都洛阳后，吸收汉族文化，实行一系列改革，陵寝的建制也随之发生一些变化。北魏帝陵恢复了秦汉以来的陵寝规制，陵域布局规整，一般建有高大的封土堆，陵前建筑祭殿，并在墓葬前放置石像生，如北魏宣武帝景陵前就有鲜卑族风格的石刻翁仲造像，同时，陵园内增置佛寺、斋室，表明佛教的影响渗入到陵寝制中。

北朝帝陵地宫一般分为甬道、墓道和墓室，规模不大（摄于2018年10月27日）

　　北魏之后，为东魏、西魏、北齐和北周，其中，东魏和北齐建都邺城，西魏和北周建都长安（今陕西西安）。故东魏和北齐的帝陵均位于邺城周边，西魏和北周的帝陵均位于长安附近。

　　东魏和北齐的帝陵分布在今河北磁县东部、讲武城一带的漳河沿岸，在过去很长时间里，这些陵墓被误认为是曹操的"七十二疑冢"。实际上，这些陵墓为东魏孝静帝西陵、齐献武帝高欢的义平陵、齐文襄帝高澄的峻成陵、齐文宣帝高洋的武宁陵等。其中，北齐的陵墓以齐献武帝高欢的义平陵为中心，按晚辈在北、长辈在南分布。

　　当年，东魏北齐的帝陵规模宏大。不过历经无数战乱，现今只剩下封土堆了。

　　东魏孝静帝陵封土是现存东魏北齐帝王陵墓中最高的一座。高欢的义平陵遭受过盗墓贼的百般洗劫，如今陵冢残缺不全。高澄的峻成陵，由于多年取土烧砖，封土直接被分为了两截。高洋的武宁陵也是由于当地农民烧砖取土，原封土已被挖平。

　　西魏和北周的帝陵，位于西安东北的富平一带。西魏共有三位皇帝，西魏第一位皇帝元宝炬的永陵位于陕西富平县留古镇何家村东北，废帝元钦和恭帝元廓的陵墓莫知所在。

　　北周几位皇帝都埋葬在富平一带。目前仅发现北周文帝宇文泰的成陵、北周武帝宇文邕的孝陵，其余，孝闵帝宇文觉的静陵、明帝宇文毓的昭陵、宣帝宇文赟的定陵和静帝宇文阐的恭陵的位置仍未确认，这可能与北周实行的"墓而不坟"有关。

北朝帝陵的地宫一般分为甬道、墓道和墓室，规模不大，大一些的陵墓设有前室，奢华程度不一。在东魏、北齐皇陵墓葬中，均发现大量精美的的壁画，西魏、北周帝陵内完全不见壁画，随葬品的数量远比不上东魏、北齐帝陵的丰奢，也表现出较为俭朴的风格。

南北朝是中国历史上的一段大分裂时期，并且各朝陵墓各有特点。南朝帝陵陵寝在建筑上表现为规模较大，布局规整，有较豪华的地宫，地面上的建筑也相对宏伟。北朝帝陵的陵域布局规整，相对俭朴，并带有鲜卑族族葬的遗风，陵园内增置佛寺、斋室，表明陵寝制度中融入了佛教思想。南北朝帝陵在历史上多遭严重破坏，墓室坍毁，地面只有少数石兽保存下来。南朝帝陵前石兽，在中国雕刻艺术史上占有重要地位。

山陵撷要

【宋武帝刘裕初宁陵】

宋武帝刘裕（363年—422年），字德舆，小名寄奴，南朝刘宋王朝的开国之君，彭城（今江苏徐州）人，后来迁居京口（今江苏镇江）。刘裕早年家境贫寒，曾以贩履、种地、捕鱼为生，后投入北府军。他作战勇猛，富有智谋，在镇压孙恩起义的过程中初露锋芒，因功被东晋政府任命为建威将军、下邳太守。

江苏南京宋武帝初宁陵右侧石刻（摄于2011年10月27日）

江苏南京宋武帝初宁陵文保碑（摄于2011年10月27日）

元兴元年（402年），东晋权臣桓玄叛乱，攻入建康，篡位建立桓楚。元兴三年（404年），刘裕等人正式举兵，成功夺取了京口和广陵，并领兵苦战，最终击溃桓玄叛军。桓

江苏南京宋武帝初宁陵左侧石刻（摄于2011年10月27日）

玄挟持晋安帝退至江陵。刘裕率兵进入建康，坐镇京师，指挥各路人马乘胜西进。桓玄被击溃后退回荆州，后为部将冯迁所杀。第二年，刘裕迎晋安帝回建康复位。

为奖赏刘裕再造晋室之功，晋安帝封刘裕为扬州刺史、录尚书事、

太尉、相国、宋王等。从此，刘裕掌握了东晋朝政。在十余年间，刘裕亲率大军对内平定异己势力，又西攻谯纵，收复巴蜀，还对外攻灭南燕、后秦等国，击败北魏，使自潼关以东、黄河以南直至青州成为东晋版图，江淮流域得到保障，东晋的疆域也因此达到极盛。东晋元熙二年（420年），羽翼已丰的刘裕废东晋恭帝司马德文，代晋称帝，改国号为宋，是为宋武帝，建都建康，南朝开始。

刘裕称帝时已经58岁了，他当政时期，注意节俭，抑制豪强，赈济百姓、减轻刑罚，显示了创业之君的治国才能。其子宋文帝刘义隆正是在其基础上，继续推行了一些有利于人民的统治政策，使刘宋王朝出现了南北朝历史上第一个盛世——元嘉之治。

刘宋是南朝疆域最大、最强、统治年代最长的一个政权，刘裕功不可没。南宋词人辛弃疾在《永遇乐·京口北固亭怀古》一词中写道："斜阳草树，寻常巷陌，人道寄奴曾住。想当年，金戈铁马，气吞万里如虎。"就是赞美刘裕的武功。

永初三年（422年），只做了3年皇帝的刘裕病逝了，时年60岁，谥曰武皇帝，庙号高祖，葬于初宁陵。

刘裕初宁陵位于今南京东郊，坐北朝南。据载，唐朝时陵冢尚存，陵高一丈四尺，其封土周长仍达三十五步，气势雄伟。但千年过去，昔日为旷野的初宁陵一带如今已成为人烟稠密的城镇，初宁陵的位置已经难以寻觅。一些学者认为，初宁陵位于南京麒麟门外，南京麒麟门也因初宁陵麒麟石刻而得名。现在，陵前原有的石碑、神道柱等都已无存，只留下东西相向的一对石兽，其中东为天禄，西为麒麟。天禄独角已损，额部已残，尾巴也无存，麒麟已失四足。但两兽张口瞠目，昂首挺胸，趋步向前，振翅欲飞，造型凝重豪迈。其简朴古拙的造型、技法又好像是汉代的石刻风格。

笔者来到麒麟门，发现初宁陵的神道已经成为一条主要的道路。每日疾驰而过的车辆使曾经庄重肃穆的石麒麟灰头土脸，这对怒目圆睁的石兽面对这样的生存环境，也显得无可奈何。

【梁武帝萧衍修陵】

梁武帝萧衍（464年—549年），字叔达，小字练儿，南兰陵（今江苏常州西北）人，南齐宗室，为南朝梁政权的建立者。

据说，萧衍儿时聪明伶俐，喜欢读书，是个博学多才的少年，尤其在文学方面极富天赋，与当时的沈约、谢朓等文人交往甚密，为"竟陵八友"之一。其父萧顺之是南朝齐高帝的族弟。显赫的家族背景，加上其出色的才能，萧衍入仕后升迁很快，官至雍州刺史，镇襄阳。后因齐东昏侯冤杀萧衍兄长，萧衍起兵攻下建康，最终执掌朝廷大权。中兴二年（502年），萧衍在都城的南郊祭告天地后，正式受禅为帝，国号梁，是为梁武帝。

萧衍称帝后，初期的政绩是非常显著的。他吸取了齐亡的教训，勤于政务，重视对官吏的选拔任用。也重视农业生产，多次下诏劝课农桑，令各地兴修水利。他还恢复太学，大兴学校。他本人生活非常节俭，常常布衣棉帐，从不饮酒。据《梁书》记载，他还广泛纳谏，用好人才。

江苏南京古鸡鸣寺（摄于2010年9月23日）

正是由于萧衍的励精图治，南梁初期社会获得了比较好的发展。

萧衍有两个爱好比较突出，一个爱好是读书。梁武帝本身就是一个多才多艺、学识广博的学者，即位之后，他"虽万机多务，犹卷不辍手，燃烛侧光，常至戊夜"。这种刻苦精神，使他在经学、史学等方面的研究颇有成就。

萧衍的另一个爱好是佛学。他不仅倾巨资大规模兴建佛寺，还经常请僧人到宫中讲解佛法，一住就是几个月，其间，连朝事也不再过问，甚至亲自出家做和尚。正是他的支持和影响，造成了"南朝四百八十寺，多少楼台烟雨中"的佛教兴盛局面。

但就在梁武帝沉溺于佛教不能自拔的时候，侯景之乱爆发了。

侯景是个已被鲜卑族同化了的羯族人，为一反复无常之徒，因在东魏斗争中失势而投靠梁朝。梁武帝不顾多数朝臣的反对，迎纳侯景，并授侯景大将军、封河南王，都督河南北诸军事。岂料侯景却乘梁朝政务松弛之际，勾结梁武帝侄子萧正德举兵谋反，攻破建康城，围困宫城台城，梁武帝被囚禁在台城净居殿。据说，此时梁武帝仍念经不辍，最后忧愤饥饿而亡，此时，梁武帝已是86岁的老人了。

梁武帝去世后，被葬于修陵。修陵位于离南京不远的丹阳荆林乡三城巷。当笔者在友人陪同下来到修陵时，发现修陵封土早已荒平，在陵前神道的北侧仅存"天禄"石兽一只，而且风化严重。不过，修陵前的这具石"天禄"，形体高大、威武豪壮、极富神韵，在雕刻装饰技法上也显得简朴。站在

上：江苏丹阳梁武帝修陵
　　（摄于2011年11月12日）
下：江苏丹阳梁武帝修陵文保碑
　　（摄于2011年11月12日）

它身边，还能感受到它昂首天边、雄踞一世、气魄非凡、咄咄逼人之感，不愧为梁代石刻的代表作。

梁武帝在位时间达 48 年，其统治时期，是南朝历史上最为稳定富足的几十年，而如今这一切的一切已成了遥远的过去，早已化成眼前这一方农田、一尊石刻。透过修陵的苍凉，笔者似乎看到了萧梁王朝的荣辱兴衰。

【陈武帝陈霸先万安陵】

江苏南京陈武帝万安陵神道原址
（摄于 2011 年 10 月 27 日）

江苏南京陈武帝万安陵文保碑
（摄于 2011 年 10 月 27 日）

陈武帝陈霸先（503 年—559 年），字兴国，小名法生，吴兴长城（今浙江长兴）人，为南朝陈的开国皇帝。据载，他家世寒微，早年在乡里和建康做过小吏。他胸存大志，不聚家产，"读兵书，多武艺，明

江苏南京陈武帝万安陵石刻（摄于 2011 年 10 月 27 日）

达果断,为当时所推服",因受到宗室新喻侯萧映的赏识,随萧映到广州,任中直兵参军。

经过多次战斗考验,陈霸先逐渐成为一名战将,以后在战斗中多次立功,显露其才,官位渐高,累官西江督护、高要太守等职。侯景叛乱时,陈霸先在始兴(今广东韶关西南)起兵,与征东将军王僧辩会合,讨灭侯景,因功升任司空、领扬州刺史,镇京口。后来,陈霸先和王僧辩这两位梁国重臣,因在拥立皇帝事宜中产生了矛盾。王僧辩决意拥立由北齐扶植的梁贞阳侯萧渊明为帝,陈霸先派使者几次劝说无效后,起兵袭杀王僧辩,并废掉萧渊明,拥立萧方智为帝,并击败了北齐的大规模入侵,被加封尚书令、都督中外诸军事,从而完全掌握了梁朝的朝政大权。

梁太平二年(557年),陈霸先进爵为陈王,加九锡。同年十月,陈霸先废梁敬帝萧方智,自立为帝,国号陈,改元永定。陈霸先借文治武功统半壁江山,也算是一代豪杰。不过,其在位仅仅3年,还未来得及肃清各地割据势力,便于永定三年(559年)去世,时年57岁,谥号武帝,庙号高祖。其陵寝万安陵坐落在南京江宁区上坊乡石马冲,为陈霸先与其皇后章氏的合葬陵。

虽然当时陈朝初建,正处于百废待兴的时期,但作为开国皇帝,万安陵也有一定的规模。史载陵冢高2丈,周长60步,而且,万安陵"背靠山、面平原",可算是一块风水宝地。可惜这块风水宝地并没有能够"荫庇后代",陈朝在陈武帝去世后仅仅30年就亡国了,陈武帝的万安陵在陈朝灭亡后不久也遭遇掘毁的噩运,据《北史》记载:陈朝被隋朝灭亡后,曾被陈霸先袭杀的王僧辩之子王颁,为报父仇,纠集其父旧部数千人,利用夜色大规模发掘了陈武帝的陵冢,并剖棺焚尸,"焚骨取灰,投水饮之"。

曾经雄伟的陈武帝万安陵,经此变故,陵墓封土已无迹可寻,只剩下陵前的一对石兽守护着荒冢,令人唏嘘。

这对石兽,北兽似天禄,南兽似麒麟,多年以来,一直落在低洼的水田里,后被建亭保护。它们均为四足无角雄兽,造型相似,张口吐舌,头有鬃毛,饰有双翼,整个造型既像麒麟又像辟邪,且造型较为粗放，北兽保存较为完整，南兽石刻颈部断裂，胸部碎裂，且体表风蚀严重，整体来看纹饰较为简朴，但雕刻手法细腻圆熟，姿态传神，栩栩如生，是南朝皇陵同类石刻中的精品。

陈霸先也算一代枭雄，生前纵横捭阖，创建了南朝的最后一个政权，也是南京"六朝古都"中的最后一个朝代。但死后却遭到仇敌之子的毁陵焚尸，两只千年守护荒冢的石兽目睹万安陵的风雨沧桑，正如清代学者袁枚诗中所写："古来万事风轮走，除出虚空无不朽。忽逢拦路两麒麟，欲诉前朝尚张口。"

【北魏孝文帝元宏长陵】

河南洛阳北魏孝文帝长陵陵号碑（摄于2018年10月27日）

河南洛阳北魏孝文帝长陵（摄于2011年10月18日）

北魏孝文帝元宏（467年—499年），原名拓跋宏，生于当时北魏的都城平城（今山西大同），为北魏第7位皇帝。他是献文帝拓跋弘的长子。3岁时，拓跋宏就被立为皇太子。由于北魏实行子贵母死的制度，拓跋宏在被立为太子时，生母即被赐死，由祖母冯太后一手抚养成人。

皇兴五年（471年），年仅5岁的拓跋宏受父禅即帝位，史称北魏孝文帝。因拓跋宏即位时年纪太小，故由祖母冯太后辅政。冯太后足智多谋，具有丰富的政治经验和才能。献文帝去世后，冯太后临朝称制，在这一时期，冯太后对鲜卑人建立的北魏政权进行了一系列改革，整顿吏治，立三长制，实行均田制，采取各种汉化政策，孝文帝

河南洛阳北魏孝文帝文昭皇后陵（摄于2011年10月18日）

深受其影响。太和十四年（490年），孝文帝正式亲政。亲政后，他勤于政事，进一步推行改革。太和十八年（494年），他以"南伐"为名迁都洛阳，为吸收汉族先进文化，他全面改革鲜卑旧俗：规定以汉服代替鲜卑服，以汉语代替鲜卑语，迁洛鲜卑人以洛阳为籍贯，改鲜卑姓为汉姓，自己也改姓"元"。此外，还鼓励鲜卑贵族与汉士族联姻，又参照南朝典章，修改北魏政治制度。这次改革虽然遭到鲜卑贵族中的保守派的激烈反对，但孝文帝力排众议，坚持不懈。并严厉

镇压了反对改革的守旧贵族，甚至不惜处死太子恂。这一举行动深刻影响了鲜卑族拓跋部封建化的过程，使鲜卑经济、文化、社会、政治、军事等方面都获得巨大的发展，也缓解了民族隔阂，史称"孝文帝改革"。孝文帝改革，对各族人民的交融和发展，起了积极作用。迁都洛阳后，孝文帝凭借北魏强盛的军事力量，多次对南齐发起攻势。北魏太和二十三年（499年），孝文帝抱病南征，进到马圈城（今河南邓州北），病情恶化，被迫北还，行至谷塘原（今河南淅川北）病逝，时年33岁，在位29年。据《魏书》记载："秘讳至鲁阳发丧，还京师……五月丙申，葬长陵。"

孝文帝生前规定洛阳"瀍西以为山陵之所"，今天在广袤的邙山台地上，还能够看到北魏的累累坟丘。但在过去很长时间里，孝文帝的长陵淹没在邙山上众多墓冢中，莫知所在。直到1946年2月，魏文昭皇后墓志石在洛阳被盗掘出土，由考古工作者购回保存，通过文昭皇后高氏墓志中"祔葬于高祖长陵之右"的记载，才最终确定文昭皇后陵墓东南的大冢就是魏孝文帝的长陵。

笔者多次拜谒长陵。长陵位于今洛阳孟建官庄村东南的北邙山顶，在瀍河之西，邙山之阳。虽经过千年风霜，依然陵丘高耸。笔者在多年前曾登上墓顶，但见四周草木森森、墓冢累累。

今天，在长陵地面上基本看不到当年的祭祀建筑，不过，考古工作者通过勘探调查，已经发现了长陵的夯土围墙、大门等建筑的基址。根据封土形状、陵园平面等，考古工作者认为长陵的丧葬制度与东汉的皇陵葬制之间存在明显的继承关系，而与少数民族葬制有区别，这是孝文帝汉化政策的反映。

站在孝文帝长陵前，笔者怀有一种崇敬的感觉，长陵前没膝深的荒草，掩不住北魏孝文帝当年的高瞻远瞩，这段历史将在时光里定格为永恒。

【北魏宣武帝元恪景陵】

北魏宣武帝元恪（483年—515年），出生于平城（今山西大同），为北魏第8位皇帝。元恪是孝文帝的次子，母亲为文昭贵人高氏，元恪即位后，追尊母亲为文昭皇后。其兄为原太子元恂，因对孝文帝改革心怀不满，偷逃代北而被处死。太和二十一年（497年），元恪被立为皇太子。孝文帝病逝后，元恪随即登上皇位。

即位之后，元恪继承了其父的一系列改革政策，扩建了洛阳城，巩固了孝文帝的改革成果，并于北魏景明元年（500年）开始南伐南齐。北魏军屡战屡胜，占领了扬州、荆州、益州等地，达到"三分天下有其二"，北魏的国势盛极一时。但他在位的后半期，生活腐化，无心朝政，导致朝纲混乱，外戚专权，朝政一片黑暗，加上旱涝灾害和农民起义，致使北魏逐渐衰弱。延昌四年（515年），宣武帝因病去世，在位17年，

北邙山北魏宣武帝景陵前殿（摄于2018年10月27日）

河南洛阳北魏宣武帝景陵陵冢（摄于2018年10月27日）

终年33岁。宣武帝之死，成为北魏由盛转衰的转折点，从此，北魏政权内部开始纷争不已。

北魏宣武帝景陵位于洛阳城北邙山之巅的冢头村东，陵冢平面略呈圆形，现存封土高24米，像一座小山，坐北面南，气势壮观，陵冢前的神道西侧残存石刻武士像一躯。地宫就置于封土之下。

历史上，邙山上的盗墓现象非常严重。朝代更替之后，这些显眼的帝王陵墓便成为盗墓者的目标，"无不亡之国，无不掘之墓"。据载，宣武帝景陵历史上多次遭盗掘，因此，1991年6月，国家批准对宣武

河南洛阳北魏宣武帝景陵（摄于2013年10月20日）

帝景陵进行抢救性发掘。据介绍，考古人员发掘景陵的时候，是由墓冢之下掘开墓道，循序进入墓室，既取得了完整的墓葬资料，又保存了墓冢原貌，为日后修复陵墓打下了良好的基础。

考古人员发现了两个盗洞，其中一个大约开凿于宋元年间的盗洞准确地打在石门内。景陵的发掘，得到完整及可复原的器物45件，有青瓷盘口龙柄壶、陶砚、残石灯等。景陵也是我国目前极少数对公众开放地宫的帝陵之一，使笔者有机会一睹北魏帝陵的地宫形制。

景陵地宫由墓道、前甬道、后甬道和墓室等部分构成。斜坡式墓道尽头，是封门墙、前后甬道和巨大的石门。石门之后即为墓室。墓室平面近方形，约有46平方米，四角攒尖顶高逾9.36米，棺床置于

墓室西半部，由 15 块素面石块拼成。

在笔者参观的诸多帝陵中，北魏宣武帝景陵属于结构完整、风格朴实、色调素雅的陵寝，具有较高的历史和考古价值。宣武帝元恪在北魏历史上也算是个有为皇帝，但北魏在他的统治下还是走向了衰落。

【东魏孝静帝元善见西陵】

东魏孝静帝元善见（525 年—551 年），鲜卑族，为东魏王朝唯

河北磁县东魏孝静帝陵（摄于 2016 年 8 月 16 日）

一的皇帝。他是北魏孝文帝元宏的孙子，清河王元亶之子。据载，元善见仪容美好，文武兼才，颇有孝文帝风格。但他所处时代，正是北魏由强转衰的时期。

北魏迁都洛阳后，北方边镇鲜卑贵族与将士因贫富分化、受到歧视等原因，于正光四年（523 年）发起六镇起义。经此打击，北魏政权摇摇欲坠，统治阶级内部展开了激烈的权力争夺。北魏将领尔朱荣乘机发动河阴之变，控制北魏中央政权。尔朱荣被北魏孝庄帝所杀后，权柄又被强臣高欢所夺。

永熙三年（534 年），不愿做傀儡的北魏孝武帝元脩，逃往关中投奔关陇军阀宇文泰。高欢于是拥立年仅 11 岁的元善见为帝，迁都邺

河北磁县东魏孝静帝陵冢上的建筑（摄于2016年8月16日）

因邺位于长安以东，史称东魏。元善见为东魏孝静帝。东魏控制着今河南汝南、江苏徐州以北，以及河南洛阳以东的原北魏统治的东部地区。

孝静帝虽有胆有谋、臂力过人，且善弓箭，但朝中大权都由权臣高欢把持，年幼的孝静帝只得隐忍。对于孝静帝，高欢

河北磁县东魏孝静帝陵台阶（摄于2016年8月16日）

尚能维持表面上的恭敬，而高欢死后，其子高澄承继父职，就不把孝静帝放在眼里了。高澄死后，其弟高洋继任父兄之职。武定八年（550年），高洋觉得篡魏时机已到，便迫令孝静帝禅位于自己，改国号为齐，史称北齐，东魏灭亡。

孝静帝禅位后，被降为中山王，次年就被高洋毒死，年仅28岁，他的儿子及族人也被全部斩杀。孝静帝去世后，葬于邺西陵，即今河北磁县城南7千米处的讲武城乡前港村东南岗坡地，其陵冢在当地称为"天子冢"。

孝静帝的陵冢封土高达50余米，直径约120米，是东魏北齐陵墓中封土最大、最高的陵墓。据当地百姓介绍，天子冢原来蔓草丛生，乱鸦集栖。20世纪90年代后，当地人在天子冢顶修建了玉皇殿等庙宇，

并修筑了登墓台阶。笔者前往寻访时，拾级而上，发现孝静帝陵上修建了多座大小不一的庙宇，有玉皇殿、老母殿、娘娘殿、关帝庙等。一座孤寂千年的帝陵，在当下竟布满了庙宇，来来往往的朝拜香客，不知拜的是诸神还是孝静帝。

东魏存在17年，一个孝静帝就演绎了整个东魏的历史。作为孝文帝的后代，孝静帝自然不愿看到祖先的江山被一分为二，但在高欢的把持下，孝静帝也不能不低头，尽管孝静帝能文能武，但君弱臣强，在高氏家族的强权下也无可奈何。东魏距今已有一千四百余年，作为东魏重要遗迹的孝静帝西陵，雄峙平畴，封土高大，浑圆厚实，颇具帝王气概。据传，高洋晚年因怕元氏宗族东山再起，故将元善见的陵墓挖开，将其尸体投入滚滚的漳河中。

笔者登上平阔的孝静帝西陵顶，感到脚下的黄土沉甸甸的，俯视四野，麦浪滚滚。1400多年前东魏的刀光剑影、君臣恩怨，俱上心头。

【西魏文帝元宝炬永陵】

西魏文帝元宝炬（507年—551年），鲜卑族，南北朝时期西魏的开国皇帝。他也是北魏孝文帝元宏的孙子，京兆王元愉之子。北魏孝庄帝时，被封为南阳王。北魏孝武帝时，元宝炬被加封为太尉、侍中等职，不久又升任太保、开府、尚书令。永熙三年（534年），孝武帝为对付专权的高欢，任命元宝矩为中军四面大都督。同年，孝武帝元脩与权相高欢决裂，西入关中投奔关陇军阀宇文泰，元宝炬护驾随行，被拜为太宰、录尚书事。

谁知，宇文泰同高欢一样，也是一个野心勃勃的权臣。孝武帝致力于重振皇威的所为令宇文泰感到不满，永熙三年（534年），宇文泰鸩杀孝武帝，立元宝炬为帝，定都长安（今陕西西安），因长安位于邺城的西面，史称西魏，据有湖北襄阳以北、河南洛阳以西的原北魏统治的西部领土。

西魏文帝元宝炬在位期间，只是一个傀儡皇帝，宇文泰为大丞相，把持着朝廷的军政大权。不过，建国之初，面对严峻的形势，文帝能

陕西富平西魏文帝永陵陵冢（摄于2016年8月16日）

陕西富平西魏文帝永陵文保碑（摄于2016年8月16日）

够和宇文泰默契配合，实行一系列改革，建立户籍制度、颁布均田令、实行府兵制等，使西魏的统治日趋稳固，经济军事实力也大大加强，有效地抗击了东魏的多次进攻。最终，西魏的国力超过了东魏。由于宇文泰大权独揽，文帝常常闷闷不乐。西魏大统十七年（551年）三月，元宝炬病逝于长安乾安殿，在位17年，终年45岁，葬永陵，谥文皇帝。

　　永陵位于今陕西富平留古乡何家村东北，是西魏文帝元宝炬与皇后郁久闾氏和乙弗氏的合葬墓。陵冢为圆锥形，封土现高为13米，周长230米。据载，陵园原有不少碑石，陵前神道两旁，还立有石翁仲及石马、石羊、石獬豸等石刻，但这些石刻现已多被毁坏，或用于修坝砌渠，只剩下一对石獬豸，位于陵冢前东西两侧。目前，东侧的石獬豸已迁至西安碑林博物馆内保护，西侧石獬豸仍在陵前田间默守。这对獬豸石刻刀法古朴简约，是我国南北朝时期的重要艺术作品，在古代石雕刻艺术史上占有重要地位。

在永陵东侧约 25 米处，有一高 5 米、底边长 22 米的小陪葬墓。墓主人是谁，说法不一。有人认为墓主是文帝的妹妹平原公主。据民间传说，文帝安葬时，平原公主送葬，不幸暴逝陵前，被陪葬陵侧，这种传说不确，因为史载平原公主多年前已病逝。也有人认为墓主是西魏废帝元钦。元钦为文帝的长子，继位后，一心要除去专横跋扈的宇文泰，事泄，被宇文泰废黜，幽禁在雍州（今陕西凤翔）。

笔者在渭北平原的一处田野间看到了西魏文帝高大的永陵。陵丘上长满荆棘和小灌木，陵前立有两块文保碑，周围则稼穑起伏，村舍散落。

回顾西魏文帝的一生，虽然作为傀儡，在臣强君弱的形势下苟且偷生，能够不被废杀，而且修建如此高伟的陵丘，也算是幸运了。如今，永陵已淹没在一片农田里，孤冢矗立于斜阳残照中。在我国历史中，元宝炬看似一个不太起眼的帝王，背后也有一些令人伤感的故事，这些故事有的被人流传下来，更多的却淹没在了历史的尘埃中。

【北齐神武帝高欢义平陵】

北齐神武帝高欢（496 年—547 年），小字贺六浑，渤海蓨县（今河北景县）人，世居怀朔镇（今内蒙古固阳西南），是鲜卑化的汉人，北齐政权的奠基者。高欢少孤家贫，从小被寄养在姐姐家，少年时代在边镇的艰苦环境中成长，后投入边镇军伍，曾任队主、函使等低级职务。北魏正光四年（523 年），六镇大乱。高欢先后投靠起义首领杜洛周和葛荣，后脱离义军，投奔北魏重臣尔朱荣，为其出谋划策，深受尔朱荣信任，被提拔为晋州刺史。尔朱荣凭借镇压农民起义的机会，迅速壮大了其军事力量，在北魏朝廷专横跋扈，最后被孝庄帝诛杀。之后，高欢取得了对尔朱

河北磁县北齐陵寝文保碑（摄于 2020 年 8 月 7 日）

河北磁县北齐高祖义平陵（摄于2016年6月9日）

荣部众的统帅权，形成了自己的势力和据点，最终以大丞相的身份控制北魏政权。

永熙三年（534年），北魏孝武帝元脩不愿做傀儡皇帝，逃往关中投奔关陇军阀宇文泰。高欢随即拥立北魏孝文帝的曾孙年仅11岁的元善见为帝，从此北魏分裂为东魏和西魏。元善见为东魏孝静帝，高欢成为东魏大丞相、太师、世袭定州刺史，掌军政大权。他在晋阳（今山西太原）建立大丞相府，遥控北魏政权。

河北邯郸北响堂山大佛洞高欢疑似陵穴（摄于2016年6月9日）

高欢当政期间，比较留意农桑。他也曾多次发动对西魏的战争，但胜少负多，形成东西对峙局面。东魏武定五年（547年），征战一生的高欢病逝于晋阳家中，时年52岁。其子高洋建北齐后，追尊其为高祖神武皇帝。

　　高欢葬于义平陵，与高欢合葬义平陵的还有武明皇后娄昭君。娄昭君出身官宦之家，极有见地，在高欢尚未发迹时就委身于他，高欢的成功很大程度上也得益于她。

　　义平陵位于今河北省磁县大冢营村西北，曾建有高大的封土堆，但由于长年被附近农民烧砖取土，原封土现已被挖得残破不堪。

　　笔者前往磁县寻访时，看到义平陵高大的封土已被挖出一个大缺口，形成一大一小两部分，坐落于田间，已很难与枭雄高欢的陵墓联想到一起。北齐的帝陵都是以义平陵为中心南北排列的，不过，也有一些史料认为，义平陵实为虚葬，高欢的真墓葬在北响堂山石窟中。

　　北响堂山石窟位于邯郸市西南的鼓山上，始建于北齐。鼓山正处在从北齐国都邺到别都晋阳的交通要隘上，加上这里山清水秀，石质优良，因此，北齐皇帝高洋便选择此处凿窟建寺，营造官苑。如今，行宫早已荡然无存，寺院也残破不堪，而凿在岩壁上的一座座佛龛雕像却保留了下来，并以它独特的风格吸引着世人。

　　据史籍记载：高欢卒，高澄虚葬欢于漳水之西。而潜凿鼓山石窟寺佛顶之旁为穴，纳其柩而塞之。此说沿袭上千年，使响堂山石窟充满了神秘色彩。笔者专程前往探访第七窟大佛洞，这是一个进深、面阔均为13米、高达12.5米的洞窟，石窟中间置塔形方柱，方柱的三面各开凿出一个大佛龛，东起第二龛内雕一佛二菩萨像。传说大佛洞里的这尊大佛，当初是比照着北齐高欢的模样塑造的，或说高悬在大佛头顶的佛龛是高欢的墓穴，或说大佛背后为穴门。笔者确实看到一个被挖空的黝黑洞穴，不知是佛龛内的佛像被盗凿了，还是神秘的高欢陵穴。

　　无论是义平陵还是北响堂山洞窟墓，都使人油然想起北朝那狼烟四起、尸横遍野的战乱局面。高欢无疑是这一时期的枭雄，他从六镇一个小小戍卒到东魏实际的国主，没有辜负平生。而如今这一切已成了遥远的过去,化成眼前这一冢一窟,这段历史就用这样的形式在时光里定格为永恒。

【北周文帝宇文泰成陵】

陕西富平北周文帝成陵（摄于2016年8月16日）

陕西富平北周文帝成陵文保碑
（摄于2016年8月16日）

北周太祖宇文泰（507年—556年）,小字黑獭,代郡武川（今内蒙古武川西）人,鲜卑族,西魏的实际掌权者,北周政权的实际创建者。

宇文泰最初随父参加北魏末年六镇起义,加入鲜于修礼和葛荣的起义军。葛荣起义被镇压后,宇文泰降北魏将领尔朱荣,隶属尔朱荣部将贺拔岳麾下,随尔朱荣、贺拔岳入关中镇压万俟丑奴起义。关陇平定后，尔朱荣因骄横跋扈，被北魏孝庄帝所杀。贺拔岳被任命为关西大行台，宇文泰成为他的有力辅佐，被任命为夏州刺史。贺拔岳战死后，宇文泰继统其部众，进据长安。北魏孝武帝因与权臣高欢不睦，想利用宇文泰来牵制高欢，就任命宇文泰为大将军、雍州刺史兼尚书令，成为关中地区的实力派人物。

永熙三年（534年），北魏孝武帝为高欢所迫，西奔长安投靠宇文泰，想借助宇文泰的力量与高欢抗衡。结果，政令全部取决于宇文泰，孝武帝仍然受制于人，心中不悦，与宇文泰渐生嫌隙。于是，宇文泰于次年毒杀北魏孝武帝，之后，立元宝炬为魏文帝，西魏开始，宇文泰成为西魏王朝大丞相，独揽西魏朝政。

陕西富平北周文帝成陵陵号碑（摄于2016年8月16日）

宇文泰掌权时期，对西魏内部各个方面采取了一系列改革措施，改革官制、颁行均田制、创立府兵制等，西魏实力大增。宇文泰善于用兵，常常以少胜多，在与东魏的多次战争中逐渐占据优势，不仅扩展了疆域，还通过这一系列胜利，使后来的北周成为当时最具统一实力的政权。西魏恭帝三年（556年），宇文泰病逝于云阳宫，终年50岁，追尊文帝，庙号太祖，葬于成陵。

宇文泰成陵位于今陕西省富平县宫里镇。虽然成陵初建时规模不小，但北周存世不长，各种自然和人为的破坏，使成陵逐渐荒芜。多少年来，宇文泰成陵一直孤耸在富平县的旷野中，现在已经看不见任何地面建筑了。陵前原有石狮一件，现存西安碑林博物馆。北宋开宝六年（973年）曾在宇文泰成陵前修建后周太祖文皇帝庙，并由北宋大臣赵孚书写的《大宋新修后周太祖文皇帝庙碑》，现庙已废圮，碑也已被毁成数块。清乾隆年间，陕西巡抚毕沅在成陵前竖立了陵碑。

笔者参观时。宇文泰成陵已被圈进富平县宫里镇中心幼儿园中。占地宽广的成陵位于校园西北部几乎占据了幼儿园近一半的面积。为了保护成陵，在陵冢周围修建了围墙，透过围墙，笔者看到草木繁茂的高大封土，成陵封土呈圆丘形，残高2米，封土南侧立有清乾隆四十一年（1776年）陕西巡抚毕沅题写的"北周文帝成陵"陵号碑及文保碑，但笔者没有看到《大宋新修后周太祖文皇帝庙碑》。

北周的宇文泰与北齐的高欢一样，虽然生前未能称帝，但实为北周的奠基人。宇文泰病逝后，其侄宇文护逼迫西魏恭帝禅位，拥立宇文泰之子宇文觉建立北周，之后的北周王朝，都是在宇文泰的功绩上发展并壮大起来的。北周建德六年（577年），北周灭北齐，统一北方。如今，宇文泰的功业早已淹没在了历史的尘埃中，只有一座残陵立于斜阳残照之中，似乎在向游人诉说昔日的辉煌。

第七章　隋唐丘垄独嵯峨

朝代简述

隋唐时期是中国历史上最强盛的时期之一。隋、唐历史一脉相承，故历代史学家常把两个朝代合称为"隋唐"。

隋朝（581年—618年），在中国历史上虽然是一个短命王朝，但却是一个非常重要的朝代。隋朝的建立者是杨坚，他是北周王朝的外戚，不仅袭父爵受封随国公，长女还嫁给周宣帝成为皇后，因此地位十分显赫。周宣帝病逝后，杨坚在关西士族支持下，以外戚身份入宫辅政，他平定了部分朝廷贵族的叛乱，又诛杀周室诸王，大定元年（581年），杨坚以"受禅"形式废周静帝而自立，史称隋文帝。

杨坚的封号是随王，但新政权的国号定为隋。后世学者推测，这是因为北朝的东魏、西魏、北齐、北周等都是短命王朝，杨坚害怕自

隋炀帝仗恃国富民强，过度消耗国力，但大运河的开通功在千秋（摄于2012年8月26日）

第七章 隋唐丘垄独嵯峨

李渊太原起兵,攻占长安称帝建国,太原成为唐朝龙兴之地,充盈唐风晋韵（摄于2015年5月11日）

长安玄武门早已面目全非,当年李世民却在此通过政变拥有天下（摄于2016年8月18日）

武则天是我国历史上唯一的女皇帝,其故里文水建庙岁祭（摄于2014年8月4日）

己的王朝也不能长久，便把"随"的走之旁去掉，改随为隋，希望国家从此安定，国祚绵长。

西安兴庆宫里，在唐玄宗与杨贵妃的欢娱声中，"安史之乱"爆发
（摄于2018年7月24日）

开皇七年（587年），隋文帝灭西梁国（南朝梁的残余政权，北周的附属国），两年后南下灭陈，重新统一南北。为了巩固隋朝的统治，隋文帝在政治、经济、文化及外交等领域进行了大刀阔斧的改革，成就了隋初的开皇之治。隋炀帝即位后，隋朝进入了强盛时期。但他仗恃国力富强，骄奢淫逸，开凿运河，连年征战，过度消耗国力，最后引发了隋末民变和贵族叛变，在江都（今江苏扬州）被叛将宇文化及逼缢，终至亡国。隋历二帝，共38年。

唐朝（618年—907年）是中国历史上最强盛的朝代，其开国皇帝是李渊。李渊出生于世代显贵的家族，七岁就承袭了唐国公的爵位。李渊的母亲为隋文帝独孤皇后的姐姐，因此李渊也深受器重，先后在多处任职。

隋大业十三年（617年），李渊官拜太原留守。当时，隋末农民起义已经遍及全国，李渊便与次子李世民在太原起兵，并攻占长安。第二年，李渊称帝，改国号为唐，定都长安。不久以后，唐剿灭群雄，一统天下。

唐武德九年（626年），李渊次子李世民通过玄武门之变登上帝位。在位期间，他选贤任能，从谏如流，颁布了以农为本、厉行节约、休养生息、复兴文教、完善科举制度等一系列政策，造就了一个政治清明、经济发展、社会安

黄巢农民起义沉重打击了唐朝统治，使藩镇坐大，唐室衰微
（摄于2013年11月23日）

定、武功兴盛的治世局面,史称"贞观之治",这是唐朝的第一个治世。太宗之子高宗病逝后,高宗皇后武则天曾改国号为"周",并迁都洛阳,成为中国历史上唯一一位女皇帝。但在武则天病笃之际,宰相张柬之等发动"神龙革命",唐中宗登位,恢复了大唐国号。

武周时期虽有不少弊政,但总体政策稳当、百姓安居乐业。

唐玄宗李隆基继位后,革故鼎新,励精图治,唐朝进入盛世,史称"开元盛世",为唐代出现的第二次鼎盛局面。但唐玄宗晚年宠幸杨贵妃,少问国事,致使宦官干政,朝政败坏,引发"安史之乱",唐玄宗被迫逃到成都。

叛乱经过7年多时间才被平定,唐朝元气大伤,由盛转衰。此后,虽然出现过短暂的治世,但藩镇割据的形成和朝廷内部的朋党之争,加上昏君迭出,使唐王朝日落西山,一直走下坡路。

乾符二年(875年),唐末农民起义爆发,唐朝统治受到沉重打击。在镇压黄巢农民起义的过程中,藩镇逐渐坐大,朱温与李克用等崛起,成为唐末的风云人物,他们在朝廷各树党派,贬逐朝官。天佑四年(907年),大权在握的朱温逼唐哀帝李柷禅位,唐朝灭亡。

唐王朝历290年,共20位皇帝。唐朝连同隋朝是中国历史上最强盛的时期,也是继秦汉之后中国再次大一统的辉煌时期。隋朝时间虽短,但推出的一系列文化、制度、社会举措为唐朝所承袭并加以发展。唐朝在文化、政治、经济、外交等方面都得到了很高的成就,声誉远及海外,与唐同时代的周边国家在政治体制与文化等方面都受到唐的影响。

陵寝概况

隋朝共2位皇帝,其中开国皇帝隋文帝杨坚的陵寝在陕西咸阳,隋炀帝陵位于江苏扬州。此外,还有李渊短期拥立的傀儡隋恭帝杨侑,其墓也在陕西咸阳。

隋文帝陵的陵冢为夯筑而成,呈覆斗形,顶部平坦,呈长方形。陵园的建筑早已经毁废,地面的遗存物也已经难以找到了。按照史书的记载,这里应该建有高耸的阙楼、陵墙和祠庙等建筑,但现在只剩下覆斗形的陵冢和陵冢南面的一座清代石碑。

隋炀帝陵在扬州,很长时间里人们一直认定槐泗镇槐二村的一处大土墩为隋炀帝陵,并加以整修立碑。直到2013年4月,在扬州市邗江区曹庄发掘出了隋炀帝的真正陵墓,才发现槐泗镇槐二村的隋炀帝陵是误判。隋炀帝陵规模较小,墓中出土了少量等级很高的文物。此外,在陕西咸阳还有一座隋炀帝的衣冠冢。

隋炀帝陵曾被误认为葬于扬州槐二村,致使多少迁客骚人错付一腔愁思
(摄于2011年9月20日)

唐朝帝陵依山为陵，陵山高踞，石刻雄峙，气势壮观（摄于2017年7月23日）

隋恭帝杨侑为隋炀帝之孙，隋大业十三年（617年），李渊攻入长安，拥立杨侑为帝，但第二年杨侑就被李渊废黜。杨侑后被封为酅国公，闲居长安。唐武德二年（619年），杨侑去世，年仅15岁，谥号恭皇帝，葬于庄陵（今陕西乾县阳洪乡乳台村南500米处），为平地起冢，封土为覆斗形。

隋朝陵寝由于毁损严重，因此对隋朝帝陵的建筑结构尚不明了，

唐代帝陵是我国封建社会发展高峰时期墓葬的代表，蕴涵极高价值（摄于2017年7月24日）

唐代帝陵神道石刻布局从乾陵始成定制，显得规整严肃（摄于2017年7月23日）

唐代在帝陵东南设有功臣勋戚的陪葬墓，他们虽死犹荣（摄于2019年8月8日）

自然风化及人为破坏使曾经雄伟的唐朝帝陵殿宇废圮、石刻残破，辉煌不再（摄于2017年7月23日）

但隋朝帝陵在中国陵寝史上具有承前启后的地位,它为以后唐宋陵寝的发展奠定了基础。

唐代共20位皇帝,除最后两位唐昭宗李晔的和陵和唐哀帝李柷的温陵分别位于今河南偃师和今山东菏泽外,其余18座帝陵都建在渭北高原的山梁上,号称"唐十八陵"。这里依山背原,并隔渭河与长安相望。其中,高宗李治的乾陵、僖宗李儇的靖陵位于乾县;太宗李世民的昭陵、肃宗李亨的建陵位于礼泉县;德宗李适的崇陵、宣宗李忱的贞陵位于泾阳县;高祖李渊的献陵、敬宗李湛的庄陵、武宗李炎的端陵位于三原县;中宗李显的定陵、代宗李豫的元陵、顺宗李诵的丰陵、文宗李昂的章陵、懿宗李漼的简陵位于富平县;睿宗李旦的桥陵、玄宗李隆基的泰陵、宪宗李纯的景陵,穆宗李恒的光陵位于蒲城。这些帝陵自西向东呈扇面形分布在黄土台塬上,东西绵延100多千米,几乎与渭水岸边的西汉9座帝陵成平行一线。

唐代帝陵是中国封建社会发展高峰时期墓葬制度的体现,是唐王朝兴衰历程的见证。陵园气势宏伟,建筑布局严谨,随葬品丰富,蕴涵极高的历史价值、科学价值。

唐代帝陵最突出的特点是依山为陵,除早期高祖李渊的献陵以及后期敬宗庄陵、武宗端陵和僖宗靖陵外,从唐太宗李世民葬九嵕山开始,绝大多数唐代帝陵都构筑在山梁上。依山为陵,一方面能够利用高耸的孤山,形成"南面而立,北向而朝"的雄伟气势,另一方面也是为了防盗。这种形制,陵山高踞陵园北部,为全陵主体建筑,墓室凿在山南的半腰处,墓室宽敞,内放梓宫和陪葬品。墓道设置五道石门,由条石封堵,条石之间,用铁栓板固定,并灌注铁水,最后用填土夯实。

唐代帝陵地面建筑布局从乾陵开始成为定制,陵寝四周筑神墙,四隅建有角阙,门阙前立有门狮一对,南神门内为献殿,门外为神道,神道石刻由望柱、翼马、鸵鸟、石狮、石马和仗马人、文官、武将等组成。

唐朝的神道石刻在不同时期显示出不同的风格,初唐时期,献陵、昭陵石刻群组合尚无定制,石刻风格雄健有力,继承魏晋南北朝时期的风格。盛唐时期，包括乾陵、定陵、桥陵三陵，石刻群组合制度化，雕刻艺术更为精湛，石刻群气魄雄伟。中晚唐时期，唐王朝政治、经济由盛转衰。石刻大部分形体卑小，制作粗疏，体态无力，线条松散，组合上也出现混乱现象。唐十八陵石刻是中国古代雕刻艺术的宝库之一，其题材丰富，雕刻手法多样，大大超越了以前的陵墓石刻。

大多数唐代帝陵的东南方位还设有陪葬墓，主要是功臣勋戚的墓葬。陪葬墓的数量，以唐初诸陵为多，玄宗泰陵以后甚少，到晚唐基本上消失。

唐代帝陵虽在营建时极为注重防盗，但仍逃不脱被盗的厄运。自唐末到五代初，关中的唐帝陵除唐高宗、武则天乾陵外，均被逐一盗掘，无一幸免。其中影响最大的是五代十国时期，耀裕两节度使温韬对唐十八陵的大规模盗窃，使长安周围的皇陵几乎被发掘殆尽。清代陕西巡抚毕沅曾对唐十八陵进行整修，树碑题刻。

隋唐作为中国历史上的一个黄金时代，无论是宫殿还是陵寝，规模都相当宏大，尤其是唐陵无不装饰精美，奇珍异宝藏满其中，是中国封建社会发展高峰时期墓葬的代表。

在中国历史上诸多皇陵中，唐朝帝陵最为雄伟，笔者的寻访次数也最多。因为唐陵地域分布过于辽阔，笔者寻访了多年才把唐十八陵全部走遍。由于自然风化和人为破坏，今天唐朝帝陵宏伟的殿宇建筑早已倒塌倾圮，只有规模宏大的山陵、气派雄伟的石刻，还残留在田间地头。

山陵撷要

【隋文帝杨坚泰陵】

隋文帝杨坚(541年—604年),小名那罗延,弘农华阴(今陕西华阴)人,为隋朝开国皇帝,其祖上历代位居重臣。杨坚的父亲杨忠,为西魏十二大将军之一,北周建立后,因功升任柱国大将军,并晋封随国公。

杨忠去世后,杨坚袭父爵随国公。杨坚的长女又成为周宣帝的皇后,因此,杨家地位更加显赫。北周大成元年(579年),北周宣帝病逝,长子宇文阐即位,是为北周静帝,其即位时才8岁,杨坚为大丞相,都督内外诸军事,总揽军政大权。他开始有计划地实施夺取北周大权的活动,先平定了相州(今河南安阳南)总管尉迟迥、益州(今四川成都)总管王谦等的叛乱,又诛杀周室诸王,逐步为自己登上帝位铺平了道路。大定元年(581年),杨坚以"受禅"形式废北周静帝而自立,改国号为隋,改元开皇,史称隋文帝。

陕西咸阳隋文帝泰陵文保碑(摄于2020年11月6日)

隋文帝是一位有抱负的帝王，面对百乱待治的局面，他一登上金銮宝座，就施展雄才大略。在位期间，他在军事上攻灭陈朝，统一了全国；在内政方面，确立了三省六部制；在经济方面，颁布均田和租调的法令。他在政治、经济等制度方面的一系列的改革，不仅使隋朝的国力稳步提升，而且为盛唐的发展打下了坚实的基础。

隋文帝一生勤于政务，体恤民间疾苦，励精图治，开创了辉煌的"开皇之治"，这在封建帝王中也是不多见的。但其晚年猜忌苛察，

陕西咸阳隋文帝泰陵陵号碑
（摄于 2020 年 11 月 6 日）

陕西咸阳隋文帝泰陵（摄于 2020 年 11 月 6 日）

滥杀大臣，也没有处理好诸子之间的关系。

隋仁寿四年（604年），杨坚病逝于长安大宝殿，享年 64 岁，在位 24 年。

据传，他是被次子杨广害死的，葬于泰陵，或称杨陵。

笔者第一次寻访隋文帝泰陵是在一个炎热的夏季，来到位于咸阳城西 75 千米的杨陵区，在路边就能远远看到隋文帝陵寝高大的封土堆，不过笔者走近泰陵时，发现泰陵已经被茂密的庄稼包围起来，几乎无

法走到陵冢前，甚至连泰陵的文保碑也掩映在庄稼中。多年后第二次寻访泰陵，发现周围的环境得到了很大的改善。

泰陵是隋文帝与皇后独孤氏"同坟异穴"的合葬陵，为土夯筑成的覆斗形陵冢，现存封土高约27米，据说陵墓未遭盗挖。可以想见，以隋文帝时期的经济状况，当年泰陵的规模一定是非常宏大的，地面上也一定建有许多陵寝建筑，可惜经历一千四百多年的风雨，地面建筑早已荡然无存。据说，在泰陵四周还保存有阙楼和城门的基址，不过浓密的庄稼地使笔者无法看到这些残基。陵墓南边有清乾隆时陕西巡抚毕沅手书的"隋文帝泰陵"石碑。

雄伟的隋文帝泰陵空旷寥落，笔者不禁感叹，世人太忽视杨坚的历史功绩，以至于这位英主的陵冢只能埋没于西安周边，很少有人光顾，默默地度过千年的孤独岁月。

【隋炀帝杨广陵】

隋炀帝杨广（569年—618年），又名英，为隋朝第二位皇帝。他是隋文帝杨坚的次子，少年聪颖敏慧，仪容俊美，且好学，善诗文，初封为晋王。隋开皇九年（589年）杨广为行军元帅，统兵伐陈。据载，杨广所率伐陈部队对江南百姓"秋毫无犯"，对陈朝府库"资材一无所取"，因此"天下皆称广以为贤"，杨广也因功升任太尉。

江苏扬州槐二村的隋炀帝陵（摄于2011年9月20日）

江苏扬州曹庄隋炀帝陵（摄于2017年5月22日）

江苏扬州曹庄隋萧后陵（摄于2017年5月22日）

开皇十年（590年），他奉命赴江南任扬州总管，稳定江南变局，加上他平时伪装仁孝俭朴，取得隋文帝和独孤皇后的欢心。开皇二十年（600年），他利用隋文帝与太子杨勇之间的矛盾，以阴谋夺得太子位。仁寿四年（604年），隋文帝病逝后，杨广即皇帝位，是为隋炀帝，改元大业。

据传，杨广在文帝病重时间，因调戏文帝宠妃陈氏，引起文帝的罢黜之意，杨广闻讯后，闯入仁寿宫，派人勒死隋文帝，夺取帝位。即位后，杨广假造文帝遗诏缢杀前太子杨勇，幽禁其弟汉王杨谅，还毒死杨勇诸子。杨广虽以残暴著称，但也可称作有为皇帝。他确立科举，修通运河，西巡张掖，开发西域，在他统治下，国家进入了强盛时期。可惜他骄奢淫逸，急功近利，营建东都、大修宫殿苑囿、挥师远征等举动，用民过重，最终导致民变。

大业七年（611年），王薄率领民众在长白山（今山东章丘东北）起义，隋末农民战争终于爆发，并迅速遍及山东、河北等地。大业十二年（616年）七月，杨广巡游江都。第二年，李密率领的瓦岗军逼围东都，李渊也在晋阳起兵，并攻取长安。天下大乱，杨广预感末日到来，在江都愈发荒淫混乱。大业十四年（618年），杨广在江都被禁军将领宇文化及等逼缢，在位15年，终年50岁。

据载，隋炀帝被缢杀后，萧皇后最初将其草葬于江都行宫西院流珠堂内，后来，右御卫将军陈棱又将隋炀帝改葬于江都吴公台下。唐灭隋后，又改葬其于扬州雷塘。萧皇后在长安去世后，唐太宗李世民将其遗体送到江都与隋炀帝合葬。以后陵墓年久荒芜，不为人知。清嘉庆十二年（1807年），大学士阮元经过考证，认为槐泗乡槐二村的一处大土墩为隋炀帝陵，于是加以整修，扬州知府伊秉绶题写了"隋炀帝陵"的墓碑，之后又陆续修复了神道和陵台。笔者多次去过槐二村的隋炀帝陵，颇具规模，虽然不能与其父隋文帝泰陵相比，但作为一个亡国之君，此陵也不失为一处托身之处。此外，在陕西咸阳武功县有其衣冠冢。

然而，在2013年4月，在与槐二村雷塘相距约5千米的扬州市邗江区曹庄的一处工地上发现了两座古墓，其中一座的墓志显示墓主为隋炀帝杨广。专家们经过论证，最终确认这两座古墓为隋炀帝杨广与萧后的真正陵墓。

笔者专程参观过隋炀帝的陵墓。陵墓包括墓室、耳室、甬道和墓道，墓葬通长24.48米，东西连耳室宽8.22米，墓顶已经坍塌。在主墓室内，考古人员发现了鎏金铜铺首、十三环蹀躞金玉带等高等级随葬品。虽然这只能算是一个中小规模的墓葬，考古人员在墓葬中也并未发现棺椁，但墓志铭上非常清楚地写着"隋故炀帝墓志"的字样，因此可以证明这就是真正的隋炀帝陵墓。

隋炀帝作为隋朝的皇帝，历史评价不高，繁盛一时的隋朝仅存38

年，他确要负很大的责任，如此寒酸的帝陵大概就是历史对隋炀帝的一个注脚吧。

【唐高祖李渊献陵】

唐高祖李渊（566年—635年），字叔德，自称西凉李暠后裔，李暠远祖出自陇西成纪（今甘肃静宁西南），为唐朝开国皇帝。他出生于长安的一个北周的勋族家庭，7岁袭封唐国公。由于李渊的姨母是隋文帝的独孤皇后，因此倍受信任，先后在多地任刺史、太守及殿内少监、卫尉少卿等职。

大业十三年（617年），李渊官拜太原留守。此时正值天下大乱，政局动荡。李渊深谋远虑，暗中招揽人才，积蓄力量，寻找时机。七月，在其次子李世民等的辅助下，起兵太原，随即进军关中，攻占长安。老谋深算的李渊没有马上称帝建国，而是先立代王杨侑为帝，是为隋恭帝，李渊被封为大丞相和唐王。义宁二年（618年），李渊见时机成熟，便胁迫隋恭帝禅位，李渊称帝，建立唐朝，是为唐高祖。他在儿子李建成、李世民、李元吉等的辅助下，先后消灭了各地的割据势力。

李渊在位时期，依据隋文帝旧制，重新建立中央及地方行政制度，又修定律令格式，颁布均田制及租庸调制，重建府兵制，为唐代的职官、

陕西三原唐高祖献陵文保碑（摄于2012年9月28日）

陕西三原唐高祖献陵前石刻（摄于2020年11月6日）

陕西三原唐高祖献陵石碑
（摄于2012年9月28日）

刑律、兵制、土地及课役等制度奠定了基础。唐武德九年（626年），李世民在长安城官城玄武门附近射杀太子李建成、齐王李元吉，发动"玄武门之变"。李渊迫于形势，只得立李世民为太子。同年，李渊禅位于李世民，自称太上皇。贞观九年（635年），李渊病逝于长安大安宫垂拱前殿，享年70岁。

李渊在位9年，庙号高祖，葬于献陵。

献陵位于三原县东20千米的徐木原上，是唐太宗李世民依照东汉光武帝原陵高六丈的规格修筑的，为一座堆土陵，封土现高约20米，呈覆斗形，平面呈长方形，坐北朝南。陵园四周筑有夯土城垣，

陕西三原唐高祖献陵陵冢（摄于2012年9月28日）

四面各开一门，门外各置石虎一对。陵园内建有献殿、寝殿，神道两侧还有华表和犀牛各一对。

李渊的献陵在唐代帝陵中规模不算大，这是因为献陵建于唐朝初年，当时的经济现状还不允许大兴土木。同时，献陵的石刻还较多地维持了前朝的特点，体积虽大，但工艺粗糙简单，不过仍不失帝陵威严。

笔者参观过许多唐朝帝陵，其因山为陵的庞大规模令人印象深刻，然而当来到唐高祖献陵时，没有料到其规模竟然如此之小。但见平坦的田野上耸立着一座不大的陵冢，冢上柏树成林，陵园地面建筑荡然无存，就是陵前石刻也所剩无几。陵前立有一块石碑，上面并没有我

们在陕西汉、唐皇陵前常见到的乾隆年间陕西巡抚毕沅题写的碑名，这块石碑是康熙年间所立，碑上小字已经模糊不清了。

在中国历史上，唐高祖是一位被忽视甚至被贬低的开国君主。他建立唐王朝的功绩被"贞观之治"的光芒掩盖了。但其实唐高祖李渊开创了大唐基业，用自己的谋略扫平群雄，统一全国，为李世民的"贞观之治"奠定了基础，不失为一位有雄心壮志而又建功立业的有为帝王。

【唐太宗李世民昭陵】

唐太宗李世民（599年—649年），为唐朝第二位皇帝。他是唐高祖李渊的次子，母亲为窦皇后。李世民是一位智勇双全的皇子，早年随父多次出征，并在隋末天下纷乱之际鼓动父亲李渊起兵反隋，后

陕西礼泉唐太宗昭陵牌坊（摄于2017年7月24日）

陕西礼泉唐太宗昭陵（摄于2017年7月24日）

陕西礼泉唐太宗昭陵北司马门遗址（摄于2017年7月24日）

又统军攻入长安，在建立唐朝的过程中军功甚多，被封为秦王。之后，他又多次出征，逐步消灭各地割据势力，为统一全国奠定了基础。在此过程中，李世民不但手握重兵，而且声望日盛，自然不甘人下。

李渊没有处理好皇位继承人问题，导致李世民兄弟之间发生冲突。据载，武德九年（626年），太子李建成联合齐王李元吉，密谋调离秦王的兵马，企图加害李世民。李世民得悉后，向李渊告发了李建成和李元吉的阴谋。李渊决定亲自出面调停，宣三位皇子进宫。

李世民决定先发制人，他亲率亲信埋伏在宫城北门玄武门内，在此将预备进宫的李建成和李元吉射杀，史称"玄武门之变"。李渊无奈，只得立李世民为太子，同年，唐高祖让位李世民，次年，改年号为贞观。

陕西礼泉唐太宗昭陵北司马门列戟廊遗址（摄于2017年7月24日）

陕西西安碑林博物馆唐太宗昭陵六骏石刻（摄于2011年12月3日）

唐太宗在位共23年。在位期间，他善于用人，虚心纳谏，推行租庸调制和均田制、科举制等一系列重要的制度，实行开明的民族政策等，使社会出现了国泰民安的局面，开创了历史上著名的"贞观之治"，使唐朝在政治、经济、文化各方面都处于当时世界上的领先地位，唐太宗成为中国历史上最杰出的帝王之一。贞观二十三年（649年），唐太宗病逝于长安含风殿，终年51岁，葬昭陵。

昭陵位于今陕西礼泉县东北20多千米的九嵕山上，九嵕山主峰海拔1188米。昭陵是唐代帝陵中规模最大、陪葬墓最多的一座，也是唐代具有代表性的一座帝王陵墓。昭陵从贞观十年（636年）首葬文德皇后时开始营建，直到贞观二十三年（649年）完成，营建时间长达13年。工程由阎立德设计并主持。昭陵凿山建陵，开创了唐代帝陵依山而建的先例。据载，昭陵四周绕有墙垣，南门建有献殿，气势雄伟，玄宫就凿建于九嵕山南坡的山腰间，玄宫内"闳丽不异人间"，有大量精美殉葬品。

然而，再坚固的陵墓也挡不住人为和自然的破坏。据记载，后梁开平二年（908年），唐朝灭亡刚一年多，关中军阀温韬就盗挖了昭陵的地宫。此外，九嵕山属石灰岩质，长期遭受风雨剥蚀，山洪冲刷，山陵建筑早已无存。

由于九嵕山山南地势孤绝，地形险阻，去献殿道路崎岖难行，而且场地又小，不便举行大型祭祀典礼，而山北则较平缓，所以在陵北的司马门内修筑了一座祭坛,并另建寝殿,作为举行大典的场所,为关中十八陵中所仅有。

笔者多次来昭陵,都只能来到陵北山后的司马门内。在这里既看不到陵前巍峨的石刻,就连昭陵六骏也都是复制品,不过,伟岸的九嵕山尽收眼底。在这里,笔者感受过雨中昭陵的朦胧和清幽,也目睹了黄昏昭陵的绚烂和挺拔。每一次,笔者都会长时间静静地眺望谜一样的昭陵,看着它在雨中或残阳下逐渐朦胧、淡去,就像陵墓的主人,最终还是要退出历史的舞台。但高耸的九嵕山又似乎在提醒后人陵墓主人曾经的辉煌,唐之伟大,在很大程度上是因为有唐太宗。

【唐高宗李治与武则天合葬墓乾陵】

唐高宗李治(628年—683年),字为善,为唐朝第三位皇帝。他是唐太宗李世民第九子,初封晋王。太宗晚年,因太子李承乾"谋反"被废,李治才被立为太子,于贞观二十三年(649年)即位。李治在位34年,但在其执政的后期,因头痛与眼疾,权力完全操纵于武皇后手中。

陕西乾县唐高宗武则天乾陵(摄于2017年7月24日)

则天皇后武氏（624年—705年），名曌，并州文水（今山西文水东）人，现代人常称呼她为武则天。武则天14岁入宫成为唐太宗的才人，在唐太宗病重期间，与李治建立了感情。唐太宗病逝后，武则天入感业寺削发为尼。唐高宗即位后，接武则天入宫，大加宠爱，拜为昭仪。永徽六年（655年），唐高宗废王皇后，改立武则天为后。

显庆（656年—661年）末年，高宗因"风眩头重，目不能视"，难于操持政务，武则天得以逐渐掌握皇权，朝廷内外称他们为"二圣"，但实权掌握在武则天手中。弘道元年（683年），高宗去世，葬于乾陵。

陕西乾县唐高宗武则天乾陵无字碑（摄于2017年7月24日） 陕西乾县唐高宗武则天乾陵宾王像（摄于2017年7月24日）

太子李显继位，是为唐中宗。武则天临朝称制，全面掌控朝政，唐中宗形同傀儡。

载初元年（690年），武则天称帝，改国号为周，迁都洛阳，成为中国历史上唯一的女皇帝。武周政权持续15年，在促进经济发展、稳定边疆形势、推动文化发展等方面均有建树。

神龙元年（705年），武则天生病卧床不起，宰相张柬之等率羽林军冲入宫中，逼迫武氏恢复唐国号并让帝位与太子李显，史称"神龙革命"。不久，武则天在上阳宫离世，被葬入唐高宗的乾陵。

乾陵位于今陕西省乾县城北6千米的梁山上，梁山三峰耸立，北峰最高，为高宗和武则天的玄宫所在。南二峰较低，东西对峙，俗称"奶头山"，上建土阙，为乾陵天然门户。梁山山体风水极佳，据传是由唐代著名星象师袁天罡和李淳风所勘定。乾陵修建时，正值盛唐，因此陵园规模宏大，建筑雄伟富丽。陵园地面建筑原有内外两重城郭，

陕西乾县唐高宗武则天乾陵陵号碑（摄于2017年7月24日）

建有献殿、寝殿、游殿、城阙等雄伟的建筑物，南北主轴线长近5千米，两侧置有华表、石刻、无字碑、述圣记碑等。值得一提的是，"无字碑"无字而立，对此有多种说法：一说武则天有自知之明，功过是非让后人去评论；一说武则天自认功高德大，非文字所能表达等。

乾陵是笔者去过次数最多的唐朝帝陵，它的规模和气势是其他唐代帝陵所不及的。走在两峰之间依势自然形成的神道上，左右是一尊尊威武的石刻，在山势和绿树的映衬下，华表、翼马、鸵鸟、仗马、翁仲等次第肃立，显得庄严而神秘。后面高耸的梁山北峰就是陵寝所在，陵前有两尊巨大的石狮和清代陕西巡抚毕沅题写的"唐高宗乾陵"的碑石。

据载，唐高宗与武则天的玄宫凿穴于梁山主峰南坡，拔地高度104千米，隧道墓门用石条层层填塞，石缝以铁汁浇铸封闭，坚固无比。五代时期关中军阀温韬曾想盗掘乾陵，正是乾陵的坚固加上盗掘时骤雨雷鸣的反常天象，才吓跑了他，乾陵也是唐十八陵中唯一未被盗掘的陵墓。

笔者曾经从远处眺望乾陵的正面和侧面，正面的乾陵双峰对峙，犹如门阙，梁山高耸，有一种俯视群峰的气势；侧面的乾陵平地凸起，峰峦起伏，错落有致，有一种浑然一体的美感。

【唐中宗李显定陵】

唐中宗李显（656年—710年），曾名哲，生于长安，为唐代第四位皇帝。李显为唐高宗第七子、武则天第三子，初封周王，后改封英王，在其两位兄长先后被武则天所废之后，才被立为太子。

李显前后两次当政，共在位七年。第一次是弘道元年（683年），唐高宗病逝后继位，为唐中宗。即位之后，武则天被尊为皇太后，中书令裴炎受遗诏辅政，但朝政大事都取决于武则天。于是，李显重用皇后韦氏的亲戚，试图组成自己的集团。武则天得知李显欲提拔韦皇后之父韦玄贞为侍中（宰相职），大为恼火，于嗣圣元年（684年）

陕西富平唐中宗定陵文保碑（摄于2016年8月16日）

把继位才两个月的中宗废为庐陵王，并贬出长安。李显先后被软禁于均州（今湖北均县）和房州（今湖北房县），长达14年，备尝人世艰难，身边只有韦氏陪伴。正是韦氏的鼓励、帮助和劝慰，才使他在逆境中坚持下来。因此，中宗和韦氏作为患难夫妻，情谊甚笃。

长安五年（705年），82岁的武则天病重，宰相张柬之等人率领羽林军冲入玄武门，迫使武则天传位于李显，复国号为唐，李显第二次登上皇位，史称"中宗复辟"。

中宗复位后，韦氏再度成为皇后。中宗不顾大臣的劝阻，破格追封韦皇后之父亲为王，并让韦皇后参与朝政，对张柬之等功臣却不加信用。但韦皇后并不满足，勾结武则天侄子武三思左右朝政。其女安乐公主也野心勃勃，希望母后临朝称制，自己当皇太女，母女俩甚至密谋害死中宗。

景龙四年（710年），中宗驾崩，传说是韦皇后和安乐公主合谋在中宗喜欢吃的饼馅中拌入毒药，使唐中宗中毒身亡。不久，中宗的妹妹太平公主和侄子李隆基联合发动政变，韦皇后和安乐公主死于政变之中。

唐中宗去世后，葬于定陵。定陵位于今陕西省富平县北宫里镇三凤村北的凤凰山中，因为定陵修建之时正是盛唐时期，规模相当宏大。但也因此引来历代盗墓者的破坏，不仅玄宫被盗，地面石刻也几乎毁灭殆尽，现定陵南门神道仅存石狮一只，石刻武官两件，在东门和北门也只残存一两件石狮和石马。

笔者寻访定陵时，因为没有陵前石刻等标志，所以在山道上绕行很久，才在一块高坡上看到一尊石狮，应该是朱雀门前的石狮。陵前的其他建筑早已荡然无存。这只残存的石狮子，体型硕大，伫立旷野之中，在厚重黄土地的映衬下，显得格外大气和古朴，将盛唐的大气体现得淋漓尽致。

笔者站在石狮旁眺望，远处就是唐定陵玄宫所在的凤凰山，凤凰

陕西富平唐中宗定陵石刻（摄于2016年8月16日）

山分东、中、西三座石灰岩山峰,中峰向南突出形似凤头,东西两峰偏后相对,如凤凰展翅。不过,回顾唐中宗的一生,虽然两次登基,但前有武则天临朝,后有韦皇后羁绊,他何曾展翅翱翔过?

【唐睿宗李旦桥陵】

唐睿宗李旦(662年—716年),初名李旭轮,生于长安蓬莱宫含凉殿。他是高宗李治第八子、武则天幼子,初封殷王,又改封豫王、冀王。他与其兄李显是一对难兄难弟,都是两次登基,但由于他有了李隆基这个英武的儿子,因此结局大不相同。

陕西蒲城唐睿宗桥陵(摄于2017年7月23日)

嗣圣元年(684年),武则天废中宗为庐陵王,立李旦为帝,是为唐睿宗。但睿宗毫无实权,被"居之于别殿",所有军国大事均由武则天处理。载初元年(690年),武则天称帝,改国号为周,睿宗被废为皇嗣,改姓武。长安五年(705年),其兄李显在宰相张柬之等人的帮助下复位,李旦被封为相王。

景龙四年(710年)中宗驾崩,六月,李旦第三子李隆基发动羽林军攻入宫,诛杀韦皇后及安乐公主,并与李旦的妹妹太平公主一起拥立李旦复位,李旦第二次登上了皇帝宝座。睿宗即位后,立李隆基为太子。延和元年(712年),唐睿宗禅位于李隆基,自称"太上皇",终结了这次短暂的帝王生涯。

睿宗虽然两次登位,但时间不长,仅7年,也无甚大的建树。然而,他在短时间内能替被武则天迫害的皇室成员及大臣平反昭雪,又能洞察形势,恭俭退让,不失为一位明智的君主。开元四年(716年),睿宗在长安百福殿去世,享年55岁,葬于桥陵。

桥陵位于今陕西省蒲城县城西北坡头乡的金炽山,这里峰峦起伏,沟壑纵横,形成各自独立的山头。金炽山之南平野辽阔,与秦岭诸峰遥遥相对,山川壮丽,气象万千。桥陵以金炽山为冢,在山腰开凿玄宫,深入山腹约20米,又在地面上绕山筑城。陵园周长13余千米,四面各开一门,门前两侧均有一对门狮,陵墙建有角阙,南门外神道长640余米,依次排列华表、石兽、翁仲等石刻造像,高大魁伟,有"桥陵石刻甲天下"之称。

陕西蒲城唐睿宗桥陵石兽(摄于2017年7月23日)

桥陵因建于开元盛世,所以各种设施规模也就较大。虽历一千多年风蚀雨剥,但保留下来的50余尊巨大石刻,依然让我们感受到了桥陵当时的巨大规模。

笔者是在拜谒过唐玄宗泰陵后再来到桥陵的,一走进桥陵陵区,就被它宏大的规模所震撼,陵园地面建筑虽荡然无存,但神道两侧的石刻群布局匀称,高大威武,甚至超过了唐玄宗的泰陵。走在庄严的神道上,沿途的华表、獬豸、鸵鸟、仗马、翁仲、石狮等石刻,成行排列,气势磅礴。在神道的尽头,即朱雀门内原献殿遗址附近,立有清朝乾隆时陕西巡抚毕沅隶书的"唐睿宗桥陵"石碑。

陕西蒲城唐睿宗桥陵门阙遗迹（摄于2017年7月23日）

陕西蒲城唐睿宗桥陵陵号碑（摄于2017年7月23日）

唐睿宗一生三让天下，一让母亲武则天，二让兄长李显，三让儿子李隆基。如果说前两让身不由己，那么第三让显出他的政治智慧。这一让，防止了宫廷政变，为开元盛世奠定了基础，也使唐睿宗不仅享受太上皇悠闲的生活，还能够在身后享有如此规模的陵寝待遇。

【唐玄宗李隆基泰陵】

唐玄宗李隆基（685年—762年），亦称唐明皇，为唐朝第六位皇帝。他是唐睿宗李旦第三子。据说他仪表堂堂，多才多艺，从小就有大志，一言一行很有主见。初封楚王，后改封临淄郡王。

李隆基出生的时候，正是武则天主政之时。他历官右卫郎将、尚辇奉御、卫尉少卿、潞州别驾等。错综复杂的宫廷风波造就了李隆基坚韧的性格。据传他7岁那年，就敢于在朝堂当众训斥金吾大将军（掌管京城守卫的将军）武懿宗，毫无惧色。

武则天去世后，中宗即位，中宗性格懦弱，导致朝政大权落到韦皇后和安乐公主之手。此时，李隆基留在京师，早有准备，暗中招募勇士，结交禁军。

陕西蒲城唐玄宗泰陵文保碑
（摄于2017年7月23日）

陕西蒲城唐玄宗泰陵石刻（摄于2017年7月23日）

景龙四年（710年），韦皇后毒杀中宗，并擅立少帝，李隆基和姑姑太平公主抢先发动了政变，消灭韦皇后及同伙，拥其父唐睿宗李旦继位，李隆基被立为太子。两年后，唐睿宗传位李隆基，是为唐玄宗。之后，他与太平公主之间的矛

陕西蒲城唐玄宗泰陵献殿前石刻
（摄于2017年7月23日）

陕西蒲城唐玄宗泰陵陵号碑（摄于2017年7月23日）

盾激化，太平公主阴谋发动宫廷政变以废玄宗，开元元年（713年），李隆基果断下手，除掉了藏有野心的太平公主。

　　唐玄宗统治前期，社会安定，政治清明，经济空前繁荣，唐朝进入鼎盛时期，后人称这一时期为开元盛世。但唐玄宗在统治后期，进取心消失，怠惰政事，贪图享乐，宠爱杨玉环，并重用李林甫、杨国忠等奸臣，终于导致安史之乱发生。玄宗被迫出奔，行至马嵬驿（今陕西兴平）时，禁军哗变，玄宗被迫杀杨国忠，并缢死杨贵妃，之后继续避难，逃往蜀地。

　　不久，唐玄宗的儿子李亨在灵武（今宁夏灵武西南）即位，是为唐肃宗，玄宗被尊为太上皇。

　　安史之乱平定后，唐玄宗回到长安，在寂寞伤感中度过余生。宝应元年（762年），忧郁寡欢的唐玄宗病逝于长安神龙殿，在位45年，享年78岁，葬于泰陵。

　　泰陵位于蒲城县东北保南乡敬母寺村的金粟山，是唐十八陵中最东端的陵寝。泰陵陵址是唐玄宗生前选定的。玄宗在前往祭祀父亲的桥陵时，发现金粟山呈"龙盘凤翥之势"，又靠近父母茔地，于是下诏："吾千秋后宜葬此地。"

　　泰陵依金粟山为陵，山腹中建造玄宫，四周绕陵筑垣，朱雀门外有400多米长的神道。两侧石刻虽不如乾陵、桥陵高大，但风格细腻，形态写实。陵园建筑大体与乾陵相同，规模虽不如乾陵宏大，但也气势磅礴。

与其他帝陵往往有十几座甚至几十座陪葬墓不同，泰陵只有一座宦官高力士的陪葬墓。历史上，泰陵曾遭受过多次破坏，尤其是五代时耀州节度使温韬的盗挖行为，给泰陵带来了灾难性后果。北宋建立以后，宋太祖下令修葺泰陵。清代乾隆年间陕西巡抚毕沅也在陵区修筑了围墙加以保护，并在朱雀门献殿遗址附近竖立了"唐元宗泰陵"陵碑，这是为避康熙帝玄烨之讳，将"玄"字改为"元"字的缘故。

唐玄宗是笔者印象最深的唐代帝王之一，因此笔者曾两度拜谒泰陵。多年前第一次拜谒泰陵之时，这里还是道路崎岖，荒草萋萋。站在泰陵前，石人石马都淹没在蔓草之中，使人感到格外的荒凉和孤寂，但也特别契合唐玄宗的晚年境况。

第二次拜谒的时候，泰陵已经整修一新，气势显现无遗。站在远处眺望陵寝，神道宽阔，向远方延伸，金粟山逶迤蜿蜒，气势不凡，蓝天白云下的泰陵显得格外神秘。笔者顿有一种摄人心魄的感觉。唐王朝能成为一个伟大的王朝，唐玄宗功不可没，这位唐代皇帝，虽然半世英明半世糊涂，却还是配得上这样有气势的皇陵。

【唐肃宗李亨建陵】

唐肃宗李亨（711年—762年），初名嗣升。他出生于长安东宫别殿，是唐玄宗第三子，其生母杨氏为李隆基嫔妃。因李隆基皇后王氏一直没有生养，李亨便交由王皇后抚养，王皇后对他百般呵护，"慈甚所生"。唐玄宗也为其选派贺知章、吕向等名士侍读，这对其文化知识与素养的提高大有裨益。

李亨初封为陕王，后改封为忠王，开元二十六年（738年）被立为太子。安史之乱爆发后，他与玄宗、杨贵妃等外出避乱。马嵬驿兵变后，唐玄宗任命李亨为天下兵马元帅，领朔方、河东、平卢节度使，负责平叛。当唐玄宗继续前往成都避难时，李亨北上到达灵武。

天宝十五年（756年），李亨在未经玄宗许可的情况下，经过一

陕西乾县唐肃宗建陵石刻（摄于2016年8月17日）

番布置与筹划，在灵武城的南门城楼，擅自举行了简单的登基仪式，即位为唐肃宗，并遥尊唐玄宗为太上皇，成为唐朝唯一一位在长安之外登基的皇帝。

肃宗在灵武即位，确实极大地鼓舞了当地的抵抗运动，扭转了玄宗出逃后全国平叛战争的被动局面。

肃宗即位的第二年，安史叛军发生内乱，安禄山被其子安庆绪所杀。唐肃宗任用名将郭子仪、李光弼，借用回纥兵，趁机反攻，于至德二年（757年）先后收复长安和洛阳。此时，唐肃宗错误地估计了当时的形势，并轻信谗言，猜忌郭子仪等人，把军政大权交由不懂军事的宦官鱼朝恩，致使唐军的军事活动受挫，使战争进入旷日持久的状态。

陕西乾县唐肃宗建陵石兽（摄于2016年8月17日）

唐肃宗晚年，任用宦官李辅国、程元振等操纵军政大权，使宦官势力日益嚣张。同时，肃宗又宠信皇后张氏，纵容她干预政事。

后宫、宦官势力的膨胀，给之后的唐朝皇帝留下了难以消除的隐患。

宝应元年（762年），

肃宗患病，接连几个月不能上朝视事。四月，又传来唐玄宗病逝的噩耗，肃宗悲恸不止，病情加剧。而此时，李辅国与张皇后争权夺利，李辅国无视肃宗病情，竟假传太子的命令，带禁兵进入寝宫抓捕张皇后。肃宗受此惊吓，病情陡然转重，不久后病逝于长生殿，葬于建陵。

陕西乾县唐肃宗建陵陵号碑
（摄于 2016 年 8 月 17 日）

建陵位于礼泉西北的武将山南麓，因山为陵，东与九嵕山昭陵遥遥相对，西与梁山乾陵隔川远望，北面群山叠嶂，南面是层层梯田和广阔的沃野。建陵筑有矩形土垣，及角楼、献殿、阙台等建筑。现在，虽然这些建筑已不存，但石刻依然保留下来，而且是唐十八陵中最多、最完整的。不过，由于建陵沿山一带沟壑纵横，道路崎岖难行，故游人稀少。

笔者参观建陵时，目睹狭窄山道旁的深沟大壑，不禁心惊胆战。沟壑两侧分布着两排石刻，这些石刻虽然体型略小，制作也较粗疏，但雕刻技巧并不逊色。如今不少石刻已半身没于土中。正对陵山的山坡顶上，立有清代陕西巡抚毕沅所书的建陵陵碑。笔者隔着深沟遥望，建陵陵山虽然气势不凡，但挽救不了从此以后日落西山的大唐。

【唐僖宗李儇靖陵】

唐僖宗李儇（862 年—888 年），初名俨。他是唐懿宗第五子，初封为普王，12 岁即位，是整个唐朝即位年龄最小的皇帝。他的即位，是宦官刘行深、韩文约在懿宗病重时，为了便于控制而伪造遗诏的结果。

懿宗病逝后，僖宗在柩前即位。唐僖宗虽然在位 16 年，但他即位时，尚为幼弱的孩子，因此政事全部由宦官田令孜操纵，他则热衷游乐，喜欢斗鸡、赌鹅，还喜欢围棋、打马球等。僖宗统治时期，由于统治腐败，

陕西乾县唐僖宗靖陵石刻
（摄于 2017 年 7 月 24 日）

陕西乾县唐僖宗靖陵神道石刻
（摄于 2017 年 7 月 24 日）

苛税沉重，加上天灾频繁，各种矛盾异常尖锐，最终导致了唐末农民大起义。

农民起义爆发以后，州县欺瞒朝廷，各地拥兵的节度使为求自保，又坐视观望，导致起义军发展很快。当黄巢率领农民起义军攻下长安时，唐僖宗只得带随从宦官仓皇逃奔四川成都。落难四川的唐僖宗站稳脚跟后，立即集结力量向农民起义军反扑，各地节度使为了保护自己的利益也开始尽力围剿。

此时，起义军内部发生了分歧和分化，一些将领接受了朝廷招安，形势发生逆转，如起义将领朱温就投靠了唐朝。唐僖宗听到这个消息后，大喜过望，甚至赐名朱温为朱全忠。但唐僖宗没有想到，唐朝的江山社稷最终就是被这个朱全忠夺了去。

黄巢起义被镇压下去后，各地军阀势力恶性发展。回到长安的唐僖宗，卷进了各路实力强劲的节度使的相互争斗中，他们多次进逼长安。唐僖宗数次出逃，东躲西藏，大唐帝国已经不可避免地走在灭亡的边缘。唐僖宗在这些年颠沛流离的生活中身心憔悴、精神崩溃，光启四年（888年），在哀叹声中，唐僖宗病逝于长安宫中的武德殿，年仅 27 岁，葬于靖陵。

靖陵位于今陕西乾县东北铁佛乡南陵村，为陕西唐十八陵中的最后一座帝陵。靖在《广雅》中解释作"安也"，意含了修建靖陵的期望。不过，晚唐的颓势已不是一个陵号就能改变的了。

一千多年来，日渐残破的靖陵无声无息地坐落在南陵村荒僻的田野上。笔者寻访时，经多方询问，几经辗转，才在一条乡间土路的尽头看到淹没在田间的靖陵神道。神道两侧散落的石翁仲、石兽，大都残缺不全，有一个华表仅存底座。这些简陋矮小、线条粗糙的石刻，孤零零地横卧在空旷的田野里，几乎无人问津。唐朝国力的式微，使靖陵只能采取堆土为陵的形式，陵冢蒿草漫布，陵前立有清朝陕西巡抚毕沅立的陵碑。

靖陵在历史上多次被盗，为了不使靖陵遭受更大的破坏，1995 年，经有关部门的批准，考古专家对靖陵进行了抢救性发掘。靖陵成为唐

陕西乾县唐僖宗靖陵（摄于 2017 年 7 月 24 日）

陕西乾县唐僖宗靖陵陵号碑（摄于 2017 年 7 月 24 日）

陵中唯一一座进行考古发掘的帝王陵，陵墓由墓道、甬道、墓室三部分组成，墓室为单室土洞墓，墓内多处绘有壁画，但脱落严重，随葬品也几乎被盗一空，但还是发现了哀册玉残片等。国力的衰落，使靖陵的修建在唐朝帝陵中显得很是简陋，其棺床甚至使用的是乾陵陪葬墓的旧碑。靖陵的残破，使之游人稀少，笔者在这里静思远眺，连畴接陇的田地中，靖陵显得荒僻孤寂，与不远处高大的乾陵相比，靖陵实在太渺小了，这正是唐僖宗时期唐王朝没落景象的写照。

第八章　五代十国几荒冢

朝代简述

五代十国这一称谓出自《新五代史》，是唐宋之间中原地区的五个政权及中原地区之外存在过的十余个割据政权的统称，这是一个特殊的历史时期。

五代指的是唐朝灭亡之后，在中原地区相继出现了定都于开封和洛阳的后梁、后唐、后晋、后汉和后周五个次第更迭的政权。五代之外，当时在西蜀、江南、岭南、河东等地还同时或相继出现了十余个或大或小的割据政权。其中，前蜀、后蜀、吴、南唐、吴越、闽、

五代十国时期后梁、后晋、后汉、后周相继建都开封，大梁门傲然耸立（摄于2011年10月16日）

作为幽云十六州之一的应州（今山西应县）残存的古城墙睹尽了战争风云
（摄于2010年7月20日）

楚、南汉、南平（荆南）、北汉等十个历时较长且称王或称帝的政权，被《新五代史》及后世史学家统称为十国。

关于五代十国的年限，一般传统的说法为：北宋建立于960年，因此五代十国存在于907年至960年期间。另一说为：北宋灭亡北汉、统一全国时是979年，所以五代十国的历史时期为907年到979年。

五代十国的形成，应该说主要源于唐朝中后期的藩镇割据。在镇压唐末黄巢起义过程中，藩镇势力逐渐壮大，部分实力雄厚的藩镇节度使先后被封为王。这些封国实际上已成为高度自主的王国。唐朝灭亡后，各节度使纷纷自立。

五代的第一个朝代是907年由朱全忠篡唐而建的朱梁王朝，建都汴（今河南开封），共历3帝，前后17年，923年为世仇李存勖的后唐所灭。后唐定都洛阳，传4帝，历时14年，它是五代十国时期版图最大的王朝，但后来，后唐明宗李嗣源的女婿石敬瑭以燕云十六州为代价，向北方的契丹人借兵，灭掉后唐，于936年建立后晋，建都汴（今河南开封）。

石敬瑭将比自己小十岁的辽太宗耶律德光称作父皇帝，又对契丹人纳贡，注定其国运短促。当石敬瑭养子石重贵不甘于向契丹称臣的时候，契丹人挥兵南下，后晋二世而亡，历11年。947年，后晋河东

后周虽然存世不长，但周世宗柴荣英武有为，赢得巍巍丰碑（摄于2020年11月8日）

节度使刘知远趁契丹军北撤之机，乘势夺取中原，自立为帝，建立后汉政权，依然建都汴。其子刘承佑继位后因试图诛杀重兵在握的大将郭威不成，反被郭威所替代。后汉历2帝，仅维持了4年。951年，郭威建后周，定都开封，历经3帝，享国10年。

后周存世虽不长，但在郭威和他的养子柴荣经营下，国力渐强，并击败多个割据政权，扩展地盘。但柴荣之子年幼，继位后主少国疑，大将赵匡胤发动"陈桥兵变"，终于夺取天下。

十国是与五代几乎同时存在的十个政权，除刘崇的北汉占据约今山西中郡、陕西和河北的一部分外，其他诸国皆在南方地区。

吴政权为唐末淮南节度使杨行密于902年所建，又称杨吴，定都江都（今江苏扬州），统治地区包括今江苏、安徽、江西三省及湖北的一部分，共历4君，立国36年，937年，为南唐所代。南唐为吴权臣徐知诰（称王后改名李昪）代吴所建，都金陵（今江苏南京），历3主，历时39年。南唐在全盛时期，疆域地跨今安徽、江苏淮河以南和福建、江西、湖南及湖北东部，为十国中最大的国家，最后为北宋所灭。前蜀为唐末利州刺史王建于903年所建，都成都。历经2主，共23年，盛时疆域约为今四川、重庆、甘肃东南部、陕西南部、湖北西部，被后唐所灭。后蜀为后唐西川节度使孟知祥于933年所建，都成都，历2帝，共33年，盛时疆域约为今四川、重庆、甘肃东南部、陕西南部、湖北西部，为北宋所灭。吴越为唐镇海节度使钱镠于907年所建，都杭州，吴越国的全部范围包括今天的浙江和江苏一部分，传5帝，立国72年，最终降于北宋。闽为威武军节度使王审知于909

年所建,都福州,据有福建之地,立国37年,历6主,被南唐攻灭。楚为唐末马殷于907年所建,都长沙,被南唐所灭,疆域包括今湖南及广西东北部,共历6主,存世45年。南汉为唐清海军节度使刘隐于904年所建,都广州,疆域为广东、广西,历4主,55年,为北宋所灭。南平(荆南)为后梁荆南节度使高季兴于924年所建,都荆州,据有今荆州、公安一带,是十国中最弱小的一国,前后历5主,共40年,亡于北宋。北汉为十国中唯一的北方政权,为后汉河东节度使刘旻所建,都太原,历4主,共29年,盛时疆域约为今山西中部和陕西、河北部分地区,为北宋所灭。

五代十国时期是中国历史上的重要时期,但也是一个大混乱大破坏的时期。地处中原的五代依次更替,建立的政权虽有一定的实力,也被奉为正朔,但无力控制整个国家,只是藩镇型的朝廷。而且,中原王朝时常发生叛变夺位的情况,朝廷存世不长,导致军阀混战、战乱频仍,使中原社会经济、文化受到极大影响。相比而言,地处南方

南唐都城金陵城西的皇家避暑遗迹——保大井千年不涸
(摄于2012年2月8日)

前蜀王建的统治促进了四川地区经济文化的发展
(摄于2014年12月16日)

浙江杭州西湖畔吴越王钱镠的功德坊迎湖矗立（摄于2017年4月15日）

的九国因少受中原干戈的影响，政局相对稳定，大多数政权维持的时间也远较五代为长，最长的吴越，长达 72 年之久。这对中国南方的开发起了至关重要的作用。同时，由于北方战争频仍，不少中原人士移徙南方以避祸乱，他们带来了北方的生产技术和科学文化，对南方的发展起了积极的作用。

陵寝概况

唐朝灭亡后,五代十国走上了历史舞台。这一时期在历史中定位为乱世,王朝更迭频繁,时局混乱。

五代十国一共有大大小小的皇帝、国主50多位。五代的五个政权,前后70多年共有14位皇帝,死于非命的就有8个,十国帝王也大多命运多舛。因此,五代十国帝王陵墓,营造一般都比较仓促,到了今天,大多陵墓荒芜、位置难辨。一些幸存下来的帝陵保存情况也不佳,基本上都遭到盗挖,许多甚至不止一次被盗。

五代的都城,或在今洛阳,或在今开封,因此帝王的陵墓也基本上都分布在它们周边。今洛阳伊川有后梁陵寝、洛阳孟津有后唐陵寝、洛阳宜阳有后晋陵寝、许昌禹州有后汉陵寝、郑州新郑有后周陵寝。这些陵墓除后周陵寝不设陵前石刻、实行薄葬外,其余几个朝代当初修建陵寝时都有一定的规模,有的陵寝基本沿用了唐代帝陵的某

五代时期帝陵分布在都城周边,均具有一定的规模(摄于2017年7月20日)

五代帝陵多遭盗挖，地宫形制呈现唐代帝陵风格
（摄于2016年8月9日）

后周柴宗训顺陵是五代帝陵中唯一经过科学发掘的陵墓
（摄于2013年10月19日）

些制度，同时又有自己特色，但是陵墓规模、气势则远不如唐陵那么雄伟壮观。

频繁的战乱与政权更迭，加之后人的盗挖和破坏，后梁、后唐、后晋、后汉和后周诸帝的陵寝建筑现在都只剩下一座座孤冢，陵前原先修建的祭祀建筑早已荡然无存，神道被辟为农田，石刻十不存一。如后梁朱温宣陵仅剩一件石羊、一件残石虎和一件无头石人，陵冢也只有残高5米。

后周恭帝柴宗训顺陵是五代帝陵中唯一进行过科学发掘的陵墓。该陵由竖穴墓道、砖砌甬道和墓室三部分组成。墓室平面呈圆形，穹隆顶，直径约6.2米，高约7米。墓室周壁的中部墙体上，有6处凸出叠砌的两块砖，似为灯台。甬道与墓壁上都涂有白灰，上绘彩色人物图像，墓室顶部绘有星象图。

五代帝陵虽然在其规模或修造精美程度上，整体不及盛唐，但也几乎不亚于唐陵后期诸作品。重要的是五代帝陵衔接唐陵之作风，其陵寝修造形式、神道石刻布置形式、雕刻风格，必然会对宋代营陵方式产生影响，并使我国帝陵营造制度加以传承、革新。

十国帝陵大部分采用依山为陵的形式（摄于2011年12月23日）

五代帝陵在宋朝曾经得到修葺，据载，宋朝初年(960年)，宋太祖赵匡胤看到唐及五代十国陵墓被盗惨重，他诏令"前代帝王陵寝、忠臣贤士丘垄，或樵采不禁、风雨不芘，宜以郡国置户以守，隳毁者修葺之"。

十国主要包括南方的九个割据王国和北方的一个割据政权，其分布地域较之五代要复杂得多。其中有长江下游的吴、南唐，浙江一带的吴越，福建一带的闽，四川一带的前蜀、后蜀，两湖地区的楚、南平，两广地区的南汉和山西境内的北汉。十国强弱不一，地域不同，故陵寝的形式也千差万别。

十国陵寝中只有闽王王审知的宣陵置有陵前石刻（摄于2008年7月15日）

从已经发现的十国帝王陵寝来看，大部分采取依山为陵的形式，即在山的南面缓坡上凿出一片平地，再建墓室，然后堆填封土。例如，南唐李煜的钦陵、李璟的顺陵依南京南郊的祖堂山为陵，后蜀孟知祥的和陵依四川成都北面的磨盘山为陵，钱镠墓依临安东北的太庙山为陵，南汉刘龑的康陵依广州石牛山为陵等，只有前蜀王建的永陵采用的是平底堆陵的形式。在这些已知十国陵寝中，基本上都没有发现陵前石刻，只有福州闽王王审知的宣陵前有神道石刻，不知这些石刻是建陵时所置还是后人放置，尚不清楚。目前，发现十国时期的帝陵不到十座，其余的十国帝陵大多不知所踪。

十国时期陵墓主室的石棺床虽遭破坏但仍显精美（摄于2011年12月23日）

在已经发掘的陵寝地宫中，可发现十国帝陵地宫形式大致采用三种结构：前、中、后三墓室结构（如南唐李煜的钦陵和李璟的顺陵）；前室、过道、后室结构（如南汉刘䶮的康陵）；羡道、甬道、墓室结构（如后蜀孟知祥的和陵）。在第一种结构中，中室为主墓室，在第二种结构中，后室为主墓室，第三种结构只有一个主墓室，主墓室用于存放棺椁的，棺椁下建有石砌棺床，棺床雕刻都非常精美。

几乎所有地宫基本上都是砖石并用，墓室均建有仿木建筑形式砖石枋、柱和斗拱等，墙面及墓顶有些还施有彩画或者浮雕，墓门均用巨石封塞。从已经发掘的十国时期地宫形制和彩画来看，它们都或多或少保存了汉唐以来陵墓建筑的传统，细部结构、装饰和随葬品也大多模仿唐代作风，留有唐代余韵。

十国陵墓被盗严重，南唐的钦陵和顺陵、前蜀永陵、后蜀和陵几乎没有不被盗过的。前蜀王建永陵在修建后一两百年就遭盗挖，后蜀孟知祥的和陵也不止一次盗过，因此这些陵寝留下来的东西不多。可喜的是在南唐钦陵、前蜀永陵和后蜀和陵中，都出土了玉石哀册，为考古工作者确定陵主身份提供了依据。此外，这些陵墓中也还出土了少量陶俑、陶制动物、铜器、铁器以及陶瓷器碎片等珍贵文物。

五代十国是我国历史上一个分裂割据的时期，作为唐宋两朝的过渡期，王朝更替不断。不过，中原地区王朝地域相对稳定，帝陵位置尚能确定，陵冢也基本保存。但十国政权时间短且动乱多，一些统治者甚至还来不及修建陵墓就亡国了，加之当时的帝陵又大部没有详细记载，又历经破坏，以致十国的帝陵大都湮灭。总体来说，五代十国是历代帝陵中破坏程度最大的时期之一，直到今天，除少数已经挖掘开放的帝陵外，绝大多数帝陵不知所在，只有几座荒冢散落乡间地头。从已经挖掘的帝陵来看，这一时期的帝陵沿用了唐陵的某些制度，同时又有地方特色，但是陵墓规模、气势则远不如唐代帝陵那么雄伟壮观。

山陵撷要

【后梁太祖朱温宣陵】

后梁太祖朱温（852年—912年），又名朱全忠、朱晃，宋州砀山（今安徽砀山）人，是五代时期后梁王朝的开国皇帝。他出生贫苦，幼年随母在外帮佣。

唐乾符四年（877年），朱温参加了黄巢领导的农民起义军，因作战勇猛，官至同州（今陕西大荔）防御使。黄巢进占长安后，他负责防守东线。唐中和二年（882年），朱温遭唐军围困，向黄巢求援，但没等到援军，朱温因此心生芥蒂。同年九月，他见黄巢的大齐政权摇摇欲坠，遂叛变黄巢，投降唐朝。被唐僖宗赐名朱全忠，任河南中行营招讨副使。以后，他与李克用等联合镇压起义军，次年，因功改

河南开封古城（摄于2020年8月8日）

河南洛阳后梁太祖宣陵（摄于 2013 年 10 月 21 日）

任宣武军节度使。

他凭借汴州（今河南开封）优越的地理条件，极力扩大势力，逐步吞并割据中原和河北地区的藩镇，成为唐末最大的藩镇割据势力。唐天复元年（901 年），他被封为梁王。同年，他率军进入关中，尽诛宦官，控制了唐王朝的中央政权。天复四年（904 年），他用武力逼唐昭宗迁居洛阳，不久废杀昭宗，立昭宗儿子李柷为帝，即哀帝。随后，他残杀异己，在一天深夜，将包括宰相独孤损在内的 30 多名唐朝大臣集中起来残杀，尸体扔进黄河。唐天祐四年（907 年），他采用禅让的形式夺取帝位，代唐称帝，改名朱晃，国号为梁，称梁太祖，建都开封，史称后梁。后梁开平三年（909 年）迁都洛阳。

朱温能在乱世中脱颖而出，自有其过人之处，他重视农业生产，下令两税之外不许再征杂税，后梁的赋税在五代十国中是较低的。他对唐王朝遗留下来的积弊也有所改革，注意重文轻武，对于功臣宿将也能加以遏制。

不过朱温生性残暴，滥行诛戮。后梁建立后，战火不息，与据有太原的贵族李克用、李存勖父子连年征战，损耗了大量的人力和财物，逐渐丧失了军事上的优势。此外，朱温极其荒淫无耻，晚年也没有处理好皇位继承人问题，招致杀身之祸。

朱温有多个亲生儿子，还收有养子，儿子们为争夺帝位，竞相让自己的妻子侍寝讨好。其次子朱友珪听闻朱温有意传位养子朱友文，于是在后梁乾化二年（912年）的一个夜深人静时候，带家将冯廷锷及五百牙兵，假称奉旨入宫，冲进朱温寝宫，冯廷锷用剑刺中朱温腰背，致其死亡。朱温在位六年，卒年61岁。朱友珪心虚，先将朱温埋于寝殿，同年十一月葬于宣陵。

梁太祖宣陵位于今河南洛阳伊川县白沙乡常岭村东北的高台地上。宣陵修建之初应该有一定的规模。据传，为了防盗，陵寝内部封土层中置有流沙。流沙确实会给盗墓者的盗掘行为带来阻碍，但估计挡不住大规模的官盗行为。

据《新五代史》记载，五代后唐庄宗李存勖灭后梁后，曾想把梁太祖朱温"斫棺戮尸"，后经吏部尚书张全义全力阻止，方才作罢。

据《河南通志》记载，朱温陵寝坐北面南，陵南有神道，神道东西两侧有两排石像生，即石人、石马、石狮、石羊等。可惜的是在1958年时，陵前的大部分石刻被当地群众砸毁。陵墓的封土也因平整土地而不断遭到侵削。

今天，朱温的宣陵只剩下一个孤零零的封土堆，残留的封土残高5米多，宽30多米。宣陵陵冢的北、东、西三面保存还比较完整，但南面封土几乎被挖掘殆尽。笔者来到宣陵的时候，正是秋季的一天，晴空万里，除了高耸的墓冢外，陵寝建筑荡然无存，只有一块不大的文保碑才使笔者确定这座草木萋萋的墓冢正是踏灭唐王朝的一代枭雄的最后归宿。虽然朱温宣陵的地面建筑早已化为尘烟，陵冢也显得残破凄惨，但时空的凝重与苍凉感还是油然而生。据说附近尚存石人和石羊各一个，然而笔者并没有看到。

据史书记载，后梁末帝朱友贞也葬在宣陵附近，但地面已无痕迹，难以寻觅。在当地群众的口传里，宣陵南边还有皇太后张氏祔葬墓，现在可能早被夷为平地，无踪可寻。

【后唐太祖李克用极建陵】

后唐太祖李克用（856年—908年），别号"李鸦儿"，是五代时期后唐王朝的奠基人，其子李存勖建立后唐后，追尊其为后唐太祖。

山西代县后唐太祖极建陵文保碑（摄于 2016 年 8 月 9 日）

他为沙陀部人，其父朱邪赤心被唐懿宗赐姓名李国昌，帮助唐王朝镇压庞勋戍兵起义。

李克用少时骁勇，早年随父出征，常冲锋陷阵，因一目失明，号"独眼龙"。唐朝末期，李克用在任云中（今山西大同）守捉使期间，发动兵变，杀主将，据云州（今山西大同），最终被唐军击败，父子逃亡鞑靼部。

唐中和元年（881 年），黄巢起义军进攻长安城时，唐僖宗召回李克用，封其为代州（治所在今山西代县）刺史、雁门节度使，命其勤王救援。李克用率领沙陀、鞑靼兵组

山西代县后唐太祖极建陵陵冢（摄于 2016 年 8 月 9 日）

山西代县后唐太祖极建陵地宫（摄于 2016 年 8 月 9 日）

成的军队作战,黄巢战败,退出长安。李克用军功居首,因功升为河东(今山西太原西南)节度使,从此割据一方。

唐中和四年(884年),李克用镇压黄巢起义后返河东,途经汴州(今河南开封),朱温为其接风。此时的李克用28岁,比朱温小了4岁,朱温见其如此骁勇,担心日后成为自己的劲敌,顿起杀心。朱温命部将轮流劝酒,李克用被灌得酩酊大醉。当晚,朱温派兵包围了驿馆,李克用在亲随的保护下,翻后墙逃出驿馆,侥幸逃过一劫,从此,双方结下深仇。

黄巢起义军被镇压后,唐乾宁二年(895年),李克用被封为晋王,此后李克用长期割据河东,与占据汴州的朱温对峙。双方长期交战,由于李克用勇武有余,谋略不足,因此,初期常处于下风。唐天祐四年(907年),朱温灭唐,建后梁,李克用拒不承认朱梁政权,还是沿用唐朝年号。不过,此时李克用已经身患重病,第二年,李克用去世,享年53岁。

据传,李克用临终时,将三支箭交给其子李存勖,交代道:第一支箭要讨伐背叛我的刘仁恭,第二支箭要打败背信弃义的契丹,第三支箭要消灭与我有世仇的朱温。李克用病逝后,李存勖继位,将李克用葬于极建陵,不过后世仍称为晋王墓。

晋王墓位于今山西代县阳明堡镇七里铺村北,早年墓地四周有围墙,内有陵台等建筑物。1975年,村民平田整地时墓室被挖开,出土人、马、狗骨和9尊石雕怪兽像。1989年,文物部门进行挖掘研究,此次挖掘出土了墓志铭。

笔者在一个秋日来到七里铺村,这是一个不大的村子,很快找到李克用墓。墓冢被一院子围护,铁门旁有"晋王墓"的文保碑。院门虚掩,笔者推门而入,俨然是一座农家小院,并没有看墓的人。院里左侧,有一高耸的墓冢,冢上杂草丛生。绕过墓冢,笔者看到了敞开的墓室。

墓冢由主墓道、甬道和墓室组成,墓道长30米,四壁均涂朱色,穹隆正中用一圆形榫口状大石封顶。甬道为石砌拱券,两侧各绘出行图、仪仗图。主墓室全部以石条砌成,呈圆角方形,石券穹隆顶。北、东、西三壁均为仿木结构石雕斗拱门窗，柱头之上置石雕斗拱。墓室正中置巨大的棺床，为石砌束腰须弥座形式。

李克用墓是笔者见到的最精美的墓室之一，虽经千余年风雨，但石刻构件仍然清晰可辨。李克用一生只做了两件大事，一是灭黄巢，二是战朱温。他虽非汉人，但对唐却也忠贞，不仅生前不改唐朝年号，其子建立的朝代仍用"唐"国号，也因此在中原士人心目中，后唐属于正统，而朱温建立的后梁反倒成了"僭伪"了。

【后晋高祖石敬瑭显陵】

后晋高祖石敬瑭（892年—942年），是五代时期后晋王朝的开国皇帝，也是中国历史上以"儿皇帝"著称的人物，其厚颜无耻的卖国求荣行径，为历代所不齿。

石敬瑭为沙陀部人，年轻时朴实稳重，善于射箭。成为李克用义子李嗣源军将后，为李克用、李存勖父子与后梁朱温争雄，冲锋陷阵，战功卓著，尤其在上源之难中冒死救了李嗣源的生命，因而被李嗣源倚为心腹。

后唐同光四年（926年），李嗣源奉命镇压魏州兵变，他采纳了石敬瑭的建议，迅速占领汴州，不久入洛阳即位。李嗣源称帝后，任

河南宜阳后晋高祖显陵文保碑
（摄于2015年7月30日）

河南宜阳后晋高祖显陵陵冢
（摄于2015年7月30日）

命石敬瑭为保义等地节度使，并把女儿永宁公主嫁给他，石敬瑭成为后唐明宗的爱将和女婿。明宗李嗣源去世后，其子李从厚继位，但不久就被李嗣源的养子李从珂废黜，李从珂自立为帝，即后唐末帝。

李从珂与石敬瑭早有矛盾，登位后，对石敬瑭更加猜忌。后唐清泰三年（936年），李从珂命石敬瑭移镇天平（郓州军号），石敬瑭拒不接受，后唐军队兵围太原。石敬瑭听从部下的建议，向契丹求援，以割让幽云十六州、甘做"儿皇帝"等为条件，换取契丹出兵。

在契丹援助下，后唐被灭，石敬瑭在柳林（今山西太原东南）筑台称帝，定都汴梁，建立晋国，史称后晋，石敬瑭为后晋高祖。

石敬瑭虽登帝位，但儿皇帝的日子并不好过。对契丹，石敬瑭百依百顺，岁输30万布帛外，还不时赠送珍奇之物，每次书信必称辽太宗为"父皇帝"，而幽云十六州的割让，使河北大平原从此无险可守。朝廷上下对石敬瑭割地、称臣契丹深以为耻，各地藩镇也不服其管辖。石敬瑭既不敢得罪手握重兵的藩镇，更不敢得罪"父皇帝"辽太宗，左右为难，忧郁成疾，于后晋天福七年（942年）去世，时年51岁，葬于显陵。

后晋高祖石敬瑭显陵位于今河南宜阳县西北。据说，石敬瑭一当上皇帝就开始为自己选址造陵，在宜阳县西北觅得这块风水宝地。此处背靠虎头山，南朝凤凰岭，山环水抱，负阴抱阳，确实很符合皇家择陵的标准。不过，如此好的风水既不能永固后晋江山，更无法保证显陵安然无恙。历史上，石敬瑭显陵迭经沧桑，如今已成荒冢一堆。

笔者在洛阳一位朋友的陪同下，在几年前炎热夏季的一天前往宜阳县城西北10多千米处的石陵村西寻访石敬瑭显陵。从洛阳经宜阳县城，经过一段起伏的山路，来到石陵村。穿过石陵村的一条小道，小道尽头就是石敬瑭显陵。

这是一座高约20米的覆斗形墓冢，坐北朝南，巨大的墓冢之上芳草萋萋。今天虽然已看不到任何建筑的痕迹，但据文献记载，当年的显陵颇具规模，陵前有神道，两侧有石人、石兽等石像生九对，石望柱两个，现均沉没于地下。据村民说，显陵地宫曾遭盗掘，地宫石门高大，四壁皆有壁画，可见后晋虽内外交困，但营陵之事却颇为用心。

如今，经历千年的沧桑之后，这座高耸的陵冢，已掩映在庄稼地中，没有丝毫皇陵气势。炙热的阳光照耀大地，显陵上的枯蒿荒棘在风中摇摆，站在陵前，笔者不由得回忆起了那段耻辱的历史。石敬瑭奉送燕云十六州的恶劣行径，使中原完全暴露在契丹铁蹄之下，失去了抵御北方民族南下的一道重要屏障。千载的骂名，注定使得石敬瑭的显陵寂寞冷清，凄凉万世，厚土难掩千古羞。

【后汉高祖刘知远睿陵】

后汉高祖刘知远（895年—948年），是五代时期后汉王朝的开国皇帝。他少时家贫，据元杂剧《白兔记》描述：刘知远虽穷，但相貌堂堂，被同村富室招为女婿，与李三姐恩爱。却因家贫不容于妻兄，

河南禹州后汉高祖睿陵文保碑（摄于2017年7月19日）

河南禹州后汉高祖睿陵陵冢（摄于2019年7月29日）

河南禹州后汉高祖皇后李三娘塑像（摄于2020年7月29日）

刘知远被迫离家投军。后衣锦还乡，与三姐团聚。现实中的刘知远早年投军，他能征善战，很快成为后唐的重要将领，与石敬瑭共事后唐明宗。

据传，在一次与后梁军队的激战中，石敬瑭的马被箭射中，危难之际，刘知远将自己的马让给石敬瑭，自己则掩护石敬瑭后撤，对此，石敬瑭非常感激。在石敬瑭建立后晋过程中，刘知远也出力不少。石敬瑭称帝后，先后任命刘知远为陕州、许州、宋州、河东节度使、北京（今山西太原南）留守等职。

刘知远治军非常严格，所以他的部队军纪很严，战斗力也很强。他对石敬瑭为称帝而向契丹称儿、称臣、割地、岁输金帛的做法十分反对，可其建议并不为石敬瑭所采纳。后晋出帝石重贵继位后，对位高权重的刘知远多有猜忌，同时也为其父对辽屈辱行为感到羞耻，改变了石敬瑭的做法，对契丹称孙不称臣，辽太宗为此率领契丹大军讨伐后晋。因后晋重臣杜重威投降契丹，后晋主力丧失，辽太宗乘机率军进攻大梁（今河南开封），石重贵被迫奉表出降，后晋灭亡。

刘知远因与后晋出帝石重贵有隙，因而在晋辽交战期间，刘知远守境不出。同时，刘知远此时也有称霸河东、成就王业的想法，故大力招募军士，扩充力量。当得知辽军消灭后晋后，刘知远看准时机，于后晋开运四年（947年）在太原称帝，国号汉，史称后汉。刘知远称帝后，争取后晋文武官吏的支持，下诏书慰劳各地自发武装抗辽和保卫乡土的起义军，赏赐将士，获得了军民的支持。然后趁辽军北退时，挥兵攻入大梁，并定都于此。其夫人李三娘被立为皇后。不过，刘知远称帝仅一年，就因太子刘承训病故，悲伤过度而逝。终年54岁，庙号高祖，葬睿陵。

睿陵位于今河南禹州西北30千米苌庄乡柏村西侧。这里风景秀丽幽美，堪称风水宝地。古老的颍河由陵墓西侧4千米处向南继而折向东流去。荟萃河在墓东侧2千米处由北向南流过，于陵墓前方约5千米处与颍水交汇，对睿陵形成了一种天然的环绕之势。据载，睿陵原来规模不小，辟有四阙，各有石兽一对，陵前还有长约80米的神道和石刻群。新中国成立初期，陵寝石刻尚存大部，但在"文革"时期，石刻全部被毁，仅剩的两件石狮也被运至禹州市文管所保存。如今，刘知远的睿陵仅剩一座高大的封土堆。

笔者在多年前夏季里的一天前往寻访，沿一条窄小的村路往柏村后坡走去，终于在路旁见到一方文保碑，上书"刘知远墓"四字。除此以外，没有见到任何陵前石刻的痕迹。文保碑后，刘知远睿陵的封土已经被夏日繁茂的草木掩盖，难以察觉。在刘知远睿陵东12千米处，有李皇后的高后陵，患难夫妻陵冢相对，遥相呼应。

刘知远在史学家的笔下形象并不光彩，但他努力遏制契丹的南侵，对恢复和发展中原地区的生产起到积极的作用，在当时的环境下，也不失为一代豪雄。

【后周太祖郭威嵩陵】

后周太祖郭威（904年—954年），字文仲，邢州尧山（今河北隆尧）人，五代时期后周王朝建立者。

郭威少年孤贫，随母逃往潞州。18岁时，当地的潞州节度使李继韬招募兵士，他去应招。郭威长得很魁梧，勇力过人，李继韬很赏识他，便收留他在身边做"牙兵"。后来李继韬被李存勖发兵灭掉，郭威被收编进了后唐军队，成为李存勖的亲军。

河南新郑后周太祖嵩陵文保碑（摄于 2016 年 8 月 20 日）

后晋开运四年（947 年），刘知远称帝，建立后汉，郭威因助刘知远称帝有功，被授予枢密副使，成为统帅大军的将领。不久，后汉高祖刘知远病逝，郭威受命辅助其子刘承祐，刘承祐即后汉隐帝。郭威被任命为枢密使，掌管全国的兵权。当时，河中（今山西永济）、永兴（今陕西西安）、凤翔（今陕西凤翔）等节度使相继拥兵造反。后汉乾祐元年（948 年），刘承祐命郭威为统帅，率兵出征。郭威分兵围困河中节度使李守贞，待其城中粮草俱尽，郭威才下令四面攻打，一举攻进城中，李守贞自焚而死。永兴、凤翔等节度使相继归降，风雨飘摇的后汉政权转危为安。

乾祐三年（949 年），郭威以枢密使出为邺都（今河北大名东北）留守兼天雄军节度使，镇守河朔之地。郭威虽然屡建战功，但因拥有重兵、威望震主，引起后汉隐帝的疑忌，隐帝派人前往魏州（今河北

河南新郑后周太祖嵩陵封土（摄于 2020 年 11 月 8 日）

大名西）去谋刺郭威，还把郭威留居京城的亲属全部诛杀。郭威闻讯后，愤而起兵，杀向开封，隐帝派出的禁军被郭威军队击溃，隐帝出逃被杀。郭威带兵入汴京，逼迫太后任命自己为"监国"，把持朝政。后周广顺元年（951年）正月，郭威正式称帝，仍定都汴京，国号大周，史称后周。郭威立国后，虚心纳谏，提倡节俭，严惩贪官，削减严刑峻法，逐渐改革弊政，重用有才德的文臣，注意减轻人民的赋税负担，他的一系列举措，持续数年，政绩斐然，使北方地区的经济、政治形势趋向好转。

后周显德元年（954年）正月，郭威病重，临终前一再叮嘱：陵墓务从俭素，不用在陵墓前立石人石兽，也不要派官人守陵，并遗诏用瓦棺纸衣装殓。下诏当晚，郭威病逝于汴京滋德殿，终年51岁，庙号太祖，葬于嵩陵。

嵩陵位于今河南新郑郭店镇高孟村北原野缓坡上，由于当年陵寝建筑的简朴，加上一千多年的风雨侵袭和人为破坏，地面建筑早已荡然无存，只剩下田野中的一座古冢，冢高约10米，坐北朝南。据载，很早以前有一位诗人在一个冬日曾拜谒嵩陵，看到嵩陵已成麦田中的一丘土冢，冢上荆棘野草丛生，在夕阳的映照下显得格外孤寂和苍凉。不禁感慨题诗曰："荆棘丛生旧衣甲，夕阳残照衮龙袍。朔意正浓天肃静，铁骑纵横成麦苗。"

笔者在多少年后再拜谒嵩陵，看到的依然是这种残破的景象：整个陵冢被高高的庄稼包围，几乎无路可走，穿过密集的玉米田，看不到墓碑，只有一块全国重点文物保护碑。多少年来，一代英豪就默默无闻地矗立在田野中，看着田间一年又一年的春华秋实。

【后周世宗柴荣庆陵】

后周世宗柴荣（921年—959年），邢州龙冈（今河北邢台）人，五代时期后周第二位皇帝。柴荣并非是后周太祖郭威的儿子，而是郭威皇后的侄子。他能够继承帝位，除了姑母的照应，也是自己努力的结果。

柴荣出生时，家道中落，故年少时就被寄养在姑父郭威和姑母家里。其时，郭威只是一个低级军官，家境清寒。从小在姑母家长大的柴荣，聪明伶俐，做事勤奋，谨慎笃厚，深受郭威喜爱，被收为养子。为帮助郭威家增加收入，柴荣还随商人贩茶江陵，对社会积弊有所体验。郭威后因帮助刘知远建立后汉，被刘知远授为枢密副使，跟随郭威左右的柴荣也被任命为左监门卫将军，并随着郭威的升迁而改任为天雄军牙内都指挥使。

郭威称帝建立后周后，柴荣以皇子的身份出任澶州（今河南濮阳）节度使、检校太保，封太原郡侯。史载，柴荣"器貌英奇，善骑射，略通书史黄老，性沉重寡言"。坐镇澶州时期，辖区内政治清明，百姓安居乐业，深受郭威赞赏。后周广顺三年（953年），柴荣返京，被加封晋王并出任开封尹。

后周显德元年（954年），郭威驾崩，柴荣按遗命在柩前即皇帝位，是为周世宗。柴荣在位期间，整肃吏治，整顿禁军，限制佛教，减少赋税，奖励农耕，使后周政治清明，百姓富庶。他南征北战，西败后蜀，夺取秦、凤、成、阶四州；南征南唐，尽得江淮14州；北破契丹，连

河南新郑后周世宗庆陵文保碑
（摄于2016年8月20日）

河南新郑后周世宗庆陵神道
（摄于2016年8月20日）

河南新郑后周世宗庆陵
（摄于2016年8月20日）

克三州三关。正当商议乘胜攻取幽州的时候，柴荣突然病倒，只得班师回到汴京。不久，柴荣带着他的抱负和遗憾离开了人世，年仅39岁。

柴荣被史家称为"五代第一明君"。他不仅精明强干，而且节约简朴，赢得了广泛的拥戴，可惜去世太早，如果不是英年早逝，柴荣不仅有可能更早地实现国家统一，而且极有可能收回燕云十六州。

柴荣去世后，葬于庆陵。庆陵位于今河南省新郑郭店镇陵上村西侧，与郭威的嵩陵相距不远，也是采取薄葬，因此形制较小，无石人石兽。柴荣的功绩颇受明清皇帝的推崇。明朝初年，明太祖朱元璋下诏修建庆陵陵园，修葺后的庆陵平面呈方形，进入南大门，有80米的砖铺甬道，陵墓四周古柏参天。明清时期，历代帝王都派官员前来致祭，使祭坛附近石碑林立。但民国年间，军阀混战，庆陵遭到破坏，围墙被全部扒掉，部分石碑又遭砸毁，现仅存28通石碑。

笔者两度拜谒庆陵，穿过一条柏树小道，就来到陵前，陵冢封土约10米高，显得高大突兀。封土前立有"周世宗陵"的陵碑，陵碑两侧有20多块历代官员和文人墨客留下的赞颂周世宗功业的石碑，此外，还有一些残碑散落在陵前。

简陋的庆陵，不置威武的石刻，也没有雄伟的祭殿，但却有着历史上所有帝陵都没有的众多祭碑。这些祭碑就是柴荣的巍巍丰碑，寄托着后人对一代明君周世宗的赞颂和敬重。

【前蜀高祖王建永陵】

前蜀高祖王建（847年—918年），字光图，许州舞阳（今河南舞阳）人，是十国之一的前蜀开国皇帝。其少年时以屠牛、盗驴、贩私盐为业，后投忠武军（治今河南许昌）。

唐中和元年（881年），黄巢起义军攻陷长安，唐僖宗逃往巴蜀，王建带领忠武军入蜀护驾，成为"随驾五都"之一，留在唐僖宗身边，由权势显赫的宦官田令孜指挥，王建拜田令孜为养父。唐光启元年（885年），唐僖宗返回长安，王建被任命为神策军的主要将领，负责宫廷守卫。不久，田令孜率禁军讨伐河中（今山西永济西）节度使王重荣，

四川成都前蜀高祖永陵陵园大门（摄于2014年12月16日）

兵败后，挟唐僖宗逃往兴元（今陕西汉中），王建被任命为清道斩斫使，深受唐僖宗信任。后来，田令孜失宠，宦官杨复恭执掌禁军，对王建不信任，于是外放王建出任壁州（今四川通江）刺史。在这里，他收编了当地一个叫溪洞的英勇善战的部落，组建了一支八千人的队伍，顺江袭击阆州（今

四川成都前蜀高祖永陵文保碑（摄于2014年12月16日）

四川阆中）和利川（今四川广元），很快占有了川北的大部分土地。唐大顺二年（891年），王建攻取成都，杀西川节度使陈敬瑄，并进而夺得了陕西和湖北的大片土地。天复三年（903年），唐昭宗封王建为蜀王，变相承认了王建在东川和西川的合法地位。第二年，朱温弑唐昭宗，立唐哀帝，王建也开始在成都自行任命官员。天祐四年（907年），朱温篡位建立后梁，王建拒不承认。同年九月，已是花甲之年的王建在成都南郊祭天，即皇帝位，国号大蜀，史称前蜀。

王建戎马一生，历经数十载的金戈铁马才换来割据一方。王建称帝后，典章制度皆沿袭唐朝。他尊重人才、厚待流亡入蜀的唐朝名臣

世族，又劝课农桑，且生活简朴，使前蜀的经济文化都有所发展。但其晚年多内宠，又重用宦官，前蜀很快由盛转衰，辉煌并未延续太久。

前蜀光天元年（918年），王建病故，终年71岁，庙号高祖，葬于永陵。

永陵是王建称帝后不久即在成都选址修筑的，工程浩大，直到王建去世仍未完成，它位于今成都市抚琴东路，从"抚琴"的路名就可以看出历史的误解。原来，在过去很长时间里，人们一直无从确认永陵的具体位置，其圆形墓冢封土长期以来一直被误传是司马相如的抚琴台。抗战时期，为躲避日本战机的空袭，当局决定在此建造防空洞，在施工中却发现有砖墙阻挡，于是由时任四川博物馆馆长冯汉骥先生主持发掘工作。陵墓虽然曾被盗，但考古人员还是在墓葬中发现了王建的哀册等文物，从而确定为王建的永陵。

永陵墓室的地面与室外地面基本处在同一高度，是中国目前罕见的地面帝王陵墓。永陵无墓道，封土之下，

四川成都前蜀高祖永陵陵冢（摄于2016年4月28日）

四川成都前蜀高祖永陵（摄于2016年4月28日）

四川成都前蜀高祖永陵地宫（摄于2016年4月28日）

有前、中、后三室，以红砂岩砌筑的拱券为骨架，券间铺以石板。中室中央偏后有须弥座式石棺床，上置棺椁，石棺床四周有或舞或奏的乐伎浮雕，形神毕肖。尤其是棺床两旁的12尊圆雕半身武士石像，均头戴盔冠、身着铠甲、腰束革带，孔武肃穆，雕工极其精巧。后室发现一尊王建本人的石雕像，这在历代帝王陵墓中十分罕见。

笔者多次参观永陵，石砌墓室的气势，棺床雕工之精巧，圆雕石像的逼真，都令人惊叹，更为重要的是，笔者从这座中国古代独一无二的陵墓中看到诸多晚唐遗韵，让人想起唐王朝的落日余晖。

【后蜀高祖孟知祥和陵】

后蜀高祖孟知祥（874年—934年），字保胤，邢州龙冈（今河北邢台）人，是十国之一的后蜀的开国皇帝。孟知祥"温厚知书，勇于乐善"，"参谋应变，事无留滞"，被李克用所倚重，李克用还将自己的长女琼华公主嫁给他，孟知祥与后唐王朝的这种特殊关系，为其今后的发展奠定了良好基础。

后唐庄宗李存勖继位后，也非常欣赏孟知祥的才干，对他也很器重，并改封亲姐琼华公主为福庆长公主。李存勖消灭后梁之后，把都城迁到洛阳。太原为后唐的根据地，孟知祥被任命为太原留守，全权负责

四川成都后蜀高祖和陵文保碑
（摄于2017年9月12日）

军政事务。后唐同光三年（925年），李存勖灭前蜀，孟知祥受命担任西川节度使，次年正月，孟知祥入成都。整顿吏治，减少苛税，经过他的一番治理，蜀中逐渐安定。

同光四年（926年），李存勖在兵变中被杀，李嗣源继位为明宗。后唐宫廷的这一重大变动，加上蜀地的山川险塞，使孟知祥萌生了据蜀称王的念头。他利用后唐政局混乱，无暇他顾之时，积极训练兵甲，扩充兵力，孟知祥在蜀中的地位也逐渐巩固。他还与东川节度使董璋联合起来与后唐相抗衡，之后，又出兵击杀董璋，

四川成都后蜀高祖和陵（摄于2017年9月12日）

四川成都后蜀高祖和陵地宫（摄于2017年9月12日）

取得东川地，进一步扩大了地盘。唐明宗已经察觉孟知祥"有异志"，但顾及亲属关系，也不愿蜀地真的独立，丧失大量的租赋收入，为拉拢孟知祥，遂封孟知祥为蜀王，并恩遇不断。孟知祥在唐明宗在世时也维持现状。

长兴四年（933年），后唐明宗病逝。第二年，孟知祥在成都即皇帝位，国号蜀，史称后蜀。但半年后，孟知祥在欢迎兴元（今陕西汉中）和源洲（今陕西洋县）归附于蜀的宴席上突然发病，次月去世，时年61岁，庙号高祖，葬于和陵。

和陵位于今四川成都北郊约7千米的磨盘山南麓，在过去很长时间里，孟知祥和陵高大的陵冢一直被误传为古代的砖瓦窑址。直到1970年冬，当地农民在改土造地的时候才发现古窑原来是一座古代大墓。之后，四川省博物馆会同有关单位进行考古发掘。

和陵在历史上已经多次被盗，考古工作者在所剩无几的遗物中发现了孟知祥的玉哀册和福庆长公主的墓志铭，正是通过它们，才确定此墓为后蜀高祖孟知祥与福庆长公主夫妇的和陵。福庆长公主在孟知祥称帝之前两年已亡故，先葬于成都会仙乡，后迁葬和陵。

和陵墓型结构与王建永陵不同，分为墓道及墓室两部分，全用青石砌成。墓道由青石砌作步梯，墓门为牌楼式石构建筑，刻有青龙白虎等浮雕，内侧两壁，是一组男女宫人彩绘壁画。墓室为青石叠砌的圆锥形穹隆顶结构，中为主室，主室高8米有余，直径6.5米。中置须弥座青石棺床，前后各有圆雕裸身卷发力士5人。主室两旁还有两间耳室，耳室与主室相通，结构相同，主要用来放置陪葬品，陵中出土文物都被收藏在四川博物院。

笔者参观时，发现和陵地宫渗水严重，地宫内阴暗潮湿，水迹印痕明显。也许受沙陀文化传统和生活习俗的影响，和陵还带有在南方陵墓中罕见的北方草原建筑风格。只当了半年皇帝的孟知祥梦想着在地下延续他的帝王梦，没料到陵墓被盗，尸骨无存，曾经雄伟的陵墓也默默地掩映在一片绿林之中，遭受风雨的侵蚀。

【南唐烈祖李昇钦陵】

南唐烈祖李昇（888年—943年），字正伦，小字彭奴，徐州（今江苏徐州）人，是十国之一的南唐建立者。他出身孤寒，在战乱中为唐淮南节度使杨行密收养，之后，杨行密将李昇交给大将徐温抚养，并改名为徐知诰。

江苏南京南唐烈祖钦陵文保碑
（摄于2011年12月23日）

江苏南京南唐烈祖钦陵地宫石刻
（摄于2011年12月23日）

江苏南京南唐烈祖钦陵（摄于2011年12月23日）

唐天复二年（902年），唐昭宗封杨行密为吴王，徐温成为吴国的重臣，徐知诰借助徐温的权威，以及自己建立的军功，升任昇州（今江苏南京）刺史。徐温被封为齐国公后，徐知诰转任润州（今江苏镇江）刺史。徐温常年居住昇州，而以其长子徐知训居杨吴都城扬州（今江苏扬州）掌握杨吴朝政。吴天佑十五年（918年），徐知训被杀，徐知诰自润州渡长江平定变乱。自此以后，徐温让徐知诰驻留扬州，杨吴政权的日常政事开始由徐知诰操纵。徐志诰注意招徕四方人士，改革一些弊政，缓征积欠赋税，藉以收揽人心，因此人心逐渐归附徐知诰。徐温去世后，徐知诰完全掌握了杨吴政权。

吴武义二年（920年），杨溥继为吴王，累迁徐知诰为侍中、中书令、太尉、都督中外诸军事，吴乾贞元年（927年），杨溥称帝，之后加封徐知诰为齐王，并将昇州、润州等十州之地划归齐国。吴天祚三年（937年），徐知诰废吴帝杨溥，称帝金陵，改国号为大齐。次年，自称为唐玄宗子永王李璘之裔，恢复李姓，国号改为大唐，史称南唐。

南唐建立后，李昇面临当时群雄并起的外部环境，采取休兵止戈、保境安民的政策。他生活节俭，勤于政事，兴利除弊，轻徭薄赋，不到十年，江淮间呈现"旷土尽辟，桑柘满野"的繁盛景象，南唐社会经济得到了很大的发展，一跃成为十国中的强者。李昇虽然并不以割据一方而自满，有意一统天下，但他了解自身实力，因此不愿轻启战端，而一直致力于积蓄国力，等待时机，但终其一生仍未能如愿以偿，李昇可说是一代雄主。

李昇晚年，信奉长生道术，服用丹石中毒，南唐升元七年（943年），李昇背上生出大疮，医治无效，在金陵去世，庙号烈祖，葬于钦陵。

钦陵位于今江苏省南京市江宁区祖堂山南麓，为李昇及其皇后宋氏的合葬陵，依山为陵。据载，钦陵为南唐博学多才的大臣江文尉和韩熙载设计，现地面建筑已不存。历史上，钦陵地官多次遭到盗掘，当年随葬的金银珠宝也早被盗墓者洗劫一空。但1950年南京博物院组织发掘时，仍然出土了600多件文物，其中的玉哀册、陶俑等尤为珍贵。

笔者多次前往参观，钦陵修建于南唐国势强盛时期，因此墓室规模较大。墓室分为前、中、后三室及十个侧室,其中前、中两室及其四个侧室为砖结构,后室及其六间侧室是石结构。门和前、中、后三室均仿照当时社会上流行的木结构建筑式样,在壁面上用砖砌或石雕成梁、桥、柱子和斗拱,再用石青、石绿、赭石和丹粉等矿物质颜料在其上绘以鲜艳的彩画,后室是安置李昪及宋皇后棺椁的地方,所以建造得相当讲究,顶上还画有天象图,地面上雕刻江河形状,象征上具天文,下具地理。石门两侧有大型武士浮雕,门框上方还有双龙夺珠的浮雕,至今仍残留着敷金涂彩的痕迹。后室的中后部有石砌棺床,棺床侧面有行龙浮雕等装饰。据说,钦陵是精心选择的皇家风水宝地,不过,这块风水宝地最终也没能保住南唐如画的江山。

【吴越太祖钱镠陵】

吴越国太祖钱镠(852年—932年),字具美,杭州临安(今浙江杭州)人,是十国之一的吴越国的开国君主。钱镠小字婆留,据民间传说,钱镠出生时一身乌黑,其父钱宽疑为不祥之物,要往水井扔去,他的祖母(阿婆)急忙拦住,钱镠这才留了下来,因此大家都称他"婆留"。

钱镠自幼学武,后为生计曾贩运私盐,23岁从军,成为唐末石镜镇将董昌的偏将。他有勇有谋,屡战屡胜,曾领兵狙击黄巢起义军。

浙江临安吴越太祖陵文保碑(摄于2013年11月30日)

浙江临安吴越太祖陵园门及享殿（摄于2013年11月30日）

以后，随着董昌的升迁，钱镠也先后担任都知兵马使、杭州刺史等职。钱镠占据杭州后，开始利用唐末藩镇混战局面，扩张自己的地盘，占领苏州。唐景福二年（893年），他被朝廷任命为镇海军（今江苏镇江）节度使，势力逐渐壮大。唐乾宁二年（895年），董昌在越州自立为帝，唐昭宗封钱镠为浙江东道招讨使，下诏讨伐董昌。钱镠于是发兵进攻，次年，攻破越州，擒杀董昌。唐昭宗任命钱镠为镇海、镇东节度使，使其兼有浙东、西之地。唐天复二年（902年），钱镠被封为越王，之后，又被封为吴王。朱温废唐称帝后，封钱镠为吴越王，吴越国建立，都杭州。此时，各地相继建立了前蜀、南吴、南汉、闽等割据政权。钱镠虽然也设立百官，一切礼制也皆按照皇帝的规格，但表面上仍然奉中原王朝为正朔，入贡不断。

钱镠占据的领土有十一州,包括今天的浙江和江苏南部及福建北部一带,这些地方都是当时中国最富庶的地区。钱镠在位期间,采取保境安民的基本国策,注意修筑海塘和疏浚内湖,在西湖、太湖和运河都设"撩浅军",专门负责筑堤、疏浚等事宜,又广开堰闸、创立圩田,使得苏杭等地得享灌溉之利,促进了地方经济发展,保障了民众安居乐业的局面,吴越国成了当时富甲天下的经济强国。

相传钱镠颇具情趣,其王妃每年岁尾都要回娘家看望并侍奉双亲,待来年开春后再回到杭州。有一年春天夫人未归,钱镠写信给王妃说:"陌上花开,可缓缓归矣。"意思是田间阡陌上的花开了,你可以慢慢归来了,情真意切。

吴越长兴三年(932年),钱镠病重,立第七子钱元瓘为继承人。不久,钱镠去世,享年81岁,谥号武肃。钱镠被葬于安国县衣锦乡茅山之原,即今浙江临安锦城镇太庙山,《临安县志》等文献均有记载。但《钱氏家乘》却提出了不同的看法,认为钱镠陵墓或葬于临安县署中大堂之下,或葬于歙州金竺山。

笔者认为,《钱氏家乘》的说法只是一家之言,无论从各种典籍

浙江临安吴越太祖陵(摄于2013年11月30日)

的记载，还是历史上后人举行的祭祀典礼，都说明了太庙山麓的钱镠陵墓可能性最大。笔者也数度前往太庙山拜谒钱镠陵，陵前有牌坊、祠堂，陵寝群山环抱，墓道两侧原有石翁仲，在"文革"动乱中遭到毁损，现已新塑了一组石刻侍立神道两侧。陵冢紧靠太庙山南坡，用土石堆成，高约 10 米，如今陵冢上长满苍松翠柏。墓前尚存墓碑一通，上刻"唐故天下兵马都元帅尚父守尚书令兼中书令吴越国王谥武肃钱王之墓"。整个陵区庄严肃穆，芳草萋萋。

第九章　残碑古松泣宋陵

朝代简述

宋朝是一个经济文化繁荣的朝代，但在许多人眼里也是一个政治、军事上令人沮丧的时代。其历史分为两段，从960年宋太祖赵匡胤建国开始，到1127年宋徽宗、宋钦宗二帝被金兵北掠的"靖康之耻"为止，史称北宋。从1127年，赵构在南京（今河南商丘）称帝，至1279年陆秀夫背着小皇帝赵昺跳海殉国为止，史称南宋。

北宋的历史是从"陈桥兵变"开始的。后周显德七年（960年），刚即位不久的周恭帝柴宗训就听闻北汉及契丹联兵犯边，于是派遣后周殿前都点检赵匡胤前往御敌，大军于京城汴梁东北20千米的陈桥驿（今河南封丘东南）发生哗变，将士拥立赵匡胤为帝，史称"陈桥兵变"。大军随即回师京城，后周恭帝柴宗训被迫禅位，赵匡胤登基，是为宋太祖，国号"宋"，定都开封。

河南封丘陈桥兵变处的石碑昭示这里是大宋王朝的肇始地（摄于2011年10月17日）

开封北宋皇宫已成废墟,但"烛影斧声"之说却存疑千古(摄于2012年7月26日)

赵匡胤登基后,先后消灭了后蜀、南汉、南唐等割据政权。宋开宝九年(976年),赵匡胤与其弟赵光义饮酒,共宿宫中,次日离奇去世,因此史籍有"烛影斧声"之说,认为赵匡胤是被意图篡位的赵光义谋杀。

赵光义继位后,迫使吴越王钱俶和割据漳、泉二州的陈洪纳土归附,又亲征太原,灭北汉,结束了五代十国的分裂割据局面。之后,宋太宗两次攻辽,企图收复燕云十六州,但高梁河之战、雍丘北伐均遭失败,北宋名将杨业也在战役中被辽军俘虏,绝食而亡。从此,北宋对辽采取守势,并一直与强大的辽、金、西夏等朝并立,时战时和。此时的北宋在军事上虽然乏善可陈,但经济和文化等方面都有明显进步,远超前朝。

到了宋徽宗在位时期,北宋的政治进入最黑暗、最腐朽的时期。此时,辽朝国力大衰,金人崛起。宋徽宗目光短浅,不顾"唇亡齿寒"的古训,定下联金攻辽的政策,导致金军在灭辽之后很快南下攻宋。宣和七年(1125年)十一月,金军出兵攻宋,一路势如破竹。消息传来,徽宗不思抵抗,惊慌之余把皇位让给太子赵桓,自己一退了之。

高梁河之战硝烟散尽,但北京城外的高梁桥仍会使人想起这场惨烈的战役(摄于2017年8月17日)

吉林农安古黄龙府御碑记载了北宋徽钦两帝因"靖康之变"所遭遇的屈辱生涯（摄于2018年8月31日）

宋钦宗赵桓继位后，金军已经兵临开封城下，钦宗立即派使臣求和，但主战派李纲坚守开封城，在这种情况下，金军撤军。靖康元年（1126年）八月，金军再度南侵，十一月，围攻开封城，宋钦宗仍一味求和，他不仅亲自进金营求降，献上降表，还秉承金人的意旨，下令各路勤王军停止向开封进发。尽管以宋钦宗为首的北宋朝廷如此奉迎金人，但金人仍在第二年四月把宋徽宗、宋钦宗以及他们的后妃、皇子、宗室贵戚等押解北上，宋朝皇室的各种礼器、古董文物、图籍等也被搜罗一空，北宋从此灭亡，这就是屈辱的"靖康之变"。北宋共历9帝，167年。

靖康之变中，宋徽宗赵佶的第九子、康王赵构因在外地，侥幸逃脱被金兵俘虏的厄运。北宋灭亡后，赵构在南京（今河南商丘）即位，是为宋高宗，后定都临安（今浙江杭州），史称南宋。

南宋王朝自建立以来，一直在金国的威胁之下。金兵几度南下，南宋在抗金将领岳飞、韩世忠、刘光世、张浚等人的指挥下，在黄河两岸击溃了金军的进攻，并节节取胜，朝廷得以初步在东南地区站稳脚跟。但此时，宋高宗担心将领功大势重、尾大不掉，又怕迎回钦宗后自己帝位不保，故下令各路宋军班师，并任用投降派秦桧为相，推行求和政策。不久，又以莫须有的罪名将岳飞下狱杀害。

岳飞虽然含冤被害,其精忠报国的精神却流传千古(摄于2011年7月30日)

绍兴十一年(1141年),南宋与金国签订绍兴和议,以纳贡称臣岁输为代价,换回了东南地区半壁江山的统治权。宋高宗之后,金兵也有几次南侵,但大都半途而废,而南宋在孝宗年间以及之后,也有过数次北伐,但均无功而返。南宋和金国东沿淮水(今淮河),西以大散关为界,形成对峙局面。

南宋虽偏安于淮水以南,但却是中国历史上经济、科技、对外贸易均比较发达,对外开放程度较高的一个王朝。

南宋中后期,奸相频出,朝政糜烂不堪,而此时,金国的实力也

广东新会崖山祠印记了南宋崖山海战的悲壮(摄于2013年11月14日)

已大不如前，蒙古开始崛起。南宋端平元年（1234年），蒙古铁骑灭掉金国，之后开始大举入侵江南的南宋，南宋军民拼死抵抗。

南宋咸淳七年（1271年），蒙古统治者忽必烈定国号为元。德祐二年（1276年），南宋都城临安被攻占，宋室再次南迁，在文天祥、陆秀夫、张世杰等大臣的支持下，继续抵抗。祥兴二年（1279年），宋蒙崖山海战爆发，张世杰率领20万军民、千余艘舰船与元军决战，元将张弘范以战舰扼守海口，并四路出击，宋军力竭，诸军大溃。大臣陆秀夫背着刚满8岁的小皇帝赵昺跳海殉国，南宋覆亡。南宋历7位帝王，共150年。

宋承唐之盛，在这个基础上确立文人治国等一系列加强中央集权的措施，使中央行政制度、地方管理体系更加完善。宋朝的统治应该说是相对温和与开明的，这也促使宋朝在经济、文化上达到了封建社会的高峰，但有宋一代以文治国、重文轻武的治国方略也导致了军事力量的羸弱。而宋代正处于民族关系较为复杂的时期，与宋代并存的辽、金、西夏、元等政权个个强悍，宋朝时常处于被动挨打的地步，终致亡国。

陵寝概况

宋承唐制，在陵寝建筑上沿袭了唐代的风格并有所改进。北宋帝王的陵寝坐落在今河南的巩义，南宋帝王的陵寝坐落在今浙江的绍兴。

北宋建都汴京（今河南开封）。按照汉唐旧制，北宋帝陵应该选择在开封附近，但开封附近一马平川，地下水位较高，没有适宜修建大型陵墓的地方。更重要的是，赵匡胤出生于洛阳，并曾打算迁都洛阳，后来虽然在群臣的反对下，迁都之事没有完成，但他还是把自己的陵寝永昌陵修建在了风水较好的嵩邙伊洛之地。此后，太宗永熙陵、真宗永定陵、仁宗永昭陵、英宗永厚陵、神宗永裕陵、哲宗永泰陵也相继在此修建，再加上赵匡胤父亲赵弘殷的永安陵也迁葬于此，

巩义宋陵台阁庄严、石刻威武，呈肃穆幽静之势（摄于2017年7月19日）

北宋皇后单独起陵,祔葬于帝陵西北隅,如今荒草相伴(摄于2018年1月28日)

形成了七帝八陵的格局。陵区内还祔葬皇后、宗室子弟、名将勋臣等,使北宋巩义皇陵规模巨大,总面积达30平方千米。

北宋皇陵由西村陵区、蔡庄陵区、孝义陵区和八陵陵区组成。几个陵区平面布局基本相同,皆坐北朝南。

北宋皇帝的陵墓目前未经发掘。从已经发掘的皇后陵来看,陵寝分为上宫、宫城、地宫和下宫。上宫前有神道,两侧分别有鹊台、乳台和石刻,宫城四周绕以神墙,城内建有献殿和陵台,陵台采用方上

大宋灭亡后,巩义宋陵"尽犁为墟",与庄稼为伴(摄于2015年7月29日)

南宋帝陵"暂厝"在临安不远的绍兴，形成宋六陵陵区（摄于2011年9月22日）

形制。陵台下为地宫，地宫一般深入地下几十米。下宫在陵西北，是日常奉缮之所。皇后单独起陵，祔葬于帝陵西北隅。

宋代帝陵在地形选择上与其他朝代迥异。之前历代帝陵或居高临下，或依山面河，而宋陵则相反，它面嵩山而背洛水，各陵地形南高北低，置陵台于地势最低处。这源于北宋时期阴阳堪舆术盛行，在葬制上信奉"五音姓利"之说。根据这一学说，宋代皇帝姓赵，属于"角"音，必须"东南仰高，西北低垂"，因此宋代帝陵地形皆呈东南高而西北低的形势。

宋朝皇家执行的是"天子七月而葬"的古礼，故北宋陵寝都是在皇帝去世后才开始修陵，在七个月内必须完成。由于时间较短，宋代皇陵的规模不如唐代，但与其他王朝相比毫不逊色。

历史上，北宋皇陵迭经破坏。北宋灭亡后，金将粘罕及金国扶植的伪齐政权皇帝刘豫，遍掘河南巩县宋帝诸陵，民间盗陵也层出不穷。据载，岳飞收复朱仙镇时，曾派人修复、保护诸帝陵。

绍兴宋六陵是基于宋哲宗孟皇后的遗诏而逐渐形成的（摄于2017年4月14日）

绍兴宋陵区摇曳的松树成为南宋皇陵的象征（摄于2017年4月14日）

金灭亡后，元朝控制了北宋陵区，一切地面建筑，除石雕、陵台外，都被"尽犁为墟"。现在北宋帝陵大都在农田之中，但从大量留存的石刻和高大的陵冢中，笔者依然能够感受其不凡的皇家气势。

北宋亡国后，宋徽宗第九个儿子赵构在南方重建宋朝，南宋因失去北方领土，诸帝无法归葬祖陵，只能"暂厝"在离都城临安不远的绍兴。

南宋帝陵位于今绍兴东南的富盛镇，共有七座皇陵，即高宗永思陵、孝宗永阜陵、光宗永崇陵、宁宗永茂陵、理宗永穆陵和度宗永绍陵，再加上埋葬被金送回的宋徽宗遗体的永祐陵。这七座陵墓中，埋葬南宋皇帝的有六座，称为"宋六陵"。

宋六陵始建于绍兴元年（1131年），据地方志记载，是遵照宋哲宗昭慈圣献皇后孟氏的遗诰而为。南宋皇帝希望有朝一日能够收复北方，归葬巩义祖陵，认为绍兴仅是遗体暂厝之地，故其皇陵的规模不大，规制比较简陋，棺椁埋得也比较浅。不过，南宋王朝直至灭亡也没能踏上祖先的领土，暂厝之地也就成了永久的归宿。

南宋绍兴皇陵也是根据"五音姓利"的风水观念相地的，故也是西北低垂、东南仰高的地形。皇陵建筑仍沿袭北宋旧制，设有上宫、下宫和地宫，但减去了乳台、石像生、陵台和神门等。

祥兴二年（1279年），风雨缥缈的南宋王朝在元朝的铁蹄下灭亡，南宋皇陵的厄运从此开始。

元朝初年对南宋皇陵的盗掘是中国历史上帝王陵寝被盗掘事件中最为悲惨的一次。盗掘南宋皇陵的是一个叫杨琏真加的西域僧人，元政府任命他为江南释教总摄，总管江南地区佛教事务。但他为财所驱，便伙同其他僧人，开始盗掘南宋皇陵。

南宋帝王陵寝结构简单，棺椁也葬得比较浅，盗掘起来比较容易，因此杨琏真加盗掘了所有的南宋帝王陵，盗掠了所有的财宝，还将帝、后的骨骸弃之荒野，甚至将宋理宗赵昀的头颅带回北方，制成盛酒的器具使用。

明朝建立后，明太祖朱元璋在明洪武二年（1369年）下诏将遗留在元宫中的赵昀头颅送回南方，并将其他五帝的遗骸在原址重葬，重新立碑，并派专人守陵，还划出近四千亩山地作为禁区。但陵区到明中期，就逐渐残败。至清代后期，陵园已经十分荒芜，又遭多次盗掘。最终，绍兴宋六陵的地面建筑几不复存，人们甚至对六座帝陵的分布位置也不清楚了。宋六陵的一切，随着时间的推移而变得扑朔迷离。

宋朝是中国古代较为富有的朝代之一，其皇帝陵寝自然也颇具规模。宋代帝陵陵寝制度大体上沿袭唐代，但改变了汉唐预先营建寿陵的做法，故宋代的陵园规模不如唐代。宋代的帝陵，整个陵区布局方正端庄，而北宋帝陵的规模又远超南宋帝陵。

两宋皇陵是笔者多次踏足的地方。虽然人们能够从群山环抱中感受到陵区的好山好水，但近千年的风雨剥蚀，使得皇陵早已失去了当年的雄姿。曾经规模宏大的北宋皇陵，如今只剩下残阳夕照中的石刻和荒冢；南宋帝陵更是只留下几丛高耸的古松在风中沙沙作响，或许在依稀昭示着宋朝那段多灾多难的历史。

山陵撷要

【宋太祖赵匡胤永昌陵】

宋太祖赵匡胤(927年—976年),字元朗,祖籍涿郡(今河北涿州),出生于洛阳夹马营,为北宋开国皇帝。据载,其"容貌雄伟,器度豁如"。其父赵弘殷为后唐、后汉时期的军事将领,赵匡胤在习武方面也表现出极高的天赋。后汉时期,他与其父赵弘殷投奔郭威,后汉乾祐元年(948年),郭威讨伐李宗真,赵匡胤为步将,累立战功,被拜为殿前都虞侯,领严州刺史。后周显德六年(959年),周世宗柴荣任命赵匡胤为殿前都点检,掌管殿前禁军。但柴荣不久病逝,其子柴宗训继位。

显德七年(960年),赵匡胤通过"陈桥兵变",迫使后周恭帝柴宗训禅位,赵匡胤登基,是为宋太祖,改元建隆,国号宋。

河南巩义宋太祖永昌陵石刻
(摄于2011年10月18日)

河南巩义宋太祖永昌陵石刻
(摄于2011年10月18日)

赵匡胤登基后，加强中央集权，通过"杯酒释兵权"的方式，以优厚的待遇解除了一批帮助他夺取政权的禁军高级将领的兵权。相较于汉高祖大杀功臣的行为，赵匡胤确为宽和的典范。赵匡胤还进行一系列政治、经济、军事改革，革除了五代弊政，加强了中央集权，使国家呈现出和平、安定的局面。

宋初，国家处于分裂割据状态，北有契丹和北汉，南有南唐、后蜀等国。为此，宋太祖确定了先南后北、先易后难、各个击破的方针。他袭占荆湖，攻灭后蜀，荡平南汉，降服南唐，基本结束了五代十国时期的分裂局面。

河南巩义宋太祖永昌陵陵台（摄于2011年10月18日）

正当天下初定，赵匡胤准备进一步大展宏图之时，他却于开宝九年（976年）猝然去世，终年50岁，在位17年，庙号太祖。

历史上对宋太祖的死因颇有争论，最流行的是"烛影斧声"说。据《宋史纪事本末》载：开宝九年（976年）十月壬午夜，宋太祖召赵光义进宫，赵光义进入宋太祖寝殿后，有人遥见烛影下赵光义离席，摆手后退，又见宋太祖手持玉斧戳地，斧声清晰可闻。次日凌晨，赵匡胤去世。赵光义迅即进宫，一天后，赵光义就在赵匡胤灵柩前即位了。赵匡胤的死因成了千古疑案，后世很多人怀疑赵光义是谋杀兄长而篡位的。

赵匡胤葬于永昌陵。按北宋规制，皇帝驾崩后才开始修建陵墓，因此赵匡胤停灵七个月后才入葬。

永昌陵位于今河南巩义市芝田乡，陵区坐北向南，由上宫、下宫、宋皇后陵、潘皇后陵及两个陪葬墓组成。陵冢呈方形覆斗状，高14.4米。冢前神道两侧现存石雕45件，鹊台和乳台的遗迹依稀可见。笔者曾分别于夏秋两季前往寻访。夏季的永昌陵淹没在茂密的庄稼之中，而深秋的永昌陵则突兀在空旷的农田上。想当年，永昌陵作为大宋开国皇帝的陵墓，规模应该是极其宏大的。如今，陵寝建筑已经湮灭，神道变成了麦田，陵前的许多石刻也已半埋地下。

北宋繁华已逝，皇陵命运多舛，在麦田、荒草、石刻、陵冢交织的时空里品味宋陵，更能感受北宋奢华与多难的历史。

【宋太宗赵光义永熙陵】

宋太宗赵光义（939年—997年），原名匡义，后因避宋太祖赵匡胤之讳改名光义，即位后改名炅，为北宋的第二位皇帝。他是宋太祖赵匡胤之弟，显德七年（960年），赵光义参与了陈桥兵变，与其他将领一起拥立其兄赵匡胤为帝。赵匡胤即位后，赵光义被封为殿前都虞侯，后任开封府尹，加同中书门下平章事，并被封为晋王。

宋太宗赵光义38岁登基为帝，历史上对其继位的合法性多有质疑。

河南巩义宋太宗永熙陵石刻（摄于2015年7月29日）

河南巩义宋太宗永熙陵石刻（摄于2011年10月18日）

这主要是因为 50 岁的赵匡胤忽然驾崩，而且赵匡胤临终的时候并没有见到自己的儿子赵德昭、赵德芳，却被赵光义抢先登基。

为了证明自己即位的合理性，赵光义提出了"金匮之盟"的说辞，说赵匡胤、赵光义兄弟的母亲杜氏从大局出发，为稳固宋朝江山，曾让赵匡胤承诺将来传位给赵光义，并由宰相赵普执笔写好誓书，藏在金匮里。《宋史》对此言之凿凿，但新君继位后修改史书之事屡见不鲜，"金匮之盟"的真实性也就任由后人评说了。据说，宋太祖的皇后宋氏在当时的情况下，为了保全家人的生命，也只能承认赵光义继位。

河南巩义宋太宗永熙陵陵台（摄于2011年10月18日）

赵光义即位后，太祖的儿子赵德昭在太平兴国四年（979年）被赵光义斥骂，愤而自杀，另一个儿子赵德芳也在两年后遭赵光义迫害，忧郁成疾而亡。太祖、太宗的弟弟赵廷美也被贬到房州，忧悸而死。至此，皇位传人就只有赵光义一系了。传说连宋太宗的长子、楚王赵元佐都看不惯这种行径，为救叔叔被废为庶人。

不过，赵光义即位后，也是有所作为的。首先，他按照宋太祖的既定方针，继续对吴越王钱俶和割据漳、泉二州的陈洪进施加压力，迫使两人纳土归附。他又一鼓作气，亲征太原，灭亡北汉，结束了五代十国的分裂割据局面。

太平兴国四年（979年），赵光义趁灭北汉的余威，进攻辽国，企图收复燕云十六州，但在高粱河（今北京一带）战役中，宋军大败，宋太宗被辽军射伤，乘驴车逃走。之后，太宗发动雍熙北伐，又遭败绩，从此对辽采取守势。

宋太宗武运不昌，转而重文，在位期间，扩大科举取士规模，新建昭文馆、史馆和集贤院，编纂大型类书，设考课院、审官院，加强对官员的考察与选拔，鼓励垦荒，发展农业生产，这些措施使国家出现了繁荣昌盛的景象。至道三年（997年），宋太宗病逝，终年59岁，在位21年，葬永熙陵。

永熙陵位于巩义市西村镇滹沱村东，由上宫、宫城、地宫、下宫及后陵等组成，其神墙、角楼、阙楼等陵寝建筑早已了无痕迹，但陵台及神道石刻保存完好，尤其是永熙陵的石刻种类多、形象生动，而且雕工格外精美。当地乡民曾流传一句顺口溜"东陵狮子西陵象，滹沱陵上好石羊"，指的就是滹沱村的永熙陵石刻。

笔者数次来到永熙陵，虽然永熙陵的地面建筑已成废墟，但陵台前方两侧却完好地保存着58件石雕像，件件都称得上是古代艺术精品。神道尽头，是永熙陵高大的陵台，如今已被没膝深的野草包围。笔者穿过滹沱村，才看到田野中的赵光义的陵冢。远远望去，陵冢虽然杂草丛生，野树蔓枝，但仍不失皇家气派，彰显了北宋王朝鼎盛时期的气象和威严。

据载，永熙陵多次遭到盗挖和破坏。笔者站在永熙陵前，看着陵前这些默默伫立着的石刻，不禁感叹：精美的石刻掩盖不了历史上多次遭遇大规模盗掘带来的屈辱。

【宋真宗赵恒永定陵】

宋真宗赵恒（968年—1022年），初名赵德昌，后改赵元休、赵元侃，至道元年（995年）被立为太子后改名恒，为北宋第三位皇帝。

赵恒为宋太宗第三子，其长兄、楚王赵元佐因对父亲迫害赵德昭和赵廷美行为不满，纵火焚烧宫殿，被宋太宗废为庶人，次兄因病去世，因此，赵恒才被宋太宗立为太子。

赵恒早年先后被封韩王、襄王和寿王，并任开封府尹。至道三年（997年），宋太宗去世，赵恒继位为帝，是为宋真宗。

赵恒即位之初，励精图治，锐意改革，整顿吏治，劝课农桑，其一系列改革措施，使北宋的政治制度如职官、科举等日趋完备，社会经济也有发展，北宋也进入鼎盛时期，史称"咸平之治"，但他对辽朝却一直心存畏惧。此时，辽朝也进入了全盛时期，开始频繁地在边境进行挑衅。

河南巩义宋真宗永定陵石刻（摄于2015年7月29日）

河南巩义宋真宗永定陵陵台（摄于2015年7月29日）

宋景德元年（1004年）春，辽朝太后萧绰、辽圣宗耶律隆绪亲自率领20万大军南下，直逼黄河岸边的澶州（今河南濮阳）城下，威胁宋都汴梁。在参知政事寇准的坚持下，赵恒御驾亲征，北上渡河进入澶州城中，宋军顿时士气大振。在寇准的指挥下，宋军奋勇出击，消灭辽军数千，辽军主将萧挞凛也被射死。萧太后见此情景，要求议和。赵恒不顾寇准的反对，与辽朝订立了"澶渊之盟"。

依据盟约，宋朝每年要交付辽朝白银10万两、绢20万匹作为岁币，开创了用岁币求苟安的恶例，不过宋辽之间也因此维持了几十年的和平，宋朝也逐渐进入经济繁荣期。

据载，赵恒好文学，善书法。著名谚语"书中自有黄金屋""书中自有颜如玉"即出自他口，目的在于鼓励读书人参加科举，参政治国，使得宋朝能够广招贤士，治理好天下。

赵恒晚年趋于昏庸保守。他撤掉寇准相位，任用奸人为相，并"好奉道教，信惑异说，"沉迷于朝圣访道，东封西祀，成为中国历史上最后一位封禅泰山的皇帝。这些行为，劳民伤财，并使岁出日增，但综其一生的表现来看，宋真宗算是一位明君。

河南巩义宋真宗永定陵陵号碑
（摄于2015年7月29日）

乾兴元年（1022年），赵恒病逝于汴京宫中延庆殿，在位25年，终年55岁，葬于永定陵。

永定陵位于今河南巩义芝田镇蔡庄北，现地面建筑已无存，但高大的陵冢以及陵前的石刻保存完好，是北宋诸陵中保存最好的一组。而且由于永定陵的陵园有专人管理，因此永定陵的石像生不再散落田间。

永定陵是笔者参观较晚的北宋帝陵，也是地势最平坦的宋陵。走在铺着石块的神道上，放眼望去，傲然矗立的望柱、庞大威严的石兽、默默肃立的文臣武将，气势不凡。笔者仔细观赏这些高大、威武的石刻，由于注重细节上的纹饰修饰，石刻显得更为雍容。石刻尽头为陵冢，呈方上形制，高约15米，冢上树木葱茏，树枝摇曳，陵台南面还有一块书有"宋真宗永定陵"的石碑。这座千年古陵此刻显得如此静谧，就连这些沉淀着大宋泱泱风采的石像生也默默无语。多少次，斜阳残照，映衬出这座千年皇陵的悲壮与肃穆、恢宏与苍凉。

【宋仁宗赵祯永昭陵】

宋仁宗赵祯(1010年—1063年)，初名赵受益，为北宋第四位皇帝。他是宋真宗第六子，其生母李氏，原为宋真宗宠妃刘氏的侍女，后侍寝真宗怀孕，生下皇子赵受益。后来，刘氏被真宗立为皇后，因为自己无子，便将赵受益抱入宫中，窃为己子。

河南巩义宋仁宗永昭陵乳台（摄于2017年7月19日）

河南巩义宋仁宗永昭陵石刻（摄于2017年7月19日）

  据载，赵受益天性仁孝宽裕，且聪明好学，故格外受真宗喜爱。赵受益先后被封为庆国公、寿春郡王，兼中书令，天禧二年（1018年）被立为太子，改名赵祯。天禧四年（1020年），真宗病重，诏命太子监国。乾兴元年（1022年），宋真宗去世，赵祯即位，是为宋仁宗。

  赵祯一开始并不知道李氏是自己的生母，因为他在襁褓之中时就被刘皇后抱养。他即位后，刘皇后晋位为太后，朝中大权由刘太后独揽，而李氏则被派去永定陵为真宗守陵。明道元年（1032年），李氏病重，被册封为宸妃，不久逝世，终年46岁。因她畏惧刘太后权势，至死也没敢母子相认。

  直到刘皇后去世后，赵祯才从燕王赵元俨口中得知真相，宋真宗即追尊李宸妃为太后，谥号"章懿"，并以太后礼仪重新安葬。传统戏曲中有一出剧目《狸猫换太子》就是据此演绎而成的。

  宋仁宗在位期间，尽管各种社会矛盾已露端倪，但总体来说，国家安定太平，经济也比较繁荣，尤其是科学技术和文化得到了很大的发展。但其统治时期，冗官、冗兵、冗费严重，辽和西夏不断威胁着边疆，经济也出现了危机。因此，在庆历三年（1043年），宋仁宗采纳了范仲淹等大臣的意见，实行了一系列澄清吏治、富国强兵的举措，史称"庆历新政"。但由于新政触犯了贵族官僚的利益，遭到他们的强烈阻挠，新政最终失败。

宋仁宗可以说是宋代帝王中的圣明君主，他知人善任，因而在位时期名臣辈出，也正是他的贤明和善于纳谏，成全了千古流芳的包拯。嘉祐八年（1063年），宋仁宗病逝于汴京福宁殿，在位41年，享年54岁，是宋朝在位时间最长的皇帝。据载，对于他的去世，大宋朝野举国哀痛。史籍记载："京师罢市巷哭，数日不绝，虽乞丐与小儿，皆焚纸钱，哭于大内之前。"其陵墓为永昭陵。

河南巩义宋仁宗永昭陵南神门（摄于2017年7月19日）

河南巩义宋仁宗永昭陵西神门（摄于2017年7月19日）

永昭陵位于今巩义市区内，据史料记载，当年修建永昭陵时，曾调集士兵4万多人，工期近7个月，可见当年陵寝规模是非常庞大的。不过，历经千年风雨，饱受战乱抢掠，永昭陵曾经荒芜一片。

近年来，永昭陵成为宋陵中唯一一座按原貌修复的陵寝。经过修复，永昭陵内的鹊台、乳台、神门、角楼、神墙、阙亭等建筑再度耸立，陵前两列长长的石刻也绿树掩映，再现了永昭陵曾经的恢宏气势。笔者曾两度前往。与其他北宋帝陵不同的是，永昭陵所在的孝义堡如今已经纳入巩义市的城区范围内，变成一个市民公园，永昭陵成为与市民最亲近的宋陵。

走在修复后的宋陵建筑里，完全是不一样的感受，黄墙高耸，石像庄严。但永昭陵的陵台没有开放，透过门缝，只见覆斗状的陵冢草色青青。参观永昭陵，仿佛走进北宋的历史，威严的石像听尽了金兵践踏的马蹄，而金字塔般的陵台中，这位皇帝也诉尽了还我山河的悲哀。

【宋徽宗赵佶永祐陵】

宋徽宗赵佶（1082年—1135年），为北宋第八位皇帝。他是宋神宗第十一子、宋哲宗之弟，先后被封为遂宁王、端王。由于宋哲宗即位时年仅9岁，在各方面受祖母高太后的严格管束，与皇后孟氏又不睦。亲政后，宠妃刘氏曾为他生有一子，但早夭，因此他在24岁病逝时尚无子嗣。在神宗皇后向太后的坚持下，哲宗的弟弟端王赵佶被立为帝，即宋徽宗。

黑龙江依兰五国城宋徽宗囚禁地遗迹
〔拍摄于2016年7月27日〕

赵佶是一位在艺术上有多方面成就的皇帝，不仅擅长绘画，而且在书法上也有较高的造诣，创造出独树一帜的"瘦金体"。但作为一

浙江绍兴宋徽宗永祐陵址（摄于 2017 年 4 月 14 日）

国之君，他却是北宋最荒淫腐朽的皇帝。

赵佶即位不久，就重用蔡京、童贯、朱勔等奸臣，禁锢党人，排斥异见，贪污横暴、滥增捐税。为追求奢侈生活，设"苏杭应奉局"，在南方采办"花石纲"，搜集奇花异石运到汴京修建园林宫殿。他还崇信道教，广建宫观，自称"道君皇帝"。这些行径导致民不聊生，各地小规模起义不断发生，方腊、宋江起义就发生在这个时候。赵佶又好大喜功，不顾宋辽已达百年的和平相处，于宣和二年（1120 年），与金国结成"海上之盟"，联合灭辽。但在对辽作战中，暴露了宋朝政治的腐败与军事上的无能，当金军克辽之后，战争的矛头很快指向宋。宣和七年（1125 年）十月，金太宗遣师南下入侵宋朝。赵佶无计应付，慌乱中传位给其子赵桓去对付，自己则当"太上皇"。

但宋钦宗赵桓也无法挽回局势，靖康元年（1126 年），金军分东、西两路再次大举南下，很快攻占汴京，金太宗下诏将宋徽宗、宋钦宗贬为庶人。第二年，金帝下令将徽、钦二帝押解北上，北宋灭亡，史称"靖康之变"。

赵佶被押解至金国都城会宁府（今黑龙江哈尔滨阿城区）后，被迫身披羊裘，袒露上体，谒见金太祖完颜阿骨打的庙宇，意为金帝向太祖献俘。之后，赵佶被金帝辱封为昏德公，关押于韩州（今辽宁昌图），

浙江绍兴宋徽宗永祐陵文物保护范围（摄于2017年4月14日）

浙江绍兴为永祐陵迁址后的泰宁寺（摄于2017年4月14日）

后又被移至五国城（今黑龙江依兰）囚禁。

赵佶在五国城受尽屈辱，过着孤单的囚禁生活。自幼养尊处优的他只能忍辱偷生，俯仰由人。绍兴五年（1135年）四月，心力交瘁的宋徽宗一病不起，在五国城去世，终年54岁。

绍兴十一年（1141年），金国鉴于在战场上频频失利，开始转向议和，十一月，宋金达成"绍兴和议"，宋金关系有所缓和。在宋高宗的一再请求下，第二年三月，金人将徽宗追封为天水郡王，归还了其梓宫。但据说回归的宋徽宗梓宫里装的只是一截朽木，宋徽宗梓宫被暂厝永祐陵。

永祐陵位于今浙江绍兴东南17千米皋埠镇牌口村的攒宫山下，迁泰宁寺而建，因想有朝一日收复故地，归葬巩义，故仅为暂厝，薄土浅葬，建制简陋。元朝初年，陵墓遭江南佛教总管杨琏真加盗掘破坏，明朝初年，明太祖朱元璋下令重新修复，但清朝以后又连遭盗掘。

笔者多次前往寻访，因陵寝建筑早已无存，又没有任何标志，所以难觅其踪。后来，在绍兴当地考古专家的指引下，笔者才在一处山坳中寻访到了永祐陵的具体位置，陵区只剩下一丛高高的古松。笔者踏着茂密的荒草，绕着陵区设定的文物保护范围走了一圈，回想宋徽宗的一生，不禁叹息不已。永祐陵仅剩的一棵枝叶稀疏的古松随风摇曳，似乎也在倾诉着赵佶生前死后荒唐而屈辱的遭遇。

【宋高宗赵构永思陵】

宋高宗赵构（1107年—1187年），字德基，为南宋的第一位皇帝。他是宋徽宗的第九子，被封为康王。因其母韦贤妃是一个地位较低的嫔妃，并不受宋徽宗的宠爱，故赵构本与皇位无缘。然而，"靖康之变"中，赵宋宗室多被金兵掳去，独存的赵构因祸得福，登上皇位。

赵构没有被金人俘虏，磁州（今河南磁县）守臣宗泽功不可没。靖康元年（1126年）冬，金兵再次南侵时，赵构奉命出使金营求和。

浙江绍兴宋六陵御井亭（摄于2020年10月29日）

浙江绍兴宋高宗皇后陵址（摄于2017年4月14日）

行至途中,被宗泽劝阻,留于河北,从而得以免遭被金朝扣留的厄运。金军再次包围开封时,宋钦宗命他为天下兵马大元帅,募兵勤王,救援汴京。尽管当时他周边已聚集起八万余人的抗金军队,但他为避敌锋芒,按兵不动,金兵攻陷京城。第二年四月,宋徽宗和宋钦宗被金兵俘虏北去,北宋灭亡。同年五月,赵构在南京应天府(今河南商丘)即皇帝位,是为宋高宗。

南宋政权建立初期,迫于严酷的形势,宋高宗赵构不得不起用主战派李纲为相,宗泽为东京留守。但宋高宗只是把军事部署作为对金求和的筹码,不久就罢免了李纲。汴京很快失守,宋高宗仓皇南逃扬

浙江绍兴宋高宗永思陵址（摄于2011年9月22日）

州，金兵一路紧逼，高宗狼狈渡江，经镇江到杭州，之后，继续南逃，甚至漂泊海上。此时，以岳飞、韩世忠、吴玠等为代表的抗金将领，给南犯的金军以沉重的打击，迫使金兵北撤，形成了南宋东起淮水、西至秦岭的战线，为宋高宗赢得了喘息的机会。绍兴二年（1132年），高宗定都临安（今浙江杭州），稳固了自己的统治。之后，他虽然在防御金兵方面作了一些部署，但始终没有收复失地的打算，他担心抗金将领功大势重，尾大不掉，更怕钦宗回来，夺取他的帝位，因而对主战派将领们恢复中原，迎回徽、钦二帝的主张极其反感。在军民抗金的大好形势下，宋高宗却宁愿屈辱妥协。

绍兴十年（1140年），高宗下令各路宋军班师，断送了抗金斗争的大好形势。第二年，高宗又解除岳飞、韩世忠等大将的兵权，后来，又以"莫须有"的罪名杀害岳飞父子。宋金签订屈辱的"绍兴和议"，以此换得对东南半壁江山的偏安。

宋高宗曾有一子，但早夭，此后再无子嗣。绍兴三十二年（1162年），宋高宗以"倦勤"为由传位给养子赵昚。此后，他以太上皇的名义赋闲20余年，于淳熙十四年（1187年）病逝于临安德寿殿，享年81岁，葬永思陵。

永思陵位于今绍兴东南17千米的皋埠镇牌口村攒宫山下，宋六陵区西南角，坐北向南，设有上宫、下宫和地宫。上宫位于下宫之南，主要由南北两座棂星门、龟头屋、献殿等组成。

南宋陵寝地宫又称皇堂，建于龟头屋之下，为一长方形石室，外筑石壁一重。石壁之中，先置外棺椁，梓官上覆以天盘囊网，然后再加盖柏木枋、条石、泥土、地砖等。下宫位于上宫的西北方，由棂星门、殿门、前殿、后殿、东西廊等构成。永思陵虽然简陋，但毕竟是皇家陵寝，仍不失皇家等级的规模。

永思陵在元朝时遭杨琏真加等盗掘，他们从陵中得到了"真珠戏马鞍"等随葬品。以后，永思陵逐渐荒芜颓败，明初局部恢复。到20世纪30年代，永思陵已荒凉无比了，只剩下"一堆土，一块碑而已"。20世纪60年代，绍兴县攒宫茶场进行机械化改造，陵冢被铲平，墓碑等被移作他用。

笔者来到永思陵时，整个陵区没有看到坟起的墓冢，只有葱绿满目的茶树以及数丛随风摇曳的古松。赵构，一个曾让人恨之入骨的帝王就这样随风而逝，无影无踪。

【宋孝宗赵昚永阜陵】

宋孝宗赵昚（1127年—1194年），原名伯琮，字永元，为南宋的第二位皇帝。他是宋太祖七世孙，为赵匡胤次子秦王赵德芳的后裔。宋朝从宋太宗开始，直到宋高宗为止，都是宋太宗一脉的传人。但宋高宗逃亡时因为受到惊吓，失去生育能力，唯一的儿子赵旉又因受惊吓而夭折，皇储乏人。因此，宋高宗只能从宋太祖的后人中选拔皇位继承人，最后选定赵昚。

赵昚天资聪颖，博闻强记，异于常人，颇受高宗钟爱。留在宫中后，接受了最好的教育，绍兴十二年（1142年）被加封为普安郡王。但赵昚养在宫中将近20年，却一直没有确定太子的名分。直到绍兴三十二年（1162年），宋高宗才正式册立赵昚太子。同年，宋高宗以"老且病，久欲闲退"为由，传位给赵昚，自己退居太上皇。后人评价高宗，说他一生行事，只有选立太子最为公允，其能上慰天帝，下慰祖宗，仅此而已。

36岁的孝宗赵昚即位后，颇想有所作为，他下诏给岳飞平反，依礼重新安葬，又将秦桧时期制造的冤假错案全部予以昭雪。孝宗还重

浙江绍兴宋孝宗永阜陵指示牌（摄于2017年4月14日）

浙江绍兴宋孝宗永阜陵址（摄于2020年10月29日）

用主战派，起用张浚为枢密使，命他部署北伐，朝野上下为之一振。然而，面对太上皇宋高宗的处处牵制、拖延及主和派的极力阻挠，宋孝宗深感力不从心。随着北伐时机的丧失和宋军在符离（今安徽宿县北）的溃败，宋孝宗不得不重新与金订立和议，但他始终坚持训练军队，整顿财政，不忘备战。

宋孝宗是南宋较有作为的皇帝，其统治时期，政治比较稳定，经济也有一定的发展。淳熙十四年（1187年），宋高宗病逝，孝宗对于选中自己继承皇位的宋高宗，一直心存感激，故悲痛欲绝。此外，孝宗的儿子赵惇居太子位也有多年。因此，孝宗以为高宗"守孝"为名退位。淳熙十六年（1189），宋孝宗正式传位于太子赵惇，是为光宗，自己退居重华宫，成为太上皇。但光宗与太上皇不和，赵惇为此闷闷不乐，绍熙五年（1194年），宋孝宗病逝，享年68岁，葬于永阜陵。

浙江绍兴宋孝宗永阜陵址（摄于2017年4月14日）

综观孝宗一朝，力图中兴恢复，由于种种原因，最后不能遂其志，但宋孝宗仍不失是一位比较有作为的皇帝，甚至可以说是南宋最杰出的皇帝。

永阜陵位于今浙江绍兴东南约18千

米的皋埠镇攒宫村，离高宗的永思陵东侧不远。其形制与高宗永思陵相仿，修建较为简陋。永阜陵陵寝在元朝时也遭江南释教总摄杨琏真加为首的盗墓贼掘毁，尸骨弃于草莽之间。幸有当地义士唐珏收敛尸骨，葬于宝山之阴天章寺前。明朝建立后，孝宗尸骨得以归瘗旧穴，陵园也得以复建。其后，南宋陵区再度荒芜，但永阜陵一直还留存一间享殿，直到后来开垦为茶园，剩余的地面建筑就被全部平毁了。

笔者两度来到绍兴寻找永阜陵踪迹。发现这是一处小岗地，植物茂密，没有陵冢，也看不到任何陵寝建筑遗址，只有微风在低声呜咽。南宋最有作为的一代君王的陵寝就这样悄无声息地淹没在茶园深处。

【宋少帝赵昺陵】

宋少帝赵昺（1271年—1279年），也称宋少帝或祥兴帝，也是南宋第九位皇帝。他是宋度宗赵禥之子。赵昺出生的这一年，忽必烈定国号为元，因此，他的出生注定是一场悲剧。

咸淳十年（1274年），宋度宗去世，其4岁的长子赵显继位，是

广东深圳宋少帝陵文保碑（摄于2013年11月17日）1

为宋恭帝。此时，元朝丞相伯颜正率大军沿汉水和长江东下，并很快击溃宋军舟师，势如破竹。德祐二年（1276年），元军兵临宋都临安，宋恭帝随谢太后出降。南宋大臣护送度宗的两个幼子赵昰和赵昺南逃，坚持抗元，并在福州拥立赵昰为帝，即宋端宗。元兵穷追不舍，南宋小朝廷被迫继续南逃。景炎三年（1278年），端宗因落水受惊吓而亡，大臣们只得再拥立8岁的赵昺为帝，并以陆秀夫为左丞相，张世杰为太傅，退至崖山（今广东新会南），作为最后据点，继续抗击元军。

祥兴二年（1279年）正月，元军猛攻崖山，宋元两军在崖山海面决战。张世杰集中战船千余艘，兵民十余万众与元军开展殊死血战，直至兵尽矢穷，全军覆灭。陆秀夫见大势已去，于是身穿朝服，将9

广东深圳宋少帝陵（摄于2013年11月17日）

岁的小皇帝赵昺抱到船头，叩首拜道："国事至此，陛下当为国死。德祐皇帝（宋恭帝）辱已甚，陛下不可再辱！"言罢，陆秀夫将国玺绑在身上，然后背负赵昺投入大海，以身殉国。小小年纪的赵昺，还没经历世间的美好，就草草结束了一生，至此，悲壮的南宋抗元斗争降下了帷幕，南宋彻底灭亡。

传说赵昺投海后，其遗体漂浮至广东深圳赤湾村海边，被村民发现，就将遗体打捞上来，只见面目已腐烂，但遗体身着龙袍，为一孩童，方知是帝昺之骸，于是厚葬于天后庙西山脚处，数百年来无人知晓。1963年，当地驻军的炊事员上山砍柴，偶然发现此陵，后经专家实地

广东深圳宋少帝陵陵号碑（摄于2013年11月17日）

考察，认定为帝昺之陵。

赵昺陵墓被称为"宋少帝陵"，位于今广东深圳南山区招商街道赤湾村少帝路，陵墓始建年代不详，现陵为1984年修葺。笔者前往拜谒时，发现宋少帝陵远没有皇帝陵那种规模，整个陵园显得很局促。赵昺的陵墓位于陵区正中，陵前设有祭坛，祭台用花岗岩条石铺砌，祭坛两旁各置一石狮，中间有一花岗岩香炉。墓碑位于陵墓正中，镌刻"大宋祥庆少帝之陵"八个填金大字，"祥庆"应为"祥兴"之误。墓碑两侧有一副对联：黄裔于今延宋祀，赤湾长此巩皇陵。意味深长。墓的东侧，还立有一块花岗岩石碑，正面刻《宋帝昺陵墓碑记》，记叙了宋少帝的生平、陆秀夫负帝投海的经过，以及陵墓的修建情况，篆体阴文，为商承祚先生所撰，商承祚先生不仅是饮誉中外的书法家，也是著名的考古学家，由他书写帝昺墓碑记是最合适不过了。

宋少帝陵冢背靠大南山，面濒伶仃洋，地域壮阔。陵冢四周青草翠柏，庄严肃穆。曾经辉煌的南宋王朝，其诸多帝王陵寝早已湮灭，赵昺陵墓虽然也只是一方矮矮的坟冢，但不管是真冢还是纪念性坟墓，毕竟给后人留下了一份寄托。如今，陵园香火旺盛，命运多舛的赵昺仍在缭绕香火中接受后人的祭拜。

第十章　辽金夏元墓鸦扰

朝代简述

辽、金、西夏、元王朝是以少数民族为主体建立的四个封建王朝，在中国历史上曾雄极一时，是中国历史的重要组成部分。

辽朝是由契丹族为主体建立的封建王朝，由辽太祖耶律阿保机统一契丹各部后于后梁贞明二年（916年）建立，国号"契丹"，定都临潢府（今内蒙古赤峰巴林左旗）。辽太宗十一年（936年），辽太宗耶律德光出兵帮助后唐河东节度使石敬瑭击败后唐，取得燕云十六州，成为南下中原的基地。辽大同元年（947年），改国号为"辽"，并与北宋长期争战。高粱河战役后，辽对宋战争屡屡获胜，俘获号称"杨无敌"的宋朝名将杨业。北宋景德元年（1004年），辽宋订立澶渊之盟，从此两朝维持了较长时间的和平。

辽全盛时期，疆域东北到今日本海黑龙江口，西北到今蒙古国中部，南以今天津市海河、河北霸州、山西雁门关一线与宋接界。辽保

内蒙古巴林左旗的辽上京作为辽朝都城曾繁盛一时（摄于2017年8月15日）

宋辽澶渊之盟维持了宋辽两朝之间较长时间的和平（摄于2014年5月29日）

大五年（1125年），辽朝被金朝所灭，历9帝，共210年。

金朝是由女真族为主体建立的封建王朝。女真族兴起于今黑龙江、松花江流域及长白山地区，早年臣服辽朝。辽朝晚期，心存不满的女真人在首领完颜阿骨打的领导下，统一女真各部。辽天庆五年（1115年），完颜阿骨打称帝，国号"大金"，建都会宁（今黑龙江阿城南）。

金朝建国后，展开以辽五京为战略目标的灭辽之战，最终灭亡辽朝。随即，金朝开始南下侵宋。金天会四年（1126年）灭亡北宋，统

完颜阿骨打在会宁府称帝是宋朝和辽朝的噩梦（摄于2016年7月27日）

一了包括黄河流域在内的广大北方地区，并与南宋长期对峙。金海陵王完颜亮在位期间，都城迁至燕京（今北京），改称中都。

金朝疆域东北到今日本海、鄂霍次克海、外兴安岭，西北到今蒙古国，西以河套、陕西横山、甘肃东部与西夏接界，南以秦岭、淮河与南宋接界。

金朝曾对南宋发动了多次大规模战争，但在岳飞、韩世忠等南宋抗金将领的打击下，金朝未能取得战争的全面胜利，只得与南宋和议罢兵，双方由此维持了几十年的休战状态。之后，蒙古崛起，在蒙古铁骑的不断打击下，金军节节败退。最后迁都蔡州（今河南汝南）。金天兴三年（1234年），蒙古与南宋军队联合攻下蔡州城，金哀宗焚身殉国，金朝灭亡，历10帝，共120年。

西夏是以党项人为主体在中国西部建立的一个政权，地域范围以今宁夏为中心，覆盖今陕北、甘肃西北、青海东北和内蒙古一部分的广大地区，宋明道元年（1038年）为嵬名元昊所建。因其祖先在唐朝曾被封为夏国公，故以夏为国号，史称"西夏"。

北宋不承认元昊建国称帝的合法性，因此双方爆发了多年的战争。在三川口、好水川、麟府、定川等四次大规模战役中，宋军均以失败告终。战争也使西夏与宋朝贸易中断，导致西夏经济衰退，频繁的战事又大大消耗了西夏的国力，因此，宋夏之间时战时和。金朝兴起后，辽朝和北宋先后被灭，西夏也只得以藩属礼事金。之后，蒙古崛起，通过六次入侵西夏，拆散金夏同盟。西夏内部也多次发生弑君、内乱之事，经济趋于崩溃。黑水城（位于今内蒙古额济纳旗）、灵州（今宁夏灵武）等相继被蒙古军攻破，西夏宝义元年（1227年），西夏亡于蒙古，历10帝，共190年。

元朝是中国历史上由蒙古族统治者建立的统一王朝。12世纪，蒙古势力逐渐强大，蒙古孛儿只斤部的首领铁木真通过长期兼并争战，最终统一了蒙古各部。南宋开禧二年（1206年），铁木真被蒙古各部推为大汗，建立蒙古汗国。建国后，蒙古继续对外扩张，先后灭亡西辽、西夏、金和大理，并在吐蕃设立行政机构，直接进行统治。

至元八年（1271年），忽必烈定国号为"元"。元至元十六年

曾经强盛无比的金朝在河南蔡州经历了国破君亡的岁月（摄于2014年9月6日）

党项族首领元昊建立西夏政权并同北宋时战时和（摄于2012年7月13日）

随着西夏黑水城被蒙古大军的攻破，西夏灭亡指日可待（摄于2012年10月2日）

（1279年）灭亡南宋，建都大都（今北京）。元朝疆域东、南到海，包括台湾及其附属岛屿，西到今新疆，西南包括今西藏、云南，北部包括西伯利亚大部，东北到鄂霍次克海。元朝时期，政治腐败，统治阶级内部争权夺利，自然灾害频繁，农民起义不断。元末，爆发红巾军农民大起义，至正二十八年（1368年），朱元璋领导的明军攻占大都，元顺帝北逃，元朝对全国的统治就此结束。元朝历11帝，共98年。

辽、金、西夏、元四个王朝是由契丹、女真、党项和蒙古四个少数民族分别建立的政权。这一阶段的民族关系较为复杂，不过也是多元文化碰撞交融的时期。

蒙古大汗铁木真统一蒙古各部并持续对外扩张（摄于2012年7月15日）

内蒙古锡林郭勒盟残破的元上都遗址见证了元王朝的衰亡（摄于2009年8月10日）

陵寝概况

辽、金、西夏王朝都是我国北方少数民族建立的区域政权,分布在从西北到东北的广袤土地上,元朝则从北方兴起,最终成为统治全国的统一王朝,它们的帝王陵寝既保持原有民族的特性,又深受汉族的影响。

辽朝定都临潢府,因此辽朝的帝陵主要分布在当年京师附近的今内蒙古赤峰市周围的巴林左旗和巴林右旗。其中辽朝的第一位皇帝辽太祖耶律阿保机的祖陵位于巴林左旗;辽朝第二位皇帝辽太宗耶律德光和第四位皇帝辽穆宗耶律璟的怀陵,辽朝的第六位皇帝辽圣宗耶律隆绪、第七位皇帝辽兴宗耶律宗真和第八位皇帝辽道宗耶律洪基的庆陵位于巴林右旗。此外,还有几位皇帝的陵墓修建在今辽宁北镇,包

辽朝帝陵都选择在崇山峻岭、风景宜人之处(摄于2017年8月14日)

括辽朝第三位皇帝辽世宗耶律阮的显陵、第五位皇帝辽景宗耶律贤及萧后和辽朝第九位皇帝天祚帝耶律延禧的乾陵。

由于契丹人发祥于木叶山，崇尚大山，故辽朝墓葬都选择在崇山峻岭、风景宜人之处。辽朝帝陵一般都依山为陵，地表没有高大的封土。地宫分为前、中、后三室，前、中室左右各建有一小侧室，后室是放置棺木的地方。地宫中多处有彩绘壁画，生动地反映了契丹文化的特点。辽朝帝陵前多建有祭祀性建筑，如享殿、碑刻等，并置有奉陵邑。但金灭辽后，出于仇恨，金人四处毁坏辽朝帝陵，再加上历代的不断盗挖，以至现在的辽朝帝陵地面遗存少之又少，辽朝帝陵的位置、规制也模糊不清。1930年，辽庆陵的东、西两陵被盗，盗墓贼盗走"哀册"等文物，使庆陵东、西两陵遭到严重的破坏。抗日战争时

今内蒙古巴林左旗辽祖州的石房子是辽代帝陵的标志性建筑（摄于2017年8月15日）

期，日本人借考古、调查的名义，对今内蒙古赤峰境内的辽陵进行了盗掘，对辽庆陵三帝陵进行实测、摄影，临摹了东陵壁画，并盗走了部分文物，诸多辽朝帝陵因此残破甚至湮灭。

金朝在完颜阿骨打称帝时，建都会宁府（今黑龙江阿城南），因此，金国早期的三位皇帝均葬于会宁府附近，而且"仪制极草创"。金贞元元年（1153年），金海陵王迁都燕（今北京），改称中都，并陆续把原先埋在会宁的帝陵迁往中都西南今北京房山区西25千米的大房山。金海陵王完颜亮于贞元三年（1155年）在九龙山麓的台地上先

期修建了几个墓穴，迁葬了他以前的三位皇帝。第二年又将金朝建国之前的10位祖先之陵也迁至此处安葬，此后的各代金朝皇帝除宣宗葬汴京（今河南开封）、哀宗葬蔡州（今河南汝南）外，其余都葬于此。各陵前建有享殿、碑亭、明楼等建筑，神道旁也肃立着石像、石羊、石马、石狮子等。

大房山金朝帝陵经过几十年的营建，形成了一处规模宏大的皇家陵寝，直至明代中叶，金陵虽历风雨而沦没，但陵区建筑基本保存，并一直享受祭祀。明朝晚期，明军在与后金政权的战争中频频失利，明朝天启帝听信风水家之言，认为是后金的祖陵大房山王气太盛的缘故，为断后金"王气"，两次大规模地毁坏金陵，甚至扒开墓道，掘开地宫，金朝帝陵由此被彻底摧毁。

金朝早期的三位皇帝均安葬于都城会宁府附近（摄于2016年7月27日）

清朝定鼎后，修复了太祖睿陵、世宗兴陵等金朝帝陵陵园。但清朝灭亡后，由于兵劫和匪祸，金朝帝陵仅存的睿陵和兴陵再遭摧残。如今，金朝帝陵完全隐没在一片荒草之中，鲜有人造访。笔者发现金朝帝陵所倚靠的云峰山气势雄浑，但整个陵区凄惨寥落，只剩碑亭、享殿等残基，引人叹息。

西夏王陵位于都城兴庆（今宁夏银川）西郊的贺兰山东麓中段。在方圆40多平方千米的范围内，9座帝陵由南向北布列有序，这9座帝陵究竟安葬的是哪9位帝王，至今说法不一。

北京大房山金朝帝陵存有我国一处规模宏大的陵寝建筑遗址
（摄于2016年8月8日）

西夏王陵位于都城兴庆府西郊山势雄伟的贺兰山东麓中段
（摄于2012年7月13日）

　　西夏王陵营建年代约自11世纪初至13世纪初。陵园分成南区、中区和北区三个区域，各个帝陵的布局大致相同，方向都是朝南略向偏东，陵园建筑左右对称，兼容了唐代和宋代帝陵形制的建筑布局和基本特点，而在角楼、门阙、碑亭、月城、献殿、陵台、地宫等方面，又具有西夏独有的建筑风格。如西夏王陵陵园将宋陵由门阙到南神门神道两侧的石像生安排到月城御道两旁，缩小了陵园的范围。再如，作为陵园主体建筑的陵台，在中国古代传统陵园建筑中，陵台一般为土冢，起封土作用，位于地宫之上。但西夏陵台建在地宫之上以北，不具有封土作用，而是用夯土筑成平面呈八角形的高台，层与层的交接处有出檐木结构，并挂有瓦当，夯土台外部砌砖包裹，形似一

宁夏银川西夏王陵残存的月城孤零零地矗立在贺兰山麓
（摄于2012年7月13日）

宁夏六盘山一片苍茫，埋葬成吉思汗的起辇谷不知所在
（摄于2011年7月23日）

座密檐式塔形建筑，这在我国帝陵建筑中独树一帜。可见，西夏王陵具有汉族文化、党项族文化和佛教文化兼容并蓄的特色。可惜西夏被蒙古灭亡后，出于强烈的复仇心理，蒙古军队对西夏王陵实施了毁灭性破坏，地面建筑全毁，碑刻都为碎片。加之后来不断的盗掘活动、终使西夏王陵成为一片瓦砾。

如今，走在贺兰山麓这处奇绝的荒漠草原上，那像金字塔一样高高的陵丘，仍孤零零地矗立在荒凉的原野上。到处残留的残垣断壁记录着曾经有过的雄伟，这是一个消失了的民族给我们留下的最后辉煌。

蒙古人把"八白室"作为象征性陵寝用以祭祀成吉思汗（摄于2012年7月15日）

元朝是在成吉思汗建立的蒙古汗国基础上建立起来的，成吉思汗被尊为太祖。但定国号为"元"是从忽必烈开始的。元朝帝陵是中国历代帝陵中最为神秘的一处，蒙古族崇拜祖先并追求宁静与自然，采用深埋草原的秘葬方式，而且陵寝不封不树，使得元朝帝陵的具体位置扑朔迷离。元代帝王在蒙古高原的秘密葬地，在元代文献中称为"起辇谷"。这个神秘的起辇谷，在元代并没有留下准确的方位。

据载，蒙古大汗去世后，"用梡木二片，凿空其中，类人形大小合为棺，置遗体其中，加髹漆毕，则以黄金为圈，三圈定"。按照蒙古习俗，棺木从大都运往草原，护送者均为蒙古臣僚勋戚，外人不能靠近。下葬后不起坟墓，由蒙古骑兵将墓地踏平，待长出青草才撤兵离去。因此，成吉思汗及历代元朝皇帝的真正陵寝所在地也就成了难解之谜。

据说，当年元朝皇族为了能够找到墓地祭祀先祖，会在墓前当着母骆驼的面杀死子骆驼。此后到墓地祭祀，则由母骆驼引路，母骆驼悲鸣的地方，就是墓地。不过当母骆驼死后，可能就再无人知晓陵寝所在了。

起辇谷这一神秘的地方曾引起了很多考古学家的关注，专家们对它的认识和解释并不一致，有克鲁伦河、肯特山、阿尔泰山、不儿罕·合勒顿山、六盘山、伊金霍洛旗等说法。也有专家借助现代化手段进行勘察，但多次努力都无功而返。如今埋葬成吉思汗灵柩的起辇谷究竟在什么地方？仍旧是一个谜。后人为祭祀成吉思汗，将其生前使用的八座白色毡帐（"八白室"）作为他的象征性陵墓。

辽、金、西夏、元是中国历史上又一段纷乱复杂的时代。入主中原的北方民族，在陵寝制度上，吸收了汉族传统文化，同时还保留了许多民族特色和习俗，是中国陵寝制度史上的重要一页。除了元朝帝陵踪影全无外，辽、金、西夏等王朝的帝陵均有踪可循，但受破坏程度史无前例，这是帝陵成为复仇对象的典型例子。笔者无数次徜徉其中，这些曾经辉煌的帝陵被摧毁得原貌尽失，只剩下荒冢残砖，陵草稀疏。

山陵撷要

【辽太祖阿保机祖陵】

辽太祖耶律阿保机(872年—926年),耶律氏,汉名亿,契丹族迭剌部人,辽朝的建立者,其父祖均为部落联盟的军事首领。阿保机自幼聪慧,长大后身体伟岸,胸怀大志,而且武艺超群,被选为痕德堇可汗的扈卫官,后被推为迭剌部的军事首领,在四处征伐过程中表现果敢,迅速崛起。他北征室韦,东讨女真,南攻奚部,因功升任于越,于越位居百官之上,地位崇高。唐天祐二年(905年),唐朝垂亡,他与李克用在云州(今山西大同)举行盟誓,威望不断提高。唐天祐四年(907年),痕德堇可汗去世,他被推举为契丹可汗。阿保机任用汉人韩延徽等,改革礼俗,建筑城郭,制作契丹文字,发展农商,神册元年(916年),阿保机设坛焚柴祭天,正式称帝,始建年号。

阿保机随后开始大肆扩张领土。亲征突厥、吐谷浑、党项等部,又南侵代北及河北州县,俘掠大量人口,契丹的实力渐趋雄厚。辽天

内蒙古巴林左旗辽太祖陵文保碑
(摄于2017年8月15日)

内蒙古巴林左旗辽太祖陵记功碑
(摄于2017年8月15日)

显元年（926年），他率军攻灭渤海国，改名东丹国，命太子耶律倍为国王。但在班师途中，病逝于扶余府（今吉林四平西），终年55岁，在位20年，葬于辽祖陵。

辽祖陵位于巴林左旗哈达英格乡石房子村西北的山谷中，始建于天显元年（926年），第二年基本建成，随后太祖入葬。陵寝周围丛林茂密，泉水潺流。陵前两峰突兀，对峙而出，形如山门，俗称"黑龙门"，当时建有门阙。山谷深处为阿保机玄宫所在，陵前有太祖天皇帝庙、天膳堂、石刻等。

辽祖陵是辽朝修建的第一座帝陵。祖陵建成后，成为辽朝皇室祭祀的重要场所，每逢新帝登基及重要军国大事，辽朝皇帝均会亲谒祖陵或在祖州城致祭。宋、西夏等国与辽交往时，祖陵也是来访使臣拜

内蒙古巴林左旗辽太祖陵（摄于2017年8月15日）

谒的重要场所。但辽灭亡后，祖陵遭金人毁灭性破坏，加上自然因素的摧损，如今，辽祖陵地面遗存几近湮灭，仅存一些砖瓦碑石等。

在辽祖陵南部，还建有辽祖陵的奉陵邑——祖州城。祖州城是辽朝皇室耶律氏所在的契丹迭剌部发祥地，耶律阿保机四辈先人均出生于此。作为奉陵邑，当年的祖州城与祖陵同时建成，并设置有天城军节度使，专门负责祖陵的管理、护卫及祭祀等。因此可以说，祖州城是辽祖陵体系中的一个重要组成部分。

祖州城规模虽不大，但建有内外城，内城主要的建筑是供奉祖先

和太祖的两明殿和二仪殿，今天还有部分遗迹残存，其中最引人注目的是神秘的石房子。

石房子又称祖州石室，位于祖州城内西北角的一处高台上，是祖州城内最奇异的建筑。石房子长6.7米，宽4.8米，高3.5米，由7块巨大的花岗岩石板构成，坐西朝东，和祖州城的方向一致。对于石房子的用途，目前仍有争议，或说是太祖遗体暂停处，或说是后人遥祭祖陵的地方，或说是囚禁皇族谋叛者的牢狱等。石房子虽经千年风雨，依旧保存完好。

笔者徜徉在祖陵、祖州城遗址中，神秘的石房子，苍幽的陵区，都使人产生出许多遐思，不知这段古老尘封的记忆何时能够揭开历史的面纱。

【辽太宗耶律德光怀陵】

辽太宗耶律德光（902年—947年），字德谨，契丹名尧骨，为辽朝第二位皇帝。他是辽太祖耶律阿保机次子，他和太子耶律倍都很受阿保机的喜爱。年轻时就跟随阿保机征战，屡立战功，阿保机对他寄予厚望，20岁就被授予天下兵马大元帅。阿保机病逝后，在母后述律平的支持下，太子耶律倍被迫让位，辽天显二年（927年），耶律德光即位，是为辽太宗。

天显十一年（936年），辽太宗利用后唐内部纷争，出兵帮助后唐河东节度使石敬瑭击溃后唐军队，扶植其称帝，割取燕云十六州，从而使契丹的势力伸入华北平原，并以此作为南下基地。会同十年（947年），辽太宗得知后晋有异心，倾师南征，攻入汴梁（今河南开封），灭后晋。同年，辽太宗在汴梁改国号契丹为"辽"。

由于辽太宗南征过程中，强掠中原人民的粮草和财富，引起中原人民的起义和反抗。同时契丹族人厌战情绪滋长，迫使辽太宗在汴京驻留不足三月，就被迫仓促北返。大同元年（947年）四月，在北返途中，行至河北栾城（今河北栾城），辽太宗病逝，终年46岁。灵柩被护送至上京，据《新五代史》记载："德光行至栾城，得疾，卒于杀胡林。

内蒙古巴林右旗辽太宗怀陵文保碑（摄于2018年8月14日）

契丹破其腹，去其肠胃，实之以盐，载而北"。九月葬于怀陵。

辽太宗陵之所以称怀陵，是因陵址在辽怀州附近的一处高山幽谷中，即今内蒙古自治区巴林右旗岗根苏木床金沟。这里是辽太宗生前游猎、避暑的地方，常常光顾，所以这一带曾建有清凉殿。

据文献记载，怀陵是一座由陵门、石砌围墙、祭殿和陵墓等组成的大型陵寝建筑群。陵区山势雄伟挺拔，三面群山环抱，林茂树繁，流水清澈。山脊上以石块垒筑围墙，沟口设陵门。不过，由于早年已

内蒙古巴林右旗辽太宗怀陵（摄于2018年8月14日）

遭盗掘破坏，怀陵的地表建筑成为一片废墟，故在很长时间里，后人只知道怀陵的大致方位，怀陵的具体位置却无法确定。

20世纪90年代，内蒙古昭盟文物专家在怀州一带调查时，在陵区发现了两座较大的陵墓，其中一座陵墓的西南还有享殿遗址，另一座陵墓地表有一大陷坑，估计为地宫塌陷后所致，但它们是否是太宗和穆宗的陵墓，还没能确认。

笔者曾穿过昔日的陵门，沿着床金河谷进入陵区，发现这一带山势平缓，因为道路不熟悉，加上路途遥远，笔者最终没能找到怀陵的遗址，只能爬上山谷中的一个高坡远眺：远处高山幽谷，层峦叠嶂，近旁原野开阔，草木茂盛。身临此地，顿觉绝尘弃俗。

怀陵也建有奉陵邑——怀州，它位于怀陵西南3千米处。城垣平面呈方形，城墙全部用土夯筑，西部城墙已经被水冲毁，其余三面的城未遭严重破坏，轮廓尚可辨析。正中开设城门，无瓮城。城墙的东北角和东南角上，角楼痕迹仍然可辨。怀州是怀陵的一个重要组成部分，其建筑规模和格局反映了辽代早期皇家陵园建筑的整体布局特点。

笔者第一次寻访怀陵，因大雨冲垮山路，遇险而回，第二次寻访则是在一个晴空万里的日子。这位割占幽云十六州、影响中原数百年的辽代英主，其陵墓如今只剩下荒陵残迹，难以寻觅，只有历史上的那些刀光剑影，如今依然流传下来，令人有无限感慨。

【辽景宗耶律贤乾陵】

辽景宗耶律贤（948年—982年），字贤宁，是辽世宗耶律阮第二子。辽天禄五年（951年），其父辽世宗在南伐途中被宗室重臣泰宁王耶律察割所杀，随军南行的辽太宗之子耶律璟趁机奔取帝位，是为辽穆宗。耶律贤长大后，暗中谋划夺回父亲的帝位，他设法聚集了一批拥戴他的文武大臣。

应历十九年（969年），辽穆宗在怀州游猎时为近侍所杀。耶律贤闻讯，连忙与侍中萧思温等率一千甲骑飞速赶至穆宗灵柩前，于次日黎明即帝位，是为辽景宗。耶律贤在辽代历史上是一个较有作为的皇帝，在位期间，多次出兵帮助北汉抵抗宋朝的进攻，使北汉得以幸存。之后，又在高粱河战役中重创宋军，迫使此后宋朝对辽采取守势。但他体弱多病，故朝政多由皇后萧绰执掌。

乾亨四年（982年）九月，景宗外出游猎时身感不适，不久病逝于云州焦山（今山西大同西北）行宫，遗命由太子耶律隆绪继位，皇后萧绰摄政，大臣韩德让和耶律斜轸辅政，军国大事最后由萧皇后决定。辽景宗耶律贤在位14年，去世时35岁，葬于今辽宁北镇医巫闾山的乾陵。

辽朝建都上京，因此辽朝的大多数皇帝都葬于上京附近，只有辽世宗耶律阮和辽景宗耶律贤葬于医巫闾山。这是因为让国皇帝耶律倍的缘故。

耶律倍为辽太祖的长子，神册元年（916年）被立为太子，后又被封为东丹国王。但辽太祖病逝后，在母后述律平的坚持下，其弟耶

辽宁北镇龙岗子村辽景宗乾陵陪葬墓（摄于2018年8月15日）

辽宁北镇新立村辽景宗乾陵（摄于2018年8月15日）

律德光继位为帝。辽太宗耶律德光继位后，把耶律倍视为最大的威胁，不仅南迁东丹国，还对耶律倍进行控制和监视，导致耶律倍弃国投奔后唐。后唐清泰三年（936年），耶律倍在后唐灭亡前夕遇害。辽大同元年（947年），耶律德光去世后，耶律倍长子耶律阮最终夺回了皇位。辽世宗追谥其父耶律倍为让国皇帝，后改谥辽义宗，并安葬耶律倍于其生前喜爱的医巫闾山中，号显陵。辽世宗去世后也葬于医巫闾山显陵侧。辽景宗耶律贤病逝后，继续依偎在他的父祖之间，葬于显陵的东南，号乾陵，辽景宗的皇后萧绰去世后，也与景宗合葬于此。

辽景宗乾陵位于今辽宁北镇医巫闾山，此山占地面积2700平方千米，曲折起伏，绵亘苍茫，虽然据载乾陵"山形掩抱六重，于其中作影殿，制度宏丽"。但由于金兵的破坏和千年风雨，现在乾陵地表建筑已经荡然无存，乾陵的具体方位也成了千古之谜。1970年，龙岗子村民在挖防空洞时，先后发现了辽景宗孙子耶律宗政和耶律宗允的墓葬，后来，在新立村，也有辽墓遗址发现。这些都为我们提供了探索乾陵位置的线索。

为寻访乾陵，笔者两度前往医巫闾山，也专门寻访到龙岗子村和新立村，这两处地方都发现了辽代墓葬遗址。新立村还有一处考古现场，这里发掘出高等级的辽代建筑遗址和大型墓葬，专家认为可能是乾陵陵前祭殿遗址和乾陵玄宫。因为是考古现场，笔者无法入内参观，但从这一带层峦叠翠的壮观景象就能想见当年辽景宗乾陵雄伟的气势。在中国历史上，只有两位皇帝用乾陵命名自己的陵寝，一位是大名鼎鼎的唐高宗和武则天的合葬墓，另一位就是这位名声不显的辽景宗。

【辽圣宗耶律隆绪永庆陵】

辽圣宗耶律隆绪（971年—1031年），契丹名文殊奴，为辽朝第六代皇帝。他是辽景宗的长子，自幼喜读书，能诗文。长大后精于射法，通晓音律，好绘画。他即位时，年仅12岁，由母后萧绰摄政。萧绰（953年—1009年），小字燕燕，我国民间戏曲中常称其为萧太后，是辽北府宰相萧思温之女，从小习武，颇通韬略，辽保宁元年（969年），被辽景宗选为贵妃，不久，便被册封为皇后。在辽景宗体弱多病的情况下，萧绰代为处理日常政务。辽乾亨四年（982年），辽景宗病卒，耶律隆绪继位，是为辽圣宗，萧绰被尊为"承天皇太后"，摄行国政，辅佐辽圣宗统治。

萧太后摄政期间，进行了一系列改革，且"明善治道，闻善必从"，国势日渐强盛。宋雍熙三年（986年），宋太宗兵分三路对辽朝发动进攻，史称"雍熙北伐"。萧绰与辽圣宗亲自出征，击败宋军，宋朝名将杨业失援负伤被俘，悲愤之下绝食殉国，"杨家将"的故事就是据此演绎而来。

辽统和二十二年（1004年），萧太后与辽圣宗率20万辽军南征北宋，一直攻到澶州（今河南濮阳）。在北宋宰相寇准的坚持下，宋真宗御驾亲征，辽军攻势受挫。萧太后审时度势，决定议和。宋辽达成"澶渊之盟"，之后，

内蒙古巴林右旗辽圣宗庆陵文保碑
（摄于2018年8月14日）

内蒙古巴林右旗辽圣宗庆陵（摄于2018年8月14日）

宋辽之间不再有大的战事，为中原与北部边疆经济文化的交流创造了条件。

辽统和二十七年（1009年）辽圣宗亲政。对内整治弊政，变更刑法，选拔人才，改革赋税；对外通过一系列战争，扩大统治区域，辽国进入鼎盛时期。辽太平十一年（1031年），辽圣宗病逝，享年61岁。他在位49年，是辽朝在位时间最长的皇帝，葬于永庆陵。

永庆陵位于今内蒙古巴林右旗索博日嘎苏木北庆云山。圣宗为何没有随父亲葬在乾陵？据说这是因为圣宗相中了庆云山这块风水宝地。《辽史·地理志》记载："庆云山，本黑岭也。圣宗驻跸，爱羡曰：'吾万岁后，当葬此。'"其子辽兴宗尊圣宗遗命，遂在此建陵，称永庆陵。永庆陵是辽朝走向全盛时期的产物，故规模宏大，地面建筑豪奢华丽，随葬品也极其丰富，陵寝东南1千米处还建有奉陵邑庆州。辽亡之际，永庆陵地面建筑虽遭到严重破坏，但地宫却免遭盗掘，在很长时间里，人们并不知道庆云山一带为辽圣宗陵寝。直到清末，这一带土匪和军阀交相为恶，永庆陵再遭厄运。

据载，19世纪末，有上百人的盗掘集团挖开了辽圣宗陵寝地宫，

蒙古巴林右旗庆州白塔（摄于2018年8月14日）

盗走许多随葬品。后来，当地官员也开始参与盗陵，运走了永庆陵的"哀册"。日本人也借考古之名，把部分珍贵文物偷运日本。

据记载，永庆陵由陵门、享殿、神道和地宫等组成，地宫分前、中、后三个主室，以及四个侧室，用砖石砌成，仿木结构。墓内及墓门都抹白灰，再彩绘壁画，有人物、山水及装饰图案等，极其精美。地宫前室放置哀册，后室存放辽圣宗及皇后的棺椁，侧室则放置大量珍贵的随葬品。可惜永庆陵迭遭掘挖，陵墓结构破坏殆尽。

笔者第一次前往探访时，因为暴雨引发泥石流半途而废，第二次在阳光伴随下走进庆云山。此处山势雄伟，林木密布，溪流纵横，永庆陵依山起势，与山峦有机地融为一体。但笔者伫立山前，脑海中却浮现杨家将抗辽的点点滴滴。一千多年前的刀光剑影，恩怨情仇，涌上心头。

笔者还参观了永庆陵的奉陵邑——庆州。庆州虽然在辽亡后被废弃，但却留下了精美绝伦的白塔。它是辽代佛塔的极品之作。笔者连续两年来到庆州，伫立塔前，70余米高的白塔在湛蓝的天空与翠绿的山峦映照下，散发着令人窒息的静寂庄严之美。曾经的契丹帝国，通过这座雄伟的古塔散发出迷人的色彩。

【金太祖阿骨打睿陵】

金太祖完颜阿骨打（1068年—1123年），汉名旻，为金朝的开国皇帝。他是女真族完颜部人，状貌雄伟，沉毅寡言，但胸有大志。其父祖均为完颜部首领，被辽授予节度使称号。其时女真族为辽附庸，阿骨打心存不满。他少年就练弓习武，之后随父出征，初露锋芒。之后，完颜部击溃一些女真部落，组成部落联盟，到其兄乌雅束为联盟长时实力大增。乌雅束去世后，他继任联盟长，之后，他统一了女真各部落。辽天庆四年（1114年），他起兵反辽，在出店河（今黑龙江肇源西南）大败辽军，次年称帝，定国号为金，都会宁府。

阿骨打称帝当月，就率军攻辽，相继占领辽北重镇黄龙府（今吉林农安）、上京临潢府（今内蒙古巴林左旗）等地。之后，与宋相约，

黑龙江阿城金太祖睿陵陵址陵园门（摄于 2016 年 7 月 27 日）

夹攻辽朝，金天辅六年（1122年）阿骨打占领析津府（今北京）。阿骨打在位期间，把女真传统的猛安谋克制度改为军事行政组织，颁行女真文字，并定制度、立刑法、加强皇权，为金国的发展奠定了坚实基础。天辅七年（1123年），他于征战返回途中病逝，终年56岁，葬于睿陵。

睿陵最初修建于辽上京会宁府宫城西南，依山而建，陵前置有石像生。陵上还建有宁神殿，殿中置有太祖画像，是后人祭祀之所，也是献俘的场所。据载，当年被俘的宋徽宗和宋钦宗就是被押解至此举

黑龙江阿城金太祖睿陵陵址神道（摄于 2016 年 7 月 27 日）

北京房山金朝陵寝文保碑（摄于2016年7月27日）

北京房山金太祖睿陵遗迹（摄于2016年8月8日）

行献俘仪式的。天会十三年（1135年）二月，阿骨打被改葬和陵，但和陵的确切地址不详。金海陵王完颜亮迁都中都（今北京）后，又于金贞元三年（1155年）十一月把金太祖改葬于中都西南的大房山中，陵墓仍称睿陵。之后，大房山金陵形成一个庞大的陵园建筑群，包括迁葬的诸帝陵和后建帝陵，共有7座帝陵，以及诸多后妃、王公陵墓。

睿陵位于大房山支脉九龙山正中的主龙脉下。据载，海陵王并未给太祖修地宫，而是在天然巨石上开凿石室，放入太祖棺椁后，再在其上做室顶，并在石室前面修建享殿。

睿陵在明朝天启年间被捣毁。清朝建立后，康熙皇帝虽然曾派人对睿陵加以修缮，但已不能回到原有的规模。之后，大房山金陵又连遭破坏，以致面目全非。笔者先后参观了位于今黑龙江哈尔滨阿城区的金太祖睿陵原址和位于今北京房山区的金帝陵陵址遗迹。

阿城区的金太祖睿陵经过修复，已经原貌初现。踏上玉带桥，经过陵寝大门，进入长长的神道，两侧伫立着石人、石兽，正中是金太祖高大的陵冢，陵前立有"金太祖完颜阿骨打陵"石碑，整个陵寝威严肃穆。相比之下，北京房山的金太祖睿陵破坏程度要大得多，如今只剩下断垣残壁，雕刻精美的汉白玉双龙石栏板、雕花纹石台阶和汉白玉斗拱等散落地上。金太祖睿陵地宫也已经发掘，笔者在其中看到了几具石棺。北京房山区的金太祖睿陵虽然破坏严重，但皇家气势仍在。

金陵因山为陵，大房山一带群山连绵，气势非凡。可以想见，当年规模宏伟的金朝帝陵陵园内，琉璃瓦殿堂楼阁连次栉比，汉白玉的石碑以及高大的石像生错落在苍松古柏之中，这是何等气派，可惜历史往往给我们带来太多的遗憾。

【西夏景宗嵬名元昊泰陵】

西夏景宗嵬名元昊（1003年—1048年），小字嵬理，后更名曩霄，党项族人，为西夏开国皇帝。党项族为我国古代羌族的一支，唐朝前期，迁徙至我国西北地区。后归附唐朝，参与平定安史之乱和镇压黄巢起义，其首领因功受赐李姓。北宋建立后，元昊父祖归附北宋，但其父德明采取"依辽和宋"政策，同时向辽、宋称臣，接受两国封号，并伺机扩展势力，为元昊的称帝建国奠定了坚实的基础。

元昊性刚毅，有谋略。西夏明道元年（1032年），元昊在其父去世后嗣位，他不甘臣服于宋，废弃赐姓，改姓嵬名，并于北宋宝元元年（1038年）称帝，国号大夏，史称西夏，定都兴庆（今宁夏银川）。

元昊称帝后，宋夏随即发生战争，元昊善于用兵，他通过三川口之战、好水川之战、麟府之战、定川之战四大战役的胜利，迫使北宋媾和，从而奠定了宋、辽、夏三分天下的格局。据说，元昊魁梧雄壮，长相英气逼人，北宋驻陕边帅曹玮为一睹元昊风采，曾特地派人暗中偷摹了元昊的画像，叹为"英物"。他在位期间，更新官制、制定礼仪，

宁夏银川西夏王陵文保碑（摄于2012年7月13日）

建立"蕃学"，创制西夏文。但其晚年大修宫苑，纵情声色，导致西夏内部日益腐朽，众叛亲离。后因夺娶太子之妻并立为皇后，招致杀身之祸。西夏天授礼法延祚十一年（1048年），元昊被太子宁林哥所弑，在位16年，终年46岁，葬于泰陵。

泰陵位于今宁夏银川市西郊，西傍贺兰山，东临银川平原。这里是西夏的王陵区，除泰陵以外，还分布着8座帝王陵墓及200余座王侯勋戚的陪葬墓，形成规模宏伟，布局严整的帝王陵区。很多学者认为，编号为三号的陵园就是元昊的泰陵。这些帝陵方向都是朝南略有偏东、呈纵长方形的独立建筑群体，它们吸收自秦汉以来，唐宋皇陵之所长，又受佛教建筑影响，构成中国古代帝王陵园建筑中别具一格的形式，故有东方金字塔之称。

十分遗憾的是，西夏被蒙古军队灭亡之后，陵园遭到了人为的毁灭性破坏，地面建筑全毁，只剩下一座座高高矗立的黄土堆。在过去的很长时间中，甚至没有人知道这些土堆下面究竟是什么，直到1972年，才在某项工程建设时，意外挖出了一些陶制品和刻有文字

宁夏银川西夏景宗泰陵石刻（摄于2007年9月24日）

宁夏银川西夏景宗泰陵阙台（摄于2012年7月13日）

的方砖，经宁夏考古人员进一步发掘，才确认是西夏王陵。

笔者多次参观泰陵。泰陵规模宏大，是西夏王陵的代表，也是诸陵中保存最好的一座，当地俗称"昊王坟"，陵域面积10多万平方米。泰陵陵冢原为七层八角密塔形式，以夯土筑成高台，高约21米，分为七层，逐级内收，收分处用木椽挑檐，并挂瓦当彩绘。目前，泰陵的地面建筑虽遭严重破坏，但陵园的阙台、陵台基本完好，陵园的神墙、门阙、角台等大部尚好，布局清晰可辨，能够看出当年泰陵的基本模样。

远远望去，金字塔形的黄土堆在贺兰山的映衬下还是显得相当雄伟。残破的西夏帝陵意味着一个曾经辉煌一时的民族就这样静寂无声地退出了历史舞台，党项人留给后人更多的是一份历史的沉重。

宁夏银川西夏景宗泰陵（摄于2012年7月13日）

【元太祖成吉思汗陵】

成吉思汗（1162年—1227年），名铁木真，出生于蒙古乞颜部孛儿只斤家族，为蒙古汗国的开国大汗，元世祖忽必烈将国号改为"大元"后，追尊成吉思汗为元太祖。

铁木真出生时，中国北方地区处在金朝统治之下。其父也速该是蒙古孛儿只斤部的首领，在蒙古部落之间的争战中被害，所部散落，铁木真与母亲、弟弟四处流浪，备受欺凌。险恶的环境磨炼了铁木真坚毅勇敢的素质，他立志恢复家族的昔日地位。为此，他招徕人马，壮大力量，并在部落战争中善于利用矛盾，纵横捭阖，最后统一蒙古

内蒙古鄂尔多斯元太祖陵牌坊（摄于2012年7月15日）

内蒙古鄂尔多斯元太祖陵苏勒德祭坛（摄于2012年7月15日）

内蒙古鄂尔多斯元太祖陵碑亭（摄于2012年7月15日）

各部。1206年春天，铁木真在斡难河（今蒙古国鄂嫩河）畔召开大会，他被推选为蒙古大汗，上尊号"成吉思汗"，意为"强者"。成吉思汗立国后，铁木真建立军政合一、兵牧结合的体制，将松散的、以游牧为生的蒙古民族组织成一支号令统一、勇猛善战的铁军。利用这支铁军，多次发动对外征服战争。他率军西征，鞭及欧洲的多瑙河边，又亲率大军歼灭金军精锐，重创西夏主力。1227年，时年66岁的成吉思汗逝于征战途中。《元史》记载："……（秋七月）己丑，崩于萨里川啥老徒之行宫。"言简意赅，但语焉不详，使后世关于成吉思汗的死因流传多种说法，有坠马说、行刺说、中箭说等。

内蒙古鄂尔多斯元太祖陵（摄于2012年7月15日）

据传，成吉思汗有一次外出打猎，路过一处山野。他看见这里山清水秀，植物生长繁茂，心情很喜悦，就选定这里作为他百年后的长眠之所，遂吩咐左右在此做上记号。成吉思汗去世后，他的诸子、诸将遵其遗嘱，护送其灵柩北归。路上遇到的一切行人，一概斩杀，以保守秘密，最后，他们将大汗的灵柩葬在了成吉思汗生前指定的葬地，葬后不起坟墓。蒙古兵将还用大群马匹践平土地，后来四周长起密林，平复如故，从此成吉思汗陵寝的真正所在地也就成了难解之谜。

为便于后世祭祀成吉思汗，几百年来，蒙古人以八白室作为象征性的陵寝来祭祀他。八白室指的是八座白色大帐，里面供奉着成吉思汗及其夫人、儿子、兄弟的灵柩，以及战刀、马鞍、马鞭等遗物。八白室一直随着负责守护它们的鄂尔多斯部迁移，最终，鄂尔多斯部于1954年迎奉八白室于今内蒙古鄂尔多斯伊金霍洛旗。1956年，这里建起了成吉思汗陵，由牌坊、碑亭、苏勒德祭坛和大殿组成，其主体是一个由3座蒙古包式的大殿构成的宏伟建筑，金色穹顶，松柏掩映，威严而肃穆。现在，成吉思汗陵成为人们祭祀、怀念成吉思汗最主要的场所，所以每年这里都要举行隆重的祭祀活动。成吉思汗陵为全国重点文物保护单位。

第十一章　明陵翁仲相默语

朝代简述

明朝是中国历史上最后一个由汉族人建立的统一封建王朝,也是继汉、唐之后的又一个黄金时期。明朝也是我国封建社会中央集权制度空前强化的时期。

元朝末年,统治者残暴,人民受到空前压迫,加上严重的天灾,导致民族矛盾与阶级矛盾极端尖锐。元至正十一年(1351年),元廷征调十几万民工治理黄河水患,正是这些黄河工地上服役的民工,点燃了元末农民起义的导火线。起义军头裹红巾,故称"红巾军"。红巾军的主要队伍有:颍州韩山童、刘福通领导的起义军,蕲州徐寿辉领导的起义军,濠州郭子兴领导的起义军等。此外,与红巾军起义同时,还有浙东方国珍和泰州张士诚等起义部队。

元末治理黄河水患的繁重徭役引发了大规模农民起义,铁牛难镇水患(摄于2020年11月13日)

朱元璋修建了雄伟的南京城作为稳固的根据地,最终一统天下(摄于2013年9月3日)

朱棣发动靖难之役夺取帝位，之后迁都北京，北京故宫横空出世（摄于2017年3月22日）

风起云涌的起义军给元朝以沉重的打击。至正十二年（1352年），濠州钟离（今安徽凤阳）人朱元璋参加了郭子兴领导的赵义军，后继郭子兴而成为义军首领，并逐步扩充队伍。由于朱元璋领导的起义军采取正确的策略，利用元军疲于对付北方红巾军、无暇南顾之机，攻城略地，不断发展壮大。至正十五年（1355年），刘福通拥立韩林儿在亳州称帝，又称"小明王"，国号大宋，以图联络各路红巾军，在小明王的旗帜下共同作战。朱元璋被韩林儿任命为左副元帅。

至正十六年（1356年），朱元璋占领集庆路（今江苏南京），改名应天。他接受朱升的"高筑墙、广积粮、缓称王"的建议，以应天为根据地，不断向外扩张势力，先后消灭了其他起义队伍。

洪武元年（1368年），朱元璋在应天称帝，国号大明，是为明太祖。同年八月，大将徐达、常遇春率军攻占元大都，元顺帝北逃，元朝政权被推翻。

朱元璋登基后，轻徭薄赋，整顿吏治，惩治贪官污吏，促使社会经济得到恢复和发展，史称"洪武之治"。同时，明太祖朱元璋通过打击功臣、设立锦衣卫以加强特务监视等一系列手段来加强皇权。朱元璋为"屏藩国家"，还实施分封制度，把皇族子孙分封各地称王，

朱棣派郑和七下西洋,扩大了明朝影响,远航的大型宝船悉数建于南京(摄于2008年7月2日)

这些封藩不但建王府,置官属,一部分还授以兵权,从而导致藩王势力膨胀,形成对中央政权的威胁。

洪武三十一年(1398年)朱元璋驾崩,皇太孙朱允炆即位,年号建文,是为明惠帝。明惠帝为巩固皇权,开始削藩。藩王中实力最强的燕王朱棣于建文元年(1399年)以"清君侧"的名义起兵造反,

发生在河北怀来的土木之变使强盛的大明朝由盛转衰,土木堡是明朝的痛苦记忆(摄于2013年7月16日)

在明朝抗倭将领的努力下东南沿海的倭寇被平定,戚继光等将领英名远扬（摄于2015年2月24日）

史称"靖难之役"。4年后,朱棣攻占南京,夺取帝位,改年号为永乐,是为明成祖,之后又迁都北京。明成祖至明宣宗时期,郑和七下西洋,扩大明朝对南洋、西洋各国的影响力。

明代中期,蒙古瓦剌部兴起,屡次南犯。正统十四年（1449年）明英宗朱祁镇御驾亲征,结果在"土木之变"中被俘。大臣于谦等拥立英宗弟弟朱祁钰即位,是为明代宗。瓦剌部首领也先见状,只得将英宗放回。8年后,英宗发动"夺门之变",再度夺回帝位,代宗不久郁郁而亡,于谦也被杀害。

英宗以后,日本海商与海盗集团勾结部分中国土豪、奸商等在我国东南沿海走私劫掠,严重损害我国沿海人民生命财产的安全。在著名的抗倭将领胡宗宪、俞大猷和戚继光的全力围歼下,东南沿海的倭寇最终被平定。

万历以后,位于东北地区的后金政权势力逐步强大,并占领辽东地区。天启六年（1626年）,后金统治者努尔哈赤率军攻打宁远城。明军在守将袁崇焕的指挥下,凭借坚城固守抗敌,最终击败后金军,并击伤努尔哈赤,取得"宁远大捷"。但此时,明朝国事萎靡,政事昏暗。明朝末帝明思宗朱由检即位后,曾力图改革,但整治不当,加之其性格多疑,冤杀袁崇焕,导致局势愈加恶化。

之后,明朝势力被迫退至山海关以内。战争加剧人民负担,加上朝政的混乱与官员的贪污,导致明末农民起义的爆发。

袁崇焕在宁远城打出明朝从抚顺失陷以来的第一个大胜仗，但难挽明朝整体颓势（摄于2013年7月18日）

崇祯十七年（1644年），李自成率军攻入北京，明思宗在煤山自缢，明朝统治被推翻。明朝历16帝，共277年。随后，清军在明辽东总兵吴三桂的帮助下，入主中原。明朝的宗室在南京、福州、广州、肇庆等地先后建立了弘光、隆武、绍武、永历等政权与清朝对抗。这些政权被后世统称为"南明"。清朝在吴三桂等降清的明朝将领的帮助下，击败了李自成及南明诸政权。

明朝是中国继汉朝和唐朝之后的繁盛时代，国力雄厚，经济发达，海外贸易也曾发达一时。明朝也是我国统一多民族国家继续发展和巩固的时期，它加强了对一些边疆少数民族地区的管辖，疆域辽阔。明朝初期的远征漠北，嘉靖的抗倭，万历的援朝，都扬我国威。

明思宗煤山殉国是明王朝落幕时最悲情的一页，由此明清鼎革（摄于2008年3月2日）

陵寝概况

明朝共有 16 位皇帝,帝陵分布于多处,开国皇帝太祖朱元璋孝陵在南京,明代第二位皇帝朱允炆在朱棣"靖难之役"占领南京后不知所终,因此没有陵墓。其余 14 位皇帝的帝陵都在北京。

坐落在北京的 14 座帝陵中,有 13 座都在西北郊天寿山麓,统称"十三陵",只有第七位皇帝明代宗朱祁钰例外。明英宗朱祁镇在利用"夺门之变"重登皇位之后,将朱祁钰软禁。不久之后,朱祁钰去

南京明太祖朱元璋孝陵开创了方城明楼的陵寝建筑形制,延续五个世纪之久(摄于 2012 年 11 月 12 日)

明朝帝陵大红门是陵园的正门,是皇权至上的象征,文武大臣皆由此步行进入陵区(摄于2016年8月11日)

世,以藩王的身份葬于北京西郊金山,在明宪宗时才改建为帝陵。

中国历史上,帝陵虽然数目众多,但真正能够完整地保留地面建筑的只有明清帝王陵寝,而明清帝陵采用的建筑形式就是由明太祖朱元璋首创的。这种陵寝在地宫之上砌筑砖城,中置土石,形成宝顶,在宝城前再建方形城台,上建城楼,称为方城明楼。这种陵寝形制把中国古代陵寝的设计理念、制度格局、营造规模和艺术成就推向了最高峰,较以前历代陵寝也有很大的突破,堪称是中国帝王陵寝建筑的里程碑。

明朝帝陵陵寝建筑一般由三部分组成:第一部分从石碑坊到祾恩

神功圣德碑亭是明朝帝陵陵区记述皇帝生平功绩的主要建筑,庄重肃穆(摄于2012年6月20日)

明朝帝陵地宫宝床上的棺椁和随葬品显示了明朝皇家葬制的奢侈（摄于 2017 年 8 月 18 日）

门，包括石碑坊、大红门、碑亭、神道、石像生、龙凤门、御河、御河桥。第二部分从祾恩门到琉璃门，包括祾恩门、东西配殿、祾恩殿。第三部分从琉璃门到宝顶，包括琉璃门、牌坊、石五供、方城明楼、宝城宝顶和地宫。

明朝帝陵地宫位于宝城宝顶之下，由前室、中室、左室、右室和后室组成。以明定陵地宫为例，五室均为长方形，拱券结构，由条石垒砌而成。其中，后室是地宫主

明朝皇陵是我国历代陵寝中保存最好的帝陵，地宫基本没被盗掘，实为历史的偶然（摄于 2017 年 8 月 18 日）

明朝皇陵历经自然和人为破坏，一些帝陵已经残破，斑驳的皇陵写满沧桑（摄于 2017 年 8 月 18 日）

清朝咸丰年间的战火使明孝陵的地面建筑悉数被毁,秋日中呈现一种残缺美
(摄于2010年11月12日)

室,室内长30.1米,宽9.1米,高9.5米,后面居中设有宝床,帝后的棺椁及随葬品就放置在宝床上。其他几室主要放置五供、长明灯、御座等。

明朝诸多帝陵,虽然在形式上大致相同,但在规模和奢华程度上是有区别的,其中,明太祖朱元璋的孝陵、明成祖朱棣的长陵、明世宗朱厚熜的永陵、明神宗朱翊钧的定陵都系陵主生前所修,因此,规模都非常大,装饰也极为奢华。其他由子孙修筑的陵寝,相对规模较小,也较草率。但总体来说,明代帝陵建筑雄伟,肃穆幽深,是明代政治、经济和文化的一个侧影。

明朝帝陵陵寝地面建筑相对保存较好,这缘于清朝统治者的保护。清军入主中原之初,统治并不稳固。为了笼络人心,清朝统治者对明朝皇陵的保护非常用心,派遣了军队专门负责保卫明朝皇陵。清乾隆年间,清廷还多次命人修葺十三陵,这种修葺虽说有政治目的,但毕竟使明朝帝陵得到了有效保护,在整个清朝,明朝皇陵基本上没有被盗掘过。

不过,由于人为因素和自然因素,许多明朝帝陵陵寝建筑都受到不同程度的破坏。例如,明孝陵是明朝第一陵,也是我国现存建筑规模最大的古代帝王陵墓之一。它坐落在南京东郊紫金山麓玩珠峰下,这里葬着明太祖朱元璋和马皇后等。但在清咸丰年间，由于太平天国立都"天京"，明孝陵正处南京城东的交通要道附近，在太平天国与清军的拉锯战中，明孝陵地面木构建筑悉数被毁，今天我们只能从残留的部分建筑感受明孝陵原来恢宏的气势。

明十三陵坐落在今北京西北郊昌平区境内的天寿山，地处东、西、北三面环山的小盆地之中。各陵都建在一座山峰之下，自成一个独立的陵园。陵区周围山明水秀，景色宜人。明十三陵整个陵区的总面积已超过120平方千米，共埋葬了13位皇帝、23位皇后和大量妃嫔等，是我国现存规模最宏大、体系最完备、保存最为完整的古建筑群之一。但历经几百年的风雨侵蚀和历史上的人为破坏，明十三陵里的古建筑，许多已残破不堪。陵内土地已被周边村民开垦为耕地，一些帝陵甚至已逐渐残破、荒芜。此外，位于北京西山的明代宗景泰陵，破坏更是严重，目前仅剩下碑亭和祾恩门，其他陵寝建筑荡然无存。

还有一座被追封的帝陵——明显陵。它原来只是一个藩王陵墓，位于湖北钟祥，是兴献王朱祐杬的墓葬。明武宗朱厚照无嗣，去世

位于湖北钟祥的明显陵布局精巧，其一陵双冢的形制十分罕见（摄于2010年8月8日）

后,朝臣商议迎立武宗的堂弟朱厚熜入继大统,是为明世宗。朱厚熜即位后,不顾朝臣反对,执意追尊其生父、明武宗的叔父、兴献王朱祐杬为皇帝,这引起朝廷内部的"大礼议之争",最后世宗如愿,并以皇帝规制改建父亲的陵寝,称显陵。显陵以其独特的环境风貌、精巧的布局构思著称。其陵寝建筑中,金瓶形的外罗城、九曲御河、龙形神道、琼花双龙琉璃影壁和内外明堂等,都是明朝帝陵中仅见,尤其是因藩王墓改帝陵而形成的一陵双冢的形制,十分罕见。

明朝是汉族人建立的最后一个封建王朝,曾强盛一时。明太祖朱元璋对汉唐两宋时期的陵寝制度作了重大改革,开创了帝陵的一个新时代。

明朝帝陵"前朝后寝"的建筑形式,更加突出了朝拜祭祀功能,充分体现了皇权的至高无上,也成为明朝及后来的清代帝陵建筑的模板。明朝帝陵是我国历代帝陵中保存最好、规模最大的帝陵建筑群。直到今天,明朝帝陵神道旁的翁仲仍然默默守护着昔日的主人。

山陵撷要

【明太祖朱元璋孝陵】

明太祖朱元璋（1328年—1398年），幼名重八，又名兴宗，字国瑞，濠州钟离（今安徽凤阳）人，为明朝的开国皇帝。他自幼贫寒，少孤，不得已入皇觉寺为僧。25岁时参加了郭子兴领导的红巾军起义，屡建战功，很受郭子兴器重，郭子兴还把养女马氏嫁给他。

郭子兴病逝后，其部由朱元璋统率。朱元璋利用元军主力被吸引在北方战场的时机，在江淮地区扩军占地。宋（小明王）龙凤元年（1355年），朱元璋在采石（今安徽马鞍山西南）之战中大败元军，次年，占领集庆（今江苏南京），改名应天府，从此有了一块比较稳定的根据地。

在群雄环伺的情况下，朱元璋采纳了谋士朱升提出的"高筑墙、

江苏南京明太祖孝陵诸司官员下马坊（摄于2012年9月19日）

广积粮、缓称王"策略,以应天府为据点,积蓄力量,步步为营,不断壮大力量。龙凤九年(1363年),朱元璋率军与劲敌陈友谅决战鄱阳湖,陈友谅败亡。次年改称吴王,两年后在平江(今江苏苏州)战役中俘虏了张士诚,基本击破各路农民起义军和扫平元朝残余势力。明洪武元年(1368年),朱元璋在应天府称帝,是为明太祖,国号大明。同年八月,大将徐达、常遇春率军攻占大都,元顺帝北逃,元朝的统治彻底结束,明朝逐步统一全国。

江苏南京明太祖孝陵神功圣德碑(摄于2010年11月12日)

朱元璋在位期间,奖励农桑,均平赋役,兴修水利,推行屯田,抑制豪强,制定《大明律》等法律,同时,为加强皇权,废中书省及左右丞相,政归六部,六部尚书直接听命于皇帝。其一系列措施,促进了明朝政治经济的发展和强化了皇权。洪武三十一年(1398年),朱元璋病逝,

江苏南京明太祖孝陵神道(摄于2010年11月12日)

享年71岁,在位31年,葬于孝陵。

明孝陵位于南京东郊紫金山南麓独龙阜玩珠峰下,此处风水极佳,是明太祖生前钦定之地,由中军都督府佥事李新具体负责营建。陵寝的修建工程始于洪武十四年(1381年),第二年,马皇后去世,首先入葬,因马皇后谥"孝慈",故定陵名为"孝陵"。此后,工程继续进行,但直到朱元璋病逝入葬时,工程还未结束,整个陵寝工程到永乐三年(1405年)才全部建成,历时25年。

明孝陵的主体建筑大致有下马坊、大金门、神功圣德碑、神道石刻、御河及御河桥、文武方门、享殿大门、享殿、方城明楼和宝顶等部分。明孝陵是我国现存建筑规模最大的古代帝王陵墓之一。有明一代及清朝前期,明孝陵保存完好,可惜在清朝咸丰三年(1853年),明孝陵地区成为太平军和清军对峙的重要战场,导致地面木构建筑几乎全毁。不过,通过大量留存的砖石构件,依然能够感受明孝陵的宏伟壮观。明孝陵是中国古代帝陵发展历史的一个

江苏南京明太祖孝陵享殿遗迹(摄于2010年11月12日)

江苏南京明太祖孝陵方城明楼（摄于2012年3月28日）

重要里程碑，它是首次按皇宫布局，建立了"前朝后寝"三进院落制，开创了陵寝建筑平面"前方后圆"的基本格局，并一直规范着此后明清两朝500多年20多座帝陵的建设。

笔者在不同的季节多次参观明孝陵。这里是南京历史文化内涵最丰富的遗存之一，走进陵园，但见树木葱茏，松涛阵阵，红墙黄瓦掩映其中，不禁令人发思古之幽情。

江苏南京明太祖孝陵宝顶（摄于2012年3月28日）

【明惠帝朱允炆陵墓】

明惠帝朱允炆（1377年—？年），明朝第二位皇帝。他是朱元璋的长孙，因其父懿文太子朱标早逝，所以皇位落到他的身上。据载，朱允炆生性仁慈，朱元璋为了保证他的顺利统治，采用严厉的手段铲除政敌，为此，朱允炆曾多次劝说朱元璋。

江苏苏州穹窿山所传明惠帝皇坟旁的拈花桥
（摄于2015年4月29日）

明洪武三十一年（1398年），时年22岁的朱允炆即帝位，年号建文，是为惠帝。朱允炆在位期间，增强文官在国政中的作用，宽刑省狱，严惩宦官，同时改变其祖父朱元璋的一些弊政，史称"建文新政"。

明初，朱元璋为御侮防患，实行分封制，诸多藩王拥兵自重，多行不法，威胁中央朝廷的统治，建文帝迫于无奈，采纳黄子澄、齐泰的建议，进行削藩。分封在北京的燕王朱棣早有践位野心，他在做了充分准备后，于建文元年（1399年）以"清君侧"为名，起兵反叛，史称"靖难之役"。建文帝部署兵力，奋力平叛。但军事部署接连受挫，朱棣率燕军则一路猛进，建文四年（1402年）六月，兵临南京，谷王朱橞与勋戚李景隆开金川门投降，燕王兵得以顺利进入京师。据载，当时宫中大火冲天，建文帝不知所终，其下落成为历史之谜。

关于建文帝的下落，传说很多，归纳起来主要有自焚说、隐居说、削发为僧说等。《明史·惠帝本纪》写道："都城陷。宫中火起，帝不知所踪。燕王遣中使出帝后尸于火中，越八日壬申葬之。或云地由帝道出亡。"关于建文帝的出亡地点，早就引起人们的关注，各种野史、

云南武定所传明惠帝隐居的狮子山正续禅寺（摄于2018年5月9日）

福建宁德所传明惠帝陵牌坊（摄于2015年2月25日）

福建宁德所传明惠帝陵（摄于2015年2月25日）

戏曲剧目都猜测和演绎了建文帝的去向，众说纷纭。谷应泰《明史纪事本末》、史仲彬《致身录》与程济《从亡随笔》等都认为建文帝并未自焚，而是由密道逃出南京，或说"削发为僧"，或说"建文蹈海去"等。其实，从后来朱棣派大臣胡濙、宦官郑和频频国内外暗访建文帝下落的举动，可见建文帝确实未自焚。

建文帝究竟是隐匿山寺还是逃亡海外，我们不得而知，但国内一些地方不仅流传着建文帝逃离的传闻，据说还有其留下的遗迹。有关建文帝的遗迹和传说主要分布于江浙、闽粤、云贵、川鄂等省。笔者为此专程考察了江苏苏州、云南武定和福建宁德等处传说中的建文帝遗迹，亲身感受建文帝后半生颠沛流离的落难生活。

苏州的建文帝遗迹位于城西南的穹窿山，据一些学者推测，当年建文帝离开南京紫禁城后,被僧溥洽所救,一直藏于苏州穹窿山皇驾庵,后病殁于穹窿山,葬于拈花寺后山坡上,不过今天穹窿山麓的建文帝陵踪迹依稀。云南武定建文帝遗迹位于城西狮子山,相传建文帝逃出南京后,隐居于山林丛中的正续禅寺,晚年被英宗迎入北京,寿终后葬北京西山,不封不树。今狮子山正续禅寺藏经阁中还塑有惠帝坐像。福建宁德建文帝遗迹位于宁德蕉城区金涵乡的上金贝村,据传,金贝村后山上地处偏僻的金贝寺是建文帝隐居之处。离寺院不远处有一座带有龙饰的古墓,据说为建文帝陵。

尽管疑似遗迹不少,但建文帝的真正下落至今仍是一个难以解开的历史之谜。不过,当笔者站在这些传闻中的建文帝遗迹面前,仍然会想起那一段对于建文帝来说不堪回首的历史。

【明成祖朱棣长陵】

明成祖朱棣(1360年—1424年),为朱元璋四子,其生母一直扑朔迷离,朱棣自称是马皇后嫡子,但有传他的生母是碽妃,一些史籍中也有此记载。据说,朱棣于永乐十年(1412年)在南京建大报恩寺塔,名义上是为了报答朱元璋和马皇后的养育之恩,实际上为纪念

北京昌平明成祖长陵牌坊(摄于2016年8月11日)

北京昌平明成祖长陵神道（摄于2012年6月20日）

其生母碽妃。真相如何，尚待查考。

朱棣10岁时受封燕王，洪武十三年（1380年）就藩北平（今北京）。文献记载，他"貌奇伟，美髭髯，智勇有大略"，曾参与多次军事活动，历练了他的军事才能。朱元璋晚年，朱棣的三位兄长相继去世，使他不仅在诸王之中居长，军事实力也显著增强。

朱允炆即位后，感于诸王拥兵自重，朝廷孤危，与大臣齐泰、黄子澄等密议削藩。朱棣早就暗中准备，一边谎称病重，一边秘密制造兵器，训练军队，计划起事。建文元年（1399年），朱棣以为国"靖难"为名，起兵反叛，经过4年战争，朱棣击败朝廷军队，兵临南京金川门下，谷王朱橞与征虏大将军李景隆开门迎降。朱棣随即登帝位，改元永乐，是为明成祖，成为明朝第三位皇帝。

北京昌平明成祖长陵陵号碑
（摄于2012年6月20日）

朱棣篡夺了侄子的皇位后，对建文逆命诸臣，残酷屠杀，大肆株连，但他算得上是一位颇有作为的皇帝，他完善了明朝政治制度，发展经济，开拓疆域，迁都北京，编修《永乐大典》，派遣郑和下西洋，使明朝的经济、文化、外交等方面均取得了一定的成绩。其统治时期，蒙古经常南下侵扰，朱棣先后5次率兵出塞。永乐二十二年（1424年），

北京昌平明成祖长陵祾恩门（摄于2012年6月20日）

北京昌平明成祖长陵祾恩殿（摄于2012年6月20日）

北京昌平明成祖长陵方城明楼（摄于2012年6月20日）

朱棣病逝于亲征漠北途中的榆木川（今内蒙古乌珠穆沁），享年65岁，葬于长陵。初定庙号为"太宗"，至嘉靖十七年（1538年）改庙号为"成祖"。

长陵位于北京昌平天寿山主峰南麓，早在永乐七年（1409年）就开始修建。据《明太宗实录》记载："上（指朱棣）命礼部尚书赵羾以明地理者廖均卿等择地，得吉于昌平县东黄土山。车驾临视，遂封其山为天寿山。"永乐十一年（1413年）地宫建成，宣德二年（1427年）陵园殿宇工程大体告竣，前后用了近8年的时间。

长陵规模宏大，南起石牌坊，北倚天寿山主峰，陵寝建筑遵明太祖孝陵制度而稍有增删，整座陵寝用料考究，施工精细。祾恩殿为长陵最主要的建筑，内奉帝后牌位，殿宇用楠木建造，重檐庑顶，面阔九间，进深五间，高大雄伟。宝城为地宫所在，位于陵园后部，高7.3米，周长约一千米。宝城前部的明楼内中央立有"成祖文皇帝之陵"的圣号碑，庄严肃穆。长陵是十三陵中保存最好的陵寝之一，这得益于在历史上得到妥善保护，清乾隆年间，曾对长陵进行过修缮，从而使我们今天还能一睹其雄姿。

自从朱棣长陵定址天寿山后，以后明朝皇帝都相附长陵左右，形成规模宏大的明十三陵。

笔者曾在某年春天的一个早晨，在薄雾中沿着长陵石牌坊、大红门、碑楼、神道、石刻和龙凤门一路走到长陵的宝城宝顶。宽敞的神道幽深曲折、垂柳依依，几乎没有游客打搅笔者的思绪，尽管朱棣帝位来路不正，且异常残暴，但不可否认朱棣是一位有为的雄主，缔造了大明帝国最兴盛的"永乐盛世"。朱棣一生好大喜功，因此，长陵自然成为十三陵中建筑面积最大、规模最宏伟、工艺最考究的一处陵寝。

【明英宗朱祁镇裕陵】

明英宗朱祁镇（1427年—1464年），是明宣宗朱瞻基长子，为明朝第六位皇帝。他一生中两次登位，在明朝历史上仅此一人。第一次是他在9岁时即位称帝，年号正统。由于太皇太后张氏贤明，注意

北京昌平明英宗裕陵碑亭遗迹（摄于2017年8月18日）

约束内官。政务由胡濙、杨士奇、杨荣、杨溥等老臣辅佐，因此，国家比较安定，社会经济也有所发展，明朝颇有一番欣欣向荣之态。

正统七年（1442年），太皇太后张氏病故，顾命大臣也相继去世，16岁的朱祁镇大权在握，给太监专权提供了机会。司礼监太监王振为朱祁镇伴读，机巧伶俐，善于逢迎，很得朱祁镇的宠信，逐渐控制朝政。正统十四年（1449年），塞外传来蒙古瓦剌部首领也先"犯边"的警报，王振为了邀功，极力怂恿英宗御驾亲征。尽管众多大臣力言"六师不宜轻出"，但朱祁镇一意孤行，亲率京营50余万人马，仓促出征。由于粮草未备，天降大雨，人困马乏，一路上兵卒多有死伤逃亡。朱祁镇见状，传旨班师。但瓦剌骑兵步步紧逼，结果明军在土木堡（今河北怀来东）被瓦剌军队包围，数十万明军被歼，50余名文武大臣阵亡，朱祁镇也被俘，史称"土木之变"。在此危难之时，以于谦为首的明朝大臣们拥立郕王朱祁钰为皇帝，是为明代宗，并击退了瓦剌的进攻和讹诈。瓦剌首领也先见状，只得放回明英宗。

北京昌平明英宗裕陵金水桥（摄于2017年8月18日）

北京昌平明英宗裕陵（摄于2017年8月18日）

明英宗放回后，因大位已定，被代宗幽禁在南宫。景泰八年（1457年）正月，朱祁钰突然病重，不能临朝。英宗旧臣石亨、徐有贞率兵撞开南宫大门，拥立朱祁镇复位，英宗第二次成为大明皇帝，史称"夺门之变"。

明英宗复位后，改元天顺。他将朱祁钰废为郕王，迁居西内。他还清算了拥立朱祁钰的旧臣，冤杀忠良之臣于谦，从此，朝政日趋腐败。

明英宗确实不算是好皇帝，不过，他也有一些值得称道之处，如他释放了被囚禁的建文帝幼子文圭，文圭在靖难之变后被幽禁逾50余年。更值得称道的是，他废除了明初以来的后妃殉葬制度。

自明太祖朱元璋起，明朝皇帝制定了一项极为残酷的规定：每逢皇帝去世，后宫多人殉葬。明英宗以前的明朝皇帝无一例外地执行这一残忍的人殉制度，明英宗临终前下旨停止嫔妃殉葬，使嫔妃殉葬制度从此在中国历史上消失，这不能不说是明英宗的功德，《明史》也赞曰"盛德之事可法后世者矣"。

"夺门之变"7年以后，英宗病逝，终年38岁，葬裕陵。

裕陵位于天寿山西峰石门山南麓。据载，裕陵的修建仅用4个月的时间，当时参加营建裕陵的军民工匠共达8万余人，由江南巧匠蒯祥、陆祥现场督造。不过，裕陵后来遭到了很大的破坏，祾恩殿在战乱中被拆毁，祾恩门也被焚毁，虽然裕陵的陵寝建筑在清乾隆年间曾进行修葺，但后来又陷于荒芜。

笔者看过一些老照片。照片上的裕陵祾恩门只剩两道残墙遗址，明楼楼顶也是杂草丛生，瓦片飞落。制造"土木之变"和"夺门之变"的明英宗遭此下场倒也解恨，不过，当笔者2016年前往参观时，裕陵部分建筑已经修缮，显得颇有气势，恰似明英宗"夺门之变"后再度神采飞扬。

【明代宗朱祁钰景泰陵】

北京海淀明代宗景泰陵文保碑（摄于2016年8月11日）

明代宗朱祁钰（1428年—1457年），为明代第七位皇帝。他是明宣宗的次子，英宗的异母弟。据载，其生母吴氏原为汉王府邸中宫人。汉王朱高煦是永乐帝次子，因起兵造反被宣宗擒拿，朱祁钰生母因此被充入后宫为奴，后为宣宗所幸，生下朱祁钰，并被册封为贤妃。朱祁钰在英宗即位后被封为郕王。

由于母亲身份卑微，朱祁钰对帝位不存奢望，母子居住在京城王府中，本可安逸度过一生。不料"土木之变"发生，英宗被瓦剌生擒，朱祁钰在大敌当前的情况下，被皇太后孙氏诏为监国。后为安定人心，又经太后准许即皇帝位，是为明代宗，次年改元景泰，遥尊明英宗为太上皇。

他即位后，励精图治，吏治为之一新，景泰朝的政治与之前的正统朝相比，还是比较清明的。而且，面对瓦剌的挑衅，景泰帝倚重于谦等主战派大臣，整饬军备，组织北京保卫战，最终击退瓦剌。瓦剌首领也先见状，便放回了明英宗。

英宗回归之后，名义上是太上皇，实际上幽居南宫，并被监视。景泰帝还废英宗太子朱见深为沂王，立自己的儿子朱见济为皇太子。

景泰八年（1457年）正月，景泰帝身染重病，卧床不起，英宗旧

北京海淀明代宗景泰陵碑亭（摄于2016年8月11日）

臣石亨、徐有贞等人见景泰帝病情危重，密谋迎立英宗。他们从南宫扶英宗上辇，直奔皇宫，英宗进入奉天殿，登上御座，鸣钟击鼓，召见百官，宣布复位，史称"夺门之变"。

明英宗随即废景泰帝为郕王，将其软禁西内。不久，代宗去世，其死因，不见正史记载，只有明陆钎《病逸漫记》记称系宦官蒋安以帛勒死。英宗赐其谥号为戾，终年30岁。英宗废弃了明代宗原本修建好的帝陵，按亲王礼将其葬于京西的金山，明代宗成为唯一一个没有按帝王之礼下葬的明朝皇帝。之后，于谦等当初拥立他的大臣，也纷纷被明英宗以谋逆之罪处死。直到英宗去世后，英宗之子、明宪宗朱见深才客观地评价了其叔朱祁钰一生的功过，恢复了他的帝号，并改建其王陵为帝陵，扩修了明楼、享殿等，嘉靖时又改建陵碑亭，使景泰陵成为一座地道的帝王陵。

笔者在一年的秋天前往拜谒，发现代宗陵寝的碑亭和祾恩门依旧留存，但其余建筑已经消失殆尽。其中，碑亭保存最为完整，坐落在一片开阔的绿地中间，在柏树的簇拥下，黄色琉璃瓦重檐亭顶显得格外醒目，碑

北京海淀明代宗景泰陵陵号碑
（摄于2016年8月11日）

楼内有一座高大的碑石,书有"大明恭仁康定景皇帝之陵"几个大字。碑亭后为祾恩门,祾恩门后的祾恩殿、方城明楼、宝城宝顶等建筑已荡然无存。

明代宗朱祁钰在位时间仅 8 年,但他选贤任能,力挽狂澜,使得大明江山社稷转危为安,可谓是英明之主。但他贪念皇位,导致在处理英宗与太子问题上存有失误,招致他后来悲剧性的结局。他的离奇去世,令人唏嘘。

如今,景泰陵后的山陵依旧树木葱茏,但景泰陵早已支离破碎,风雨飘摇的景泰陵,宛如代宗命运多舛的一生。

北京海淀明代宗景泰陵祾恩门(摄于 2016 年 8 月 11 日)

【明世宗朱厚熜永陵】

明世宗朱厚熜(1507 年—1566 年),为明朝第十一位皇帝。他原是湖北钟祥兴献王朱祐杬的长子,明武宗的堂弟。如果不是明武宗朱厚照没有子嗣,他是不可能登上皇帝宝座的。

明武宗朱厚照以昏庸荒淫出名,为了享乐,他下令在西苑修建豹房,置珍奇玩好、歌伎舞女于其中,日日与几个亲信游乐,"朝夕处此,不复入大内矣"。正德十六年(1521 年)四月,武宗驾崩于豹房,时年 31 岁。

北京昌平明世宗永陵大红门（摄于2017年8月8日）

由于武宗死后无嗣，按照"兄终弟及"的祖训，明武宗的母亲张太后和内阁首辅杨廷和决定，由武宗的堂弟朱厚熜继承皇位，年号嘉靖。即位之初，嘉靖帝就与群臣就其生父尊号等问题发生了长达三年多的"大礼议之争"，最终，嘉靖帝运用皇权，不顾反对，追尊生父为兴献皇帝，并按帝陵规制改建其陵墓。

嘉靖帝在位长达40多年，即位之初，革除前朝弊政，尚有作为，但很快就丧失进取精神，日渐腐朽，大事营建，迷信方士，甚至长期不上朝，导致奸臣严嵩专擅朝政20年，清官海瑞直言上书罢官入狱。这种佞臣专权、直臣遭害的局面，使边事废弛，南倭北虏，祸患不断。

世宗为政"忽智忽愚""忽功忽罪"，不少朝臣无故得罪。在后宫，更是起居无常，喜怒无常，内外结怨皆深。嘉靖二十一年（1542年），熟睡中的世宗被16个"蓄怨积苦"的宫女用绳索勒颈，因宫女慌乱中误把绳套挽成死结，才使世宗免于一死。这种"宫婢之变"在中国历史上实属罕见。

由于世宗迷信方士，日求长生，

北京昌平明世宗永陵文保碑（摄于2017年8月8日）

北京昌平明世宗永陵碑亭遗迹（摄于2017年8月8日）

长期服用丹药，导致身体每况愈下。嘉靖四十五年（1567年），嘉靖帝因服食丹药过量逝于乾清宫，终年60岁，葬于永陵。

永陵位于今北京昌平十三陵陵区阳翠岭南麓，是朱厚熜及陈氏、方氏、杜氏三位皇后的合葬陵寝。永陵始建于嘉靖十五年（1536年），世宗要求"量拟长陵"。据载，当时仅调动官兵参与修陵就将近4万，其他工匠民夫更是不计其数。经过11年的营造，永陵才大体竣工。

建成后的永陵规模宏大，设计新颖，用料考究，施工精细。按照《大明会典》的记载，永陵宝城直径为81丈，祾恩殿为重檐七间，左右配殿各九间，其规制仅次于长陵。明隆庆《昌平州志》也称其"重门严邃，殿宇宏深，楼城巍峨，松柏苍翠，宛若仙宫。其规制一准于长陵，而伟丽精巧实有过之"。其营造耗费白银多达八百余万两。永陵的规制仅次于长陵，而超过了世宗之前的六位明帝之陵。清乾隆年间，永陵曾被修缮，但规制有所缩小。

明十三陵中，只有少量陵寝开放，明世宗永陵常年封闭，笔者寻访时，只能看到幽静的神道、陵前的神功圣德碑，而陵道的尽头是永陵紧闭的文武方门。方门为单檐歇山顶建筑，门楼的斗拱、额枋、飞椽为石雕构件与琉璃构件混搭，两侧的陵墙墙体基本保存完整。笔者参观那天，刚巧陵门短期打开，笔者有幸远观永陵高耸的明楼，永陵

北京昌平明世宗永陵明楼（摄于2017年8月8日）

的明楼应该说是十三陵中最完整也是最雄伟精致的。不过，虽然永陵崇丽盖世，但是明朝的气数却在这位一心羽化成仙的皇帝的斋醮中逐步走向衰微。

【明神宗朱翊钧定陵】

明神宗朱翊钧（1563年—1620年），明朝第十三位皇帝，明世宗的孙子，明穆宗朱载垕第三子。隆庆六年（1572年），穆宗驾崩，10岁的朱翊钧即位，年号万历。明神宗是明朝享国最久的帝王，也是典型的荒政怠惰之君。

朱翊钧以冲幼君临天下，朝政主要依靠内阁首辅张居正，出于敬畏之心，神宗对张居正言听计从，生活上也不敢过分铺张。张居正组织实施了一系列改革措施，使明朝政治、经济、军事等方面都有所振兴，万历初年一度呈现"中兴"景象。

万历十年（1582年），张居正病故，神宗亲政。失去约束后的神宗从此深居后宫，整天与妃嫔饮酒作乐，朝政也不想过问。神宗在位

北京明神宗定陵世界文化遗产碑（摄于 2017 年 8 月 18 日）

48年，上朝议政是不多见的，就连对皇帝直接负责的最高议事机构——内阁，其成员也是多年见不到皇帝的圣容，致使奏章无人受理，边饷无人筹措，国家运转几近停滞。这也导致统治集团内部党争与宫闱之争相互纠结，职守尽弛，上下解体。

北京明神宗定陵祾恩殿（摄于 2017 年 8 月 18 日）

北京昌平明神宗定陵二柱门（摄于2017年8月18日）

北京昌平明神宗定陵明楼
（摄于2017年8月18日）

朱翊钧不理朝政，但宫中生活却挥霍无度。为了掠夺钱财，他派出宦官担任矿监税使，四处搜刮民财，激起民变。此时，辽东后金迅速崛起，明军屡屡败北。萨尔浒之战，明军大败，从此明对后金采取守势，再无力进攻。而沉重的辽饷，又加重百姓负担，致使各种矛盾激化，种下了明朝灭亡的祸根。诚如《明史》所言"明之亡，实亡于神宗"。

万历四十八年（1620年）七月，明神宗朱翊钧病逝，终年56岁，葬于定陵。

定陵位于今北京昌平十三陵陵区大峪山东麓，是朱翊钧和孝端、孝靖两位皇后的合葬陵。定陵于万历十二年（1584年）开工，历时近6年完成。陵墓建成时，神宗只有28岁。因此，陵墓闲置了将近30年之久。

神宗亲政第二年就下诏预建自己的寿宫，不仅亲择陵址，而且亲定规制，因此定陵在建筑规模、材料选用、施工做法等不少方面都超过了永陵，成为十三陵中规模名列前茅的陵园。它的地面建筑共占18万平方米。定陵建成耗银800万两，

北京昌平明神宗定陵地宫宝座及长明灯
（摄于2017年8月18日）

相当于当时全国两年的田赋收入。

但定陵后来迭遭破坏，李自成起义军攻入北京后，烧毁了定陵的大部分地面建筑。清乾隆年间，曾对定陵进行修葺，但祾恩门、祾恩殿被缩小规制。民国时期，再次被焚。如今，定陵的地面建筑中只有宝城、明楼和陵垣未遭严重破坏。

1955年，经中央批准，对定陵进行发掘。1957年5月，考古工作者打开了定陵地宫。发现了神宗和两位皇后的棺椁，以及大量随葬品。但由于当时技术水平落后，地宫中随葬的很多珍贵文物遭到无法修复的毁坏。

作为十三陵中唯一开放地宫的陵寝，笔者多次参观定陵，每一次也都必定要参观地宫。定陵地宫全部为拱券式石结构，呈"五室三隧"的形制。皇帝棺椁居后殿中央，左右列孝端、孝靖两位皇后的棺木，周边陈设石桌石椅、香烛蜡台。石棺床底座饰以龙凤、莲瓣图案。但笔者知道，展出的棺椁是复制品，万历帝和他的皇后早已尸骨无存，恰似生命流逝的轨迹。

【明思宗朱由检思陵】

北京昌平明思宗思陵文保碑
（摄于2012年6月20日）

明思宗朱由检（1611年—1644年），明朝第十六位皇帝，也是明朝最后一位皇帝。他是明光宗朱常洛第五子，12岁时被封为信王。其兄明熹宗朱由校病逝后，由于没有子嗣，朱由检受遗命继承皇位，年号崇祯。熹宗在位期间，无心政事，任由太监魏忠贤玩弄权柄，明朝的朝政更加衰落。思宗正是在这多事之秋即位。

思宗继位后，面对农民起义方兴未艾、八旗子弟厉兵秣马、明廷内部争斗不已的局面，力图振作。他大力铲除阉党，改进吏治，启用良将，坚守辽东。其本人又勤于政事，生活节

北京昌平明思宗思陵（摄于 2012 年 6 月 20 日）

俭，可谓是有为的皇帝。可惜生不逢时，且治国太急，加上他生性多疑，诛杀过多，终使他励精图治、中兴明室的愿望彻底破灭，大明皇朝无法挽救地走向灭亡。

崇祯十七年（1644 年），李自成率领的农民起义军逼近京城，思宗下诏征天下勤王兵以护卫皇室，但此时明军已无兵可征调了。之后，

北京昌平明思宗思陵宝城（摄于 2012 年 6 月 20 日）

思宗又商议南迁之事,但终因部分大臣的反对和思宗本人的优柔寡断而作罢。三月,李自成攻破北京城,朱由检见大势已去,于是逼缢皇后,剑砍公主,在太监王承恩的陪伴下,在煤山(今北京景山)的一棵树上自缢身亡,时年35岁,南明弘光政权定其谥号为思宗。

据载,李自成起义军找到崇祯帝遗体后,命人将崇祯帝和周皇后的遗体停放在东华门侧,明朝官员都不敢前往,只有襄城伯李国桢"跪梓宫前大哭",并以"须葬先帝以天子礼"作为自己归降的条件。

崇祯帝生前未预建寿陵,最后只能借用其宠妃田贵妃之墓,以便将崇祯帝入葬。据载,大顺政权将安葬崇祯帝遗体一事责成给昌平州,昌平州吏目赵一桂具体主持,他组织役夫用了四昼夜打开了田贵妃墓,田贵妃墓地宫由前后两室组成,各有石门,前室陈设各种祭器和万年灯,后室是安放棺椁的地方,建有石床。思宗和周皇后的梓宫祭奠后,由役夫抬进地宫。役夫将田贵妃棺椁从石床正中移放至右边,再将周皇后之棺材放到石床左边,最后把崇祯帝的棺材安放到石床正中。因崇祯帝有棺无椁,只能借用田贵妃之椁。最后,点起"万年灯",关闭石门,填平隧道,堆起坟头,并修筑五尺高的围墙,一代皇帝就这样草草下葬了。

农民起义军退出北京后,清朝入主中原。为笼络人心,清廷将这座葬有崇祯帝后的田妃墓升格为帝陵,改称"思陵",并营建了地面

北京昌平明思宗思陵陪葬墓——王承恩墓(摄于2012年6月20日)

建筑，成为明十三陵的最后一陵。但与建有神道、享殿、方城明楼等建筑的明朝其他帝陵相比，崇祯帝的思陵过于简陋。笔者参观鹿马山南麓思陵的时候，思陵大门紧闭，笔者只能从围墙上向内张望，但见荒草丛中，石供案后的崇祯帝思陵宝城上只有一块孤零零的墓碑，陵前设有石五供，整个陵园显得局促窄小。但坦率地说，清朝对明末帝还算不错，它毕竟完成了崇祯帝陵的改建，给草草收场的大明王朝留下了一个还算体面的背影。

第十二章　寂寞清陵照山月

朝代简述

清王朝是我国历史上最后一个封建王朝,由满族统治者建立,满族的前身是明代的女真人。女真人为古代生活于今东北一带的古老民族,在明代分为三大部,其中一部最为强大,被称为建州女真。明朝政府先后将建州女真分成三个卫,总称"建州三卫",卫的指挥使由女真族的部落首领担任。明万历四十四年(1616年),建州女真首领努尔哈赤统一女真诸部,在赫图阿拉(今辽宁新宾)建国称汗,国号大金,史称"后金"。

天命三年(1618年),努尔哈赤起兵反明,第二年在萨尔浒战役中以少胜多,击败明军,使明朝从此陷于被动局面。之后,后金又攻克沈阳,迁都于此,并改名盛京。

天命十一年(1626年),努尔哈赤攻打宁远城,被明军守将袁崇焕击溃,努尔哈赤负伤,不久病逝。其第八子皇太极继承汗位后,在不到十年的时间里,统一了整个东北。崇德元年(1636年),皇太极在盛京称帝,改国号为清。

顺治元年(1644年),清朝利用李自成农民起义军推翻明朝之际,在明降将辽东总兵吴三桂的带领下入关,同年,清世祖福临定都北京,从此开始了清朝在关内的统治。

顺治十八年(1661年),福临去世,清圣祖玄烨登基,改元康熙。康熙帝在文治武功方面都超越了他的先人。在位期间,他平定"三藩之乱",收复台湾,击败沙俄入侵者,签订《尼布楚条约》。除此之外,他还三次亲征,挫败西北割据势力分裂阴谋等。乾隆帝在位时,也通过一系列行动,使统一多民族国家得到巩固。

康雍乾时期,农业生产得到了全面的恢复和进一步发展,经济繁

努尔哈赤在赫图阿拉城开启了大清王朝诞生的序幕（摄于2016年7月19日）　　辽宁抚顺萨尔浒古战场碑亭成为这场改变后金命运战役的印记（摄于2016年7月19日）

荣，社会稳定，国力强盛，清朝进入全盛时期，史称"康乾盛世"。但这一时期，中国的封建社会已处于末期，清朝长期实行闭关锁国政策，统治者闭目塞听，盲目自大，而此时的欧洲资本主义国家已经迅速崛起。尤其是英国，在完成工业革命后，开始竭力向中国推销工业产品，但清朝自给自足的自然经济使英国处于不利的贸易局面，为此，英国通过向中国走私毒品鸦片来获取暴利。

鸦片的蔓延，给中国带来了严重的危害。道光帝任命林则徐为钦

皇太极在辽宁沈阳故宫大政殿称帝并改国号为清，其与明朝一较高低之心昭然若揭（摄于2013年10月2日）

福建泉州敕建御碑记叙了施琅受康熙帝诏命收复台湾的壮举
（摄于2016年10月19日）

差大臣，前往广东禁烟。英国以此为借口，在道光二十年（1840年）发动了鸦片战争，中国近代历史就此开启。衰弱的清王朝战败求和，被迫于道光二十二年（1842年）与英国签订了近代第一个不平等条约《南京条约》。

民族矛盾的加剧促进了国内阶级矛盾的激化。咸丰元年（1851年），太平天国运动爆发。太平军从广西出发，一路势如破竹，占领南京，以此为都，改名天京。此后西征北伐，势力波及大半个中国。14年后，曾国藩率领湘军攻陷天京，太平天国运动失败。此后，各国列强加紧对中国的侵略。光绪二十年（1894年），中日甲午战争爆发，清朝战败，与日本签订《马关条约》。

河北承德普宁寺御碑亭碑文记述了乾隆维护统一多民族国家的文治武功
（摄于2012年7月7日）

面对不断加深的民族危机,在光绪帝的支持下,康有为、梁启超等发起变法维新,但被以慈禧太后为首的顽固派扼杀,戊戌六君子殉难。不久,北方爆发了义和团运动。光绪二十六年(1900年),以英、美、法、俄、日、德、意、奥组成的八国联军攻占北京。第二年,清朝签订《辛丑条约》。清朝统治的日益腐朽,使得反清救亡运动风起云涌。光绪二十年(1894年),孙中山在檀香山成立兴中会,提出"驱除鞑虏,恢复中华,创立合众政府"的宗旨。光绪三十一年(1905年),孙中山团结各地的革命力量,成立了中国同盟会。宣统三年(1911年),武昌起义爆发,清朝的统治土崩瓦解。民国元年(1912年)1月1日,中华民国临时政府在南京宣告成立。2月12

鸦片战争开启了中国近代历史的进程(摄于2013年11月13日)

洪秀全在金田发动的太平天国运动势力波及大半个中国
(摄于2015年8月11日)

日，宣统帝被迫退位，清朝灭亡，我国两千多年的封建君主专制制度宣告结束。

清朝统治从努尔哈赤创建后金政权算起，到清帝退位为止，长达296年，但如果从顺治元年清军入关算起，则为268年。清朝历史自努尔哈赤称帝至末帝溥仪，共历12帝，入关后则历10帝。

清朝是中国封建社会发展的顶峰。与明朝的君主比较，清朝自入关迄逊位，颇多英明之主，无论是开疆拓土、行政规划，都不让于汉、唐。但有清一代遇到了"数千年来未有之变局"。在世界历史格局发生深刻变化的背景下，清朝统治者愚昧无知，妄自尊大，拉大了中国与西方的差距，造成近代中国被动挨打的局面。列强纷纷侵略中国，使国家的主权不断丧失。清政府的黑暗腐朽，及西方国家的殖民掠夺，激化了各种矛盾，加深了清朝的统治危机，并引发了各阶层的反清浪潮，武昌起义最终敲响了清王朝的丧钟。

孙中山在南京临时大总统府宣告中华民国临时政府成立（摄于2017年7月31日）

陵寝概况

清朝共有 12 位皇帝，其中努尔哈赤和皇太极安葬在今沈阳东郊的福陵和沈阳北郊的昭陵。清朝入关以后的 10 位皇帝，除末帝溥仪没有设陵外，其他 9 位皇帝分别在河北遵化和易县修建规模宏大的陵园。由于两个陵园分列北京的东西，故称"清东陵"和"清西陵"。

关外二陵经过多次扩建，规模变大。其中，努尔哈赤福陵位于沈阳东郊，故又称东陵，是清朝的第一座皇陵，始建于后金天聪三年（1629 年），经康熙、乾隆两帝增建，才形成今日规模。皇太极昭陵位于沈阳北郊，故又称北陵，它是关外二陵中规模最大、结构最完

沈阳努尔哈赤福陵是清朝的第一座皇陵，规模宏崇（摄于 2013 年 10 月 1 日）

清朝关外二陵与后来的清朝帝陵在布局和形式上颇具差异，其隆恩门富有特色（摄于2013年10月1日）

清东陵地处山峦起伏的遵化马兰峪西，石牌坊为陵园的标志（摄于2012年7月8日）

整的帝陵。福、昭两陵结构大致相似，有大红门、碑亭、方城、隆恩殿、石五供、明楼、宝城宝顶等，但与后来的清朝帝陵在布局上还是有一些差别，体现了清朝帝陵的变化过程。关外二陵幸运地避过了朝代更迭、社会动乱等带来的人为破坏，地面建筑与地下宫殿保存完整。

清东陵位于河北省遵化市西北马兰峪西，此处山峦蜿蜒起伏，层峰叠翠，地势极佳。清东陵定址遵化与顺治帝有关。据说当年顺治帝

清东陵神道是一条气势宏伟、极为壮观的陵区中轴线，威武的石像生排列神道两侧（摄于2018年8月16日）

清西陵由雍正帝钦定，主陵神道与各帝陵神道相接，形成以泰陵为中心的陵区（摄于 2012 年 6 月 18 日）

清朝帝陵三门六柱的牌坊式龙凤门高低错落、光彩绚丽（摄于 2012 年 6 月 18 日）

到遵化的昌瑞山一带行围打猎，被这一带的灵山秀水震撼，当即传旨"此山王气葱郁非常，可以为朕寿宫"。顺治十八年（1661年），顺治帝孝陵开始在此营建，此后康熙帝的景陵、乾隆帝的裕陵、咸丰帝的定陵和同治帝的惠陵相继在孝陵周围修建。每座帝陵附近一般都附有皇后和嫔妃的园寝，最终形成了规模宏大的清东陵陵区。

清东陵规模宏大，陵区南北长约125千米，东西宽约20千米，陵区总面积约2500平方千米，陵墓建筑区占地48平方千米，前后修建时间长达272年。处于清朝繁荣时期的顺治帝、康熙帝、乾隆帝等都安葬于此。在清东陵大红门东侧还建有孝庄文皇后的昭西陵，孝庄文皇后一生培育、辅佐顺治、康熙两代君主，为清初的繁荣和稳定立下汗马功劳。

清朝帝陵内部结构上表现出更多的政治、宗教和文化色彩
（摄于2018年8月16日）

    清西陵位于今河北省保定市易县城西的永宁山下，境内冈峦起伏，林木丛茂，河道纵横。清西陵的修建由雍正帝钦定。据传，雍正是因为篡改了父皇康熙的遗诏才得以当上皇帝，故不敢葬在父皇的旁边。不过据载，雍正帝陵址原来选在清东陵的九凤朝阳山，但因为这里"规模虽大，而形局未全，穴中之土又带砂石，实不可用"，所以雍正帝才派人另找"万年吉地"，选中了易县永宁山这块风水宝地，雍正也成为了埋入清西陵的第一位清帝。不过，雍正帝的这一做法显然违背了子随父葬的传统制度，可能会使以后各帝无所适从。为此，

光绪帝的崇陵是中国封建王朝最后一座帝陵，建成后不久便遭盗挖，光绪帝可谓生死悲哀（摄于2012年6月18日）

其子乾隆帝后来作出了以后父、子不葬一地，各依昭穆次序，相间在东、西两陵选址建陵的规定，解决了这一难题，也保证了清西陵的建设规模。

清西陵自雍正八年（1730年）首建泰陵起，至民国4年（1915年）光绪帝崇陵建成，历经186年，陵区面积225平方千米，建筑面积有5万多平方米，共有雍正帝泰陵、嘉庆帝昌陵、道光帝慕陵、光绪帝崇陵等四座帝陵，以及一些后陵、妃陵、公主墓等。陵区每个皇帝陵均设有护陵监，是专门保护和管理陵园的机构，有官吏日夜值守，护陵监外有城墙围绕，里面有衙署、市街、住宅等建筑。

清朝统治者入关后，所建帝陵一改关外帝陵的风格，基本承袭了明太祖朱元璋首倡的帝陵规制，不同的是陵冢上增设了月牙城，同时，陵园的布局也更成熟。清东陵、清西陵均采用集中陵区的手法，东陵以顺治帝孝陵为主，西陵以雍正帝泰陵为主，其他帝陵分布左右。陵区从正红门开始，经统一的神道石像、碑亭及华表，分达各陵区。其布局顺序为：五孔石券桥、牌楼、碑亭、三孔券桥，大月台、宫门、隆恩殿及左右配殿，而后为石平桥、月台、琉璃门、五供、方城明楼、月牙城、宝城宝顶。只有道光皇帝的慕陵，在其标榜所谓的"厉行节约"旨意下，取消了方城明楼、圣德神功碑、华表及石像生等。

清朝帝陵，宝顶下面为地宫，按照一般的建造规制，地宫为九券四门结构，由一条墓道、四道石门和三个主要堂券组成。第一道石门内的明堂券，放置册宝。地宫最后的堂券是金券，为主要墓室，设有宝床，皇帝的棺椁就停放在这里。清朝帝陵的地宫与明朝帝陵相比，面积要小很多，但在内部构造上，表现出更多的政治、宗教和文化色彩。

清朝帝陵是中国现存规模最大、体系最完整的帝陵建筑群之一。

清朝灭亡后，清东陵、清西陵都遭遇多次盗掘。因为相比明朝皇陵，清朝诸陵的地宫深度要浅得多，盗掘的难度明显降低。

最为严重的盗陵事件发生在1928年，组织这次盗陵的是国民革命军第十二军军长孙殿英。当时，孙殿英以军事演习为名，派兵分头盗掘裕陵与定东陵。裕陵是乾隆帝的陵寝，盗陵官兵将棺椁打开，遍搜地宫，将随葬珍宝抢掠一空。定东陵是慈禧太后的陵墓，慈禧的金漆外椁也被劈开，满棺的宝物被搜罗一空，甚至慈禧口中的夜明珠也被撬开劫走。

清西陵诸皇陵中，遭遇最悲惨的是光绪帝的崇陵。在清代的皇帝中，光绪帝也是最具悲情色彩的一个。他被慈禧太后软禁了10年之久，其病逝时，陵墓还未建，他的棺椁只能暂厝故宫观德殿。其崇陵还未建成，清朝就灭亡了，崇陵修造的所有费用，最后均由民国政府支出。崇陵建成后，总体规模有所缩小，20余年后又遭盗挖。

清朝帝陵建筑无论在规模还是形制上，都反映了清王朝由盛至衰的演变过程。笔者是在20多年前一个细雨霏霏的日子第一次参观东陵的，雨雾中的清东陵给笔者留下了十分深刻的印象，以后又参观了清西陵。参观清东陵、清西陵，就像在读一部清史，越读越不是滋味：从宏崇的裕陵走向简约的慕陵就是清王朝江河日下、风雨缥缈的表征。年复一年，清冷的月光照在山谷中红墙黄瓦的清朝帝陵上，显得落寞沉寂。

山陵撷要

【清太祖努尔哈赤福陵】

清太祖努尔哈赤(1559年—1626年),满族,爱新觉罗氏,生于赫图阿拉城,为清王朝的奠基者。据载,他出生于建州左卫一个部落酋长的家里,少年时代就懂汉语,也会蒙语。其祖父觉昌安为建州左卫都指挥,父塔克世为建州左卫指挥。在一次军事行动中,两人被明辽东总兵李成梁误杀。

明廷为报偿努尔哈赤祖、父的冤死,让努尔哈赤袭父职。但努尔哈赤将仇恨铭记在心,发誓报仇。经过充分的准备,明万历十一年(1583

辽宁沈阳清太祖福陵大红门(摄于2013年10月1日)

辽宁沈阳清太祖福陵碑楼(摄于2013年10月1日)

辽宁沈阳清太祖福陵方城隆恩门(摄于2013年10月1日)

辽宁沈阳清太祖福陵宝顶及明楼(摄于2013年10月1日)

年），他以祖、父所遗的十三副盔甲作为装备，在祖居地起兵。用了30多年时间，南征北战，统一了女真各部，并在这一过程中创建了军民合一的八旗制度。

万历四十四年（1616年），努尔哈赤在赫图阿拉（今辽宁新宾西南）称汗，国号"大金"，史称后金，公开与明朝抗衡。两年后，又以"七大恨"誓师，统兵攻陷抚顺、清河等处，由防御转入进攻。

抚顺之战后，明神宗感到事态严重，便派辽东经略杨镐担任总指挥，分四路合围赫图阿拉，以消除后金对明朝的威胁。但明军的军事部署被努尔哈赤探知，他及时采取了对策，集中八旗精锐首先指向明朝山海关总兵杜松的主力部队，大溃明军，杜松也落马而亡。接着，明军其他几路军队也相继被后金击败。萨尔浒之战的胜利，使后金与明朝的整体实力对比从此扭转。之后，努尔哈赤又相继攻下了沈阳、辽阳等七十余城，辽河以东地区尽为后金所有。

后金天命十一年（1626年）正月，努尔哈赤发起宁远之战。宁远城是明廷为抵御后金而在辽西设立的一座军事重镇，是阻挡后金进攻的关外堡垒。努尔哈赤亲率的13万大军进攻宁远。明朝守将袁崇焕依靠坚固的宁远城，与全城守军多次用红夷大炮击退后金的进攻，并击伤努尔哈赤。八月，努尔哈赤在忧愤和伤重情况下去世，终年68岁。努尔哈赤一生经历无数战事，都能化险为夷，但他没有料到，自己的征战生涯会在宁远城下戛然而止。

努尔哈赤葬于沈阳福陵。福陵因位于沈阳城东，又称东陵，始建于后金天聪三年（1629年），到清顺治八年（1651年）基本建成，后又经康熙、乾隆年间的多次扩建，才形成今天的格局。陵墓背倚天柱山，进入正红门，经过神道后，有一段很长的石阶，即所谓的"一百零八磴"，这是清朝帝陵中独有的。再经过石桥，就到达碑亭，亭内立有康熙帝亲自撰文的福陵神功圣德碑。碑亭后面就是陵园的主体建筑——方城，与明朝帝陵的方城不同，福陵的方城是名副其实的城堡，四周还建有角楼。隆恩殿位于方城中轴线偏后，是福陵最重要的建筑，为单檐歇山顶式建筑。方城后为宝城、宝顶，宝城之下便是埋葬努尔哈赤与皇后叶赫那拉氏灵柩的地宫。

笔者多次到过沈阳，但福陵只参观过一次。福陵在建筑形式上融入了满族民族风格和汉族文化特色。漫步其中，整座陵园随山势迤逦而上，沿途万松参天，层楼朱壁掩映其中，愈发显得陵寝幽静肃穆，古色苍然。

【清太宗皇太极昭陵】

清太宗皇太极（1592年—1643年），为后金第二位君主，也是清王朝的奠基者之一。他是努尔哈赤第八子，其出生之际，正值努尔哈赤统一女真各部的战争之际，因此，他是伴随着战争的刀光剑影逐渐长大的。后金建立后，他成为后金"四大贝勒"之一，掌管正白、镶白两旗。在萨尔浒之战中，他与诸贝勒率兵大破明军，深得努尔哈赤器重。

努尔哈赤去世后，皇太极在众王的推荐下，承袭汗位。按照女真的传统，汗王"与三大贝勒，俱南面坐"，共理朝政，导致权力分散，事事掣肘，徒有"一汗虚名"。为此，皇太极采取各个击破的手段，削弱分权势力，寻机革除了三大贝勒的职衔。天聪六年（1632年），皇太极废除了这一旧制，改为自己"南面独坐"，取得了汗王的独尊地位。

为了全力对抗明朝，皇太极恩威并施，西征察哈尔，迫使首领林丹汗远遁，同时，用通婚、馈赠等方式笼络其他蒙古部落，使漠南蒙古十六部全部归顺。

辽宁沈阳清太宗昭陵石牌坊（摄于2013年10月1日）

辽宁沈阳清太宗昭陵神道石刻（摄于 2013 年 10 月 1 日）

    天聪十年（1636 年）皇太极去汗称帝，定国号为"大清"，此后，皇太极对明朝频频用兵。松锦之战中，皇太极亲临前线指挥作战，大败明军，生擒明朝蓟辽总督洪承畴，占领了除宁远城之外的明朝关外全部城镇。皇太极在位期间，深知"治国之要，莫先安民"，他采取措施缓和社会矛盾。改革汉民管理制度，限制权贵特权，也注意体恤民力，使农业也有较大的发展。皇太极具有远见卓识，其一生所为为清王朝的确立和后来统一中国打下了坚实基础。

    崇德八年（1643 年）八月初九，戎马一生的皇太极白天还在正常处理政务，晚上却猝死于盛京后宫，终年 52 岁，在位 18 年。关于其死亡的原因，说法很多，但其爱妃海兰珠的早逝引起的悲伤及长期的鞍马之劳应该是重要的原因。

    皇太极葬于今沈阳城北 5 千米处的昭陵，昭陵故又被称为北陵。昭陵始建于清崇德八年（1643 年），至顺治八年（1651 年）基本建成，后又历经多次改建和增修，最终形成现今的规模，它是清关外三陵中规模最大的一座。

    笔者几度到沈阳，都去昭陵参观，对昭陵印象最深的，就是陵门前极为精美的石牌坊，为昭陵所独有。石牌坊后，是陵寝正门，穿过

辽宁沈阳清太宗昭陵方城明楼（摄于2013年10月1日）

正红门是神道，经过神道两侧的石像生、神功圣德碑楼，就到达方城。

昭陵的方城与福陵一样，为正方形城堡，进入方城的唯一通道为隆恩门，进入方城迎面是隆恩殿。隆恩殿后，穿过二柱门和石祭台，就步入券门和月牙城，从月牙城两侧的磴道，可以登上明楼城楼，登临城楼，能够看到

辽宁沈阳清太宗昭陵宝顶（摄于2013年10月1日）

月牙城后的宝城和宝顶，宝顶之内就是皇太极的陵墓地宫。皇太极遗体采用的是清初盛行的火葬，故地宫内只有装有他骨灰的宝宫，没有棺椁。

昭陵陵寝仿照明朝皇陵，而又具有满族陵寝的特点，保存得非常完整，且古松参天，殿宇巍峨，皇太极长眠于此，何憾之有！皇太极昭陵与唐太宗李世民昭陵同名，皇太极之功虽不及李世民，但也可谓功勋卓著，不负昭陵之名。

【清世祖福临孝陵】

清世祖福临（1638年—1661年），为清军入关后第一位皇帝，因年号顺治，故也称顺治帝。他是清太宗皇太极的第九子，母为永福宫庄妃，即后来的孝庄文皇后。

皇太极逝世时，福临年仅6岁，其上有多位年长皇兄。皇太极在生前并没有指定皇位继承人，导致福临的异母长兄豪格和叔叔多尔衮争夺皇位。在多方利益权衡及庄妃的筹划下，最终，多尔衮决定扶立年幼的福临继位。

清崇德八年（1643年），福临在盛京承袭父位。次年四月，多尔衮统兵入关，占领北京。九月，福临被护送至北京，十月初一，福临于皇极门即位，成为清军入关之后的第一位皇帝。由于福临年幼，朝

河北遵化清世祖孝陵神功圣德碑亭（摄于2012年7月8日）

政大权完全被多尔衮控制。多尔衮成为清初入关初年的实际统治者。故当时出现了"关内关外，咸知有睿王一人"的局面，这种情景一直持续到顺治七年（1650年）十二月多尔衮病逝为止。

顺治八年（1651年）开始，福临亲政。但面临的军事、政治形势都相当严峻，虽然此时福临只有14岁，但他仍想有所作为。

在其母孝庄文皇后的帮助下，面对全国新的抗清高潮，他采取"抚"重于"剿"的策略，使局势逐渐好转。他对吏治极为关注，采取甄别和惩治相结合的方法整顿吏治，也比较注意发挥汉人官员的作用。他还注重农业生产，推行屯田，鼓励垦荒，使频于绝境的农业生产开始有了转机。定鼎北京后，受汉文化的熏陶，他逐渐领悟

河北遵化清世祖孝陵龙凤门（摄于2012年7月8日）

了儒家"文教治天下"的道理，并注意在执政时期施行。他的一系列措施，对巩固清王朝统治至关重要。

顺治十八年（1661年），年仅24岁的福临就病逝了，葬于孝陵，

河北遵化清世祖孝陵三孔桥及碑亭（摄于2012年7月8日）

孝陵为清东陵的第一陵。关于顺治帝去世原因，历史上猜测很多，一种认为是染上天花而逝，清宫档案持这一说法。还有一种是出家说，认为顺治崇佛已久，其爱妃董鄂氏病逝后，他伤心欲绝，竟看破红尘，到五台山削发为僧，并圆寂于此，因此孝陵中只葬有其生前使用的一把扇子和一双鞋子，这一说法在民间流传甚广。

笔者虽然多次去过位于河北遵化的顺治帝孝陵，只可惜孝陵地宫并未开挖。不过，文献明确记载清孝陵中安葬的是顺治帝、孝康

章皇后和董鄂妃的骨灰坛，火化可能与塞外风俗有关，据称孝陵没有被盗过。

据载，孝陵的位置是顺治帝生前钦定的。顺治帝率领群臣外出打猎途中，发现了这块风水宝地，并亲自确定了陵寝的位置。

作为清东陵的首陵，孝陵所处的位置是至高无上的。陵园占地面积约为22万平方米，南北长达约6千米。大红门东西两侧建有20多千米长的风水墙，然后经过一系列陵寝建筑，抵到孝陵宝城宝顶。据考证，孝陵营建时，为应急需，曾拆用了北京城内明代建筑的旧料。

笔者曾沿着孝陵空旷的神道信步缓行，但见周围群山环抱，蜿蜒青山与红墙黄瓦交相辉映，气势不凡。

河北遵化清世祖孝陵隆恩殿（摄于2012年7月8日）

【清圣祖玄烨景陵】

清圣祖玄烨（1654年—1722年），清朝入关后的第二位皇帝。他是顺治帝第三子，据说，福临选定玄烨继位，是因为其出过天花，具有免疫力。在清朝，天花可是一种死亡率极高的传染病。

顺治十八年（1661年），只有8岁的玄烨即位，次年改元康熙。顺治帝临终前，遗命索尼、苏克萨哈、遏必隆、鳌拜四大臣为辅政大臣，

河北遵化清圣祖景陵神道（摄于2012年7月8日）

代理国政。

玄烨14岁亲政后，很快显示出杰出的统治才能。亲政之初，面对权臣鳌拜的强悍和骄横，玄烨设计了由一群扑击少年在宫内将鳌拜擒获的计谋，成功地清除了鳌拜及其同党，开始掌握实权。

清廷入关后，为借助明朝降官的力量平定天下，先后封了三个藩王，即平西王吴三桂、

河北遵化清圣祖景陵隆恩门（摄于2012年7月8日）

河北遵化清圣祖景陵隆恩殿（摄于2012年7月8日）

河北遵化清圣祖景陵二柱门及方城明楼（摄于2012年7月8日）

平南王尚可喜、靖南王耿精忠，统称"三藩"。后来，三藩势力强大，足以与清廷分庭抗礼，其中吴三桂势力最大。康熙十二年（1673年），玄烨下令"撤藩"，引起三藩的反叛。玄烨沉着应对，打击与招抚手段并用，用8年时间，平定了三藩之乱。

康熙二十二年（1683年），玄烨派施琅为福建水师提督，利用台湾郑氏集团内乱的机会进取台湾。施琅率两万余人及大批战舰一举攻占澎湖，台湾失去屏障，郑克塽被迫投降。清政府收复台湾后，设置台湾府，实现了台湾与祖国大陆的统一。值得称道的是，康熙帝不以胜者自骄，下令厚葬郑成功父子，并盛赞郑氏为"海外孤忠"，足见其雄才大略。

康熙在位期间，沙俄远征军曾多次入侵黑龙江流域，修筑雅克萨城作为侵略据点。康熙帝下令反击，组织了两次收复雅克萨之战，沙俄只得与清政府缔结《尼布楚条约》。面对蒙古准噶尔部首领噶尔丹的叛乱，康熙帝则三次亲征，最终平定了叛乱。

康熙六十一年（1722年），康熙帝病逝，在位61年，他不仅是中国历史上在位时间最长的皇帝，也是统一多民族国家的捍卫者，奠定了清朝兴盛的根基，开创康乾盛世的局面，被后世学者尊为"千古一帝"。

康熙帝葬于景陵。景陵位于今河北遵化清东陵内顺治帝孝陵的东南，始建于康熙十五年（1676年），5年后完工，规模稍逊于孝陵，但规制基本上仿孝陵。由于康熙帝在位时间长,功德隆盛,文字甚多,一碑不能载,故景陵首建双碑亭。此外,从康熙帝开始,葬仪汉化,采用棺椁,不再火化。

景陵是继孝陵之后又一座规模庞大的清朝帝陵,但在历史上却多灾多难。光绪年间,景陵隆恩殿发生大火。1945年,景陵地宫被盗,不仅随葬珍宝全部被盗走,康熙帝及皇后均被毁棺抛尸。1952年,景陵大碑楼又遭雷击起火,这种情况在清帝诸陵中实属罕见。后来,景陵地宫及地面建筑陆续得到修复。

笔者多次拜谒过景陵。目前,景陵只开放隆恩殿前的区域,琉璃花门后的方城明楼并不对外开放。笔者有次参观时,刚巧琉璃花门虚掩着,笔者从半开的门缝向内观望,见方城明楼保存完整,只是院落内苔草茂盛,平添了一丝沧桑古意。

【清世宗胤禛泰陵】

清世宗胤禛(1678年—1735年),清入关后第三位皇帝,是康熙帝第四子,年轻时学习经史,稍懂佛学。曾跟随父皇四出巡视,并奉命办理一些政事。19岁时曾随从康熙帝征讨噶尔丹,并掌正红旗大营,这些都帮助他获得一些从政的经验。

康熙三十七年(1698年),胤禛被封为多罗贝勒,康熙四十八

河北易县清世宗泰陵神道石刻(摄于2012年6月18日)

河北易县清世宗泰陵琉璃花门（摄于2012年6月18日）

河北易县清世宗泰陵二门柱及方城明楼（摄于2012年6月18日）

年（1709年）被封为雍亲王。康熙帝子嗣较多，为争夺皇储之位，各皇子之间钩心斗角，康熙帝对太子也几立几废。

康熙六十一年（1722），康熙帝病逝，胤禛继承皇位，改年号雍正。后世对于雍正继位的合法性质疑不断。有传说认为，康熙帝的本意是传位十四子，被胤禛把"十"改为"于"，变成"传位于四子"。但从康熙遗诏来看，这种说法是没有根据的。

胤禛即位时，已经45岁，具有丰富的政治经验，在政治上采取多种措施巩固自己的皇位。他设置军机处，削夺内阁与议政王大臣之权，取消诸王对下五旗的控制，使皇权更集于一身。为杜绝皇子争位局面的再现，他首创了秘密立储制度，生前不公开继承人姓名，而是将储君名字封在密匣中，放在乾清宫"正大光明"匾后，待以后由御前大臣、军机大臣等共同取出并宣布。这项制度确保了皇权的顺利交接。

雍正是一位勤勉有为之君，一生勤于政事，励精图治。他在位时期，实行"改土归流""火耗归公"等一系列改革政策，也采取了一些发展农业生产的措施，对康乾盛世的出现，起到了承前启后的重要作用。

河北易县清世宗泰陵方城明楼及哑巴院（摄于2012年6月18日）

但他猜忌多疑，刻薄寡恩，统治手段过于严酷。雍正时期，也是文字狱多发的阶段，这些都使他成为清朝诸帝中被诟病最多的皇帝。

雍正十三年（1735年）八月，雍正帝病逝于圆明园，终年58岁，葬于泰陵。对于雍正帝之死，数百年来，众说各异。有暴病说、中毒说和刺杀说等。暴病说认为雍正帝是因工作过劳而暴卒；中毒说认为雍正帝生前对炼丹有浓厚的兴趣，因服用丹丸而亡；刺杀说则认为雍正帝在文字狱中杀戮过度，被吕留良孙女吕四娘为报家仇所杀。众说纷纭，莫衷一是。

泰陵位于今河北易县。据载，雍正帝陵原选在遵化的九凤朝阳山，但在修建之初，发现九凤朝阳山"规模虽大，而形局未全，穴中之土又带砂石"。于是，雍正帝重新择地，最后相中了易县永宁山下的太平峪。至于雍正帝陵地选在易县、远离康熙帝景陵的原因，众说纷纭。有传言认为，雍正帝改诏篡位，弑兄屠弟，心中有鬼，不敢近依皇父，怕遭报应，故远离景陵，另辟陵区；也有人认为雍正帝另辟陵区是为了突出自己陵寝作为首陵的气势；还有的人则认为是出于战略防御、保卫京城安全的目的。不管真正的原因是什么，雍正帝此举，开启了清西陵建设的序幕。

泰陵于雍正八年（1730年）破土兴工，直到乾隆二年（1737年）才建成。泰陵作为西陵首陵，是清西陵诸陵中规模最大、体系最完整、典制最完备的陵寝。泰陵总体上是仿孝陵而建的，但又有所区别，如增加了石碑坊、五孔拱桥、减少了玉带河、石像生数量等。笔者多次参观泰陵，整个陵区掩映在青山绿水、苍松翠柏之间，油然而生一种庄严肃穆之感，似乎在昭示着大清雍正盛世的繁华和泰陵制度的恢宏。

根据民间传说，明末清初的学者吕留良，在去世多年后因文字狱被雍正帝下令戮尸枭首，吕氏一家也被满门抄斩。吕留良的孙女吕四娘侥幸逃脱，她为报祖父仇，藏身深山老林，潜心习武，终于在一个月黑风高的夜晚潜入圆明园，刺杀雍正帝，并且带走了雍正帝的头颅，因此，泰陵中的雍正帝遗体上安的是一个金头。从清廷关于雍正驾崩的记载来看，雍正得病后，死得如此之急，确实令人生疑。

雍正帝的一生，充满着神奇色彩，就连他的死，也令人捉摸不透。泰陵中，被雍正帝带进地下的，除了价值连城的宝贝，还有众说纷纭的种种谜团。

【清高宗弘历裕陵】

清高宗弘历（1711年—1799年），清朝入关后第四位皇帝，为雍正帝的第四子。据说，弘历自幼聪明，康熙帝第一次见到他，就非

河北遵化清高宗裕陵三路三孔桥及碑亭（摄于2018年8月16日）

河北遵化清高宗裕陵东班房（摄于2018年8月16日）

常喜爱，康熙六十一年（1722年），令养育宫中。雍正元年（1723年），雍正御书立储密旨，立弘历为继承人，藏于密匣，置于乾清宫"正大光明"匾后。雍正十一年（1733年），弘历被封为和硕宝亲王。

雍正十三年（1735年）八月，雍正帝去世，25岁的弘历即皇帝位于太和殿，改年号乾隆。此时，清王朝经过顺治、康熙、雍正三代90多年的治理，整个社会出现繁荣景象。乾隆帝即位后励精图治，在文治武功两方面都作出了重大贡献。他很重视社会的稳定，注意休养生息，施政比较宽和，在位期间多次下令蠲免正赋杂税，减轻了农民的负担，同时他还重视水利建设，治理黄河，从而促进农业的发展。

河北遵化清高宗裕陵二柱门及方城明楼（摄于2018年8月16日）

河北遵化清高宗裕陵神墙（摄于2018年8月16日）

河北遵化清高宗裕陵妃园寝（摄于2018年8月16日）

乾隆在位时期，出兵平定准噶尔割据势力，平定大小和卓叛乱，设置伊犁将军，使西北彻底安定。同时，颁布《钦定西藏章程》，加强驻藏大臣权力，稳定西藏政局。对云南、贵州、广西、四川、湖南、湖北等土司统治的地区，继续推行改土归流政策。这一系列措施奠定了近代中国的版图。

乾隆帝十分重视社会文化事业。他组织编纂《四库全书》，在位时期的戏曲艺术也有很大发展，如徽班进京开启了京剧诞生的前奏。乾隆统治的大部分时期，国家强盛，政局稳定，国库充盈，农业发展，百业兴旺，城市繁荣，文化发达，清王朝达到强盛的顶峰。

但乾隆帝也有不少失误，他巡游无度，挥霍浪费，大大加重人民负担。晚年又宠信和珅，导致贪污盛行，吏治日益败坏。乾隆朝末期，曾经充盈的国库在弘历的挥霍下变得囊中羞涩，盛极而衰。同时，乾隆年间的文字狱也达到顶峰，钳制了人们的思想。

更为重要的是，乾隆帝在位期间，正是欧美地区在各个方面迅猛变革、发展之时。可是，乾隆帝却采取严格限制对外交往的政策，闭关锁国，自我陶醉，故步自封，错失了了解世界大势及自身发展变革的最佳机会，拉大了和西方的差距。因此，有专家认为，正是弘历埋下了清朝走向灭亡的种子。

不过，瑕不掩瑜，乾隆帝仍然是一位文治武功兼备的杰出帝王。嘉庆元年（1796年）正月，在位60年后，弘历禅位于其子颙琰，成为太上皇，仍掌军国大政。嘉庆四年（1799年），弘历去世，享年89岁，为中国历史上掌权时间最长的皇帝，葬于清东陵之裕陵。

裕陵位于今河北遵化顺治帝孝陵以西的胜水峪，始建于乾隆八年（1743年），9年后告竣。此时正是清王朝极盛时期，因此，裕陵规模宏大，布局完整，材料精良，工艺精湛。裕陵陵前神道上石像生的数量甚至超过了康熙的景陵。

笔者多次参观裕陵，裕陵占地辽阔，堂局开敞，各类建筑物台基高，体量大，给人以气势恢宏、富丽堂皇之感。裕陵地宫在1928年遭到军阀孙殿英及其军队的盗挖，后经考古清理，成为清东陵唯一开放地宫的帝陵。地宫内葬有乾隆皇帝和两位皇后，以及三位皇贵妃。地宫由九券四门构成，四壁及券顶都刻满了佛教雕刻，有四大天王、八大菩萨，以及藏文、梵文经咒等，工艺精湛，雕工细腻。如此恢宏的建筑，精美的地宫，表明裕陵在清代帝王陵寝史上处于完全成熟的极盛阶段。

【清宣宗旻宁慕陵】

清宣宗旻宁（1782年—1850年），原名绵宁，即位后改为旻宁。为清朝入关后第六位皇帝。他是乾隆帝的孙子，嘉庆帝颙琰的次子，嘉庆四年（1799年）四月就被嘉庆帝密定为皇位继承人。嘉庆十八年（1813年），天理教农民起义军攻进紫禁城，他临危不惧，率清军用

河北易县清宣宗慕陵碑亭（摄于2012年6月18日）

河北易县清宣宗慕陵隆恩殿（摄于2012年6月18日）

河北易县清宣宗慕陵石牌坊（摄于2012年6月18日）

河北易县清宣宗慕陵石五供（摄于2012年6月18日）

河北易县清宣宗慕陵宝顶（摄于2012年6月18日）

火枪击败义军。嘉庆帝很高兴，特旨封他为和硕智亲王。

嘉庆二十五年（1820年）七月，嘉庆帝赴木兰围场秋狝，旻宁随驾前往。不久，嘉庆皇帝病逝于承德避暑山庄，旻宁护送父皇的灵柩回北京，并于八月在太和殿登基，年号"道光"。

旻宁在位期间，清朝日益衰弱，他为挽救清朝的统治尚思有所作为。在位期间，整顿吏治、整厘盐政、通海运、严禁鸦片等，但清王朝已积重难返，政治腐败，租税沉重，人民屡起反抗。

道光二十年（1840年），中英鸦片战争爆发，道光帝举棋不定，时战时和，最后中国战败，被迫签订丧权辱国的《南京条约》，旻宁自觉"愧对祖宗""愧对天下百姓"，但没能痛定思痛，却选择苟安姑息，得过且过。

道光一朝，国事跌宕起伏，时运不济使道光帝给后人留下了不太正面的形象。其实他也算是一位循规蹈矩、不好声色的帝王，而且身体力行，奉行节俭，民间传说他甚至穿着带补丁的裤子上朝。如果是在和平时期，拥有这些品行的道光帝绝对算是个有道明君，但道光帝统治时期，正是历史转折的关键时刻，虽然他事必躬亲，勤于政务，可其才智平庸，守其常而不知其变，鲜有作为。以他的才具，根本无法应对鸦片战争这一时代的变局，但历史的巧合偏偏使他成为清朝第一个签订割地赔款屈辱条约的帝王，这种耻辱始终伴随着他，使他直到去世前，都郁郁寡欢。

道光二十九年（1849年），道光帝病逝于圆明园慎德堂，终年69岁，葬清西陵之慕陵。按照乾隆帝规定昭穆之制，道光帝理应葬于东陵，但由于修建好的东陵宝华峪陵寝地宫渗水，最终道光帝改葬西陵龙泉峪，定名为慕陵。道光帝为了标榜自己节俭，黜华崇实，对慕陵的建筑规制作了一些简化，改隆恩殿为单檐歇山顶，取消了神功圣德碑和石像生等。在这一点上，道光帝倒有自知之明，不然神功圣德碑上该怎么写这一段屈辱的历史？同时，慕陵也裁撤了方城明楼等清代帝陵的标志性建筑，宝顶建成一座正圆形的陵冢建筑。这些变化使慕陵成为关内清帝陵中独具一格的一座陵寝。

从表面上看，慕陵确实在陵寝规制上进行了重大改革和收缩，似乎体现了道光帝的"节俭"作风，其实慕陵因用材讲究，加之两建一拆的经历，实际耗资不亚于西陵中任何一座陵墓。

走进慕陵，笔者首先看到的是精致小巧的金丝楠木殿，尽管殿顶覆盖着黄色琉璃瓦，殿宇也显现出浑厚的楠木色泽，但这是一种没落的高贵。圆形的陵冢虽然依旧努力维持着最后一点皇家尊严，但却给人以萧条落寂之感。

站在慕陵前，笔者不由想起道光皇帝消瘦的画像，不知应该怎样评价这位生于盛世之末、死于忧患之时，一生节俭又两修陵寝的道光皇帝？

【清文宗奕詝定陵】

清文宗奕詝（1831年—1861年），清朝入关后的第七位皇帝，为道光帝第四子。道光二十六年（1846年），奕詝被秘密立为储君，4

河北遵化清文宗定陵神厨库（摄于2018年8月16日）

河北遵化清文宗定陵碑亭（摄于2018年8月16日）

年后即帝位，年号咸丰。

在清朝帝王中，咸丰帝的命运是比较悲惨的一位，伴随其一生的是连续不断的内忧外患。他即位之初，也曾力图重振纲纪。他颁诏征求直言，任用贤能之士，同时，他罢斥了误国之臣穆彰阿、耆英等，或"永不叙用"，或赐令自尽，一时间人心大快。但不久，太平天国运动在广西爆发，奕詝派兵镇压，但无法扑灭起义烽火。咸丰三年（1853年），太平军攻克南京，改称天京，定为都城，与清政府分庭抗礼。奕詝下旨建立江南江北两个大营围困南京，还依靠曾国藩等汉族地主军政集团，举办团练武装，对抗太平军。

河北遵化清文宗定陵三孔桥（摄于2018年8月16日）

正当咸丰帝忙于内乱之时，外患又起。咸丰六年（1856年），英法发动第二次鸦片战争。两年后，英法舰队攻陷大沽炮台，进逼天津。咸丰被迫与俄、美、英、法四国签订《天津条约》，丧失一大部分国家主权。但列强并不满足，咸丰十年（1860年），英法联军再次攻陷天津。八月，咸丰帝以"木兰秋狝"

河北遵化清文宗定陵隆恩殿（摄于2018年8月16日）

为名，仓皇逃往热河（今河北承德），英法联军攻到北京，将举世闻名的圆明园洗劫并焚烧。咸丰帝命留守京师的恭亲王奕䜣求和，又分别与英、法签订并批准了中英、中法《北京条约》。俄国以"调停有功"为由，迫使清政府签订中俄《北京条约》，割去了中国乌苏里江以东大片领土。

面对糜烂的政局，在热河的咸丰帝无力回天，彷徨难眠，只能整天"以醇酒妇人自戕"。咸丰十一年（1861年）七月，备尝艰辛的咸丰帝病逝于承德避暑山庄，年仅31岁，葬于遵化清东陵之定陵。

定陵位于清东陵界内最西端的平安峪,始建于咸丰九年(1859年),完工于同治五年(1866年),前后计有7年半的时间。定陵地宫内葬咸丰帝和孝德显皇后。地面建筑大体符合祖陵的传统规制,只是裁撤了大碑楼、二柱门,地宫内也不再雕有经文、佛像等。另外,由于定陵地势基址落差较大,故在建筑的局部做了一些考究的处理,如方城月台改为二层叠落,并安设了护栏,这些都开创了新的陵寝规制,为咸丰后各帝所效仿。

河北遵化清文宗定陵方城明楼(摄于2018年8月16日)

定陵修建之时,正值内忧外患,庞大的军费、赔款开支,使清政府在经济上捉襟见肘,入不敷出,因此,为节省开支,修建定陵时不得不使用了道光帝废弃的宝华峪陵寝的旧料。尽管这样,定陵还是一座颇具规模,结构紧凑,层次分明的皇家陵寝。笔者站在陵前,发现如今的定陵已经十分的斑驳不堪,不仅宫殿破落,游人也十分稀少。甚至可以用荒芜来形容。也难怪,这位平庸的皇帝,面对内忧外患的政局束手无策,甚至寄情声色,伴随他的只能是清秋下的荒凉破败。

【清德宗载湉崇陵】

清德宗载湉（1871年—1908年），为清朝入关后的第九位皇帝。其父奕譞是道光帝第七子，被封为醇亲王，其生母叶赫那拉氏，为慈禧太后胞妹。

咸丰帝病逝后，其唯一的儿子载淳即位，年号同治，但载淳尚在冲龄，不能亲政。因此咸丰在临终前指定了八位顾命大臣辅佐载淳，但载淳之母被尊为慈禧太后之后，不愿受顾命八大臣的牵制，与恭亲王奕䜣勾结，发动了"辛酉政变"，顾命八大臣或被斩首，或被赐死，或被革职，从此，慈禧和慈安两太后开始了垂帘听政。

河北易县清德宗崇陵牌楼门（摄于2012年6月18日）

同治帝在位13年，因患天花而早逝，尚无子嗣继承皇位。慈禧太后不愿失去权柄，因此，她没有从载淳的下一辈近支宗室中择立，而是选择了载淳同辈的醇亲王奕譞之子载湉继位，使她有理由再次垂帘听政。

河北易县清德宗崇陵隆恩门（摄于2012年6月18日）

慈禧的安排，注定了载湉悲剧的一生。

光绪元年（1875年）正月，在慈禧的操弄下，年仅4岁的载湉继位，年号光绪。起初，慈安、慈禧两宫太后共同垂帘听政，慈安太后病逝后，由慈禧太后一人垂帘。

光绪十五年（1889年），光绪帝开始亲政，但朝中大权仍掌握在慈禧太后手中。中日甲午战争中，

河北易县清德宗崇陵哑巴院及金刚墙（摄于2012年6月18日）

光绪帝极力主战，反对妥协，但终因朝廷腐败，结果战败。痛定思痛，光绪帝"不甘作亡国之君"，在康有为、梁启超等维新人士推动下，于光绪二十四年（1898年）四月实行了一场意在图强自立的变法运动，但变法遭到以慈禧太后为首的顽固派的极力抗拒。八月，慈禧太后发动戊戌政变，推翻新政，将光绪帝幽禁在中南海瀛台，成为无枷之囚，谭嗣同、康广仁、杨深秀等"戊戌六君子"被杀。

之后，光绪帝除八国联军侵华时随慈禧太后逃离北京4个月外，其余时间都独居瀛台涵元殿，过着囚徒式的生活，导致"天颜戚戚，常若不愉"，在屈辱和哀怨中终其一生。光绪三十四年（1908年）十

河北易县清德宗崇陵地宫（摄于2012年6月18日）

月，光绪帝病逝于中南海瀛台涵元殿内，终年38岁，给后人留下无限的遗憾。

清代官方文献和宫廷档案记载光绪帝为病逝，但外界对其死因历来有诸多揣测。或说是被人下毒，或说是身体孱弱、精神抑郁所致等。但专家经过考证证实光绪帝确系砒霜中毒而亡，至于凶手是谁，尚待继续研究考证。

光绪帝葬于今河北易县清西陵之崇陵。据载，光绪帝生前虽已选好陵址，但直到病逝时，其陵墓尚未开建，他的棺椁只能暂置在西陵梁格庄行宫内。宣统元年（1909年），清室开始修建崇陵，不久，清朝灭亡，工程由民国政府出资才得以完成。民国4年（1915年），崇陵建成，光绪的棺椁正式安放于崇陵地宫。

笔者在初夏的一个下午，前往参观崇陵这座中国历史上最后一座帝陵。崇陵虽然总体规模较小，但依然继承了清代的陵寝规制，显得庄严肃穆。1938年，崇陵被盗掘。1980年，经国家文物局允许，崇陵地宫在确定被盗后打开，进行了清理。在幽深凄怆的地宫，笔者看到宝床正中安放着光绪帝和隆裕皇后两口硕大的棺椁。光绪帝后的结合，是慈禧太后违背光绪帝意愿一手撮合的不幸政治婚姻，帝后生前形同路人，去世后同穴而眠，礼法使然。

在清朝皇帝中，光绪帝是最受人同情的。更可叹的是，20余年后，崇陵就被盗挖。想到命运多舛的光绪帝，笔者不禁感慨万千。

后记

《山陵稽古》在2018年年初完成初稿后,在考虑出版单位的时候,我很自然地想到了江苏人民出版社。因为江苏人民出版社是国家一级出版社,具有深厚历史积淀和拥有雄厚的编辑力量,出版过很多历史方面的精品书,能够在这样的出版社出版本书是我的愿望,很感谢江苏人民出版社领导对《山陵稽古》出版的大力支持。之后,我抓紧时间对《山陵稽古》的初稿进行完善,后来由于多种原因,书稿耽搁了一段时间,直到2019年年底才交到江苏人民出版社编辑手上。

在此之前,我的另一部作品《访古漫记》书稿已经交给江苏人民出版社,考虑到出版社编辑任务繁多,《山陵稽古》的出版也还需要有一些报批手续,加上当初书稿交付时也有些匆忙,因此我就想利用春节假期对书稿再进行一次认真地核对。

核稿的任务非常繁重,需要花费很长的时间,我原估计利用业余时间核稿起码要花三个月的时间,故打算在2020年5月份前完成。没有想到,2020年春节发生新冠肺炎疫情,蔓延很快。为防止交叉感染,政府采取了延迟上班、居家隔离等措施。就这样,我在家里整整待了一个多月,这一个月的时间对于我来说是多么及时啊。所以当许多人在家里焦虑不安的时候,我却安静地利用这段时间,认认真真地把《山陵稽古》书稿细细地核校了一遍,也做了很大的修改。这个核校、修改过程,使我对书稿的史实的叙述更精准,使我对交付的书稿也更放心。忙碌的核稿使一个多月的时间很快就过去了,因此,对我来说,这次抗击新冠肺炎疫情有了新的含义,每件事情确实都有"祸福相依"的道理。

这一个多月的核校、修改能够非常顺利地进行,一方面是过去一段时间,我购置了许多与书稿内容相关的书籍,使书稿呈现的内容更有依据。

另一方面，这一年多的时间里，我在寻古的过程中，也再度考察了一些帝王陵寝，对它的理解就更完整和全面。

其实，在我这么多年来的寻踪过程中，帝王陵寝是一个避不开的话题，中国众多历史遗迹，帝王陵寝是其中最重要的一部分。帝王陵寝的存废和规模，反映了帝王生前逝后的境遇，更折射出朝代的兴衰。

在核校的一个多月时间里，为了方便查阅资料，我的桌子上堆满了书籍。核稿的过程可以说就是一个历史再现的过程，随着核稿的进行，一座座帝陵再度进入我的视野，我又作了一次专题性的历史之旅。这时，尘封已久的历史被拂去时间的尘埃，逐渐鲜活起来。帝陵所蕴含的凝重感和沧桑感汩汩流出。解读帝王陵寝的过程，实际上也是在读史的过程，历史的链条被连接起来，陵主的那些人和那些事虽然已经随着时间而远逝，可是那些碎片却成了历史文化的重要部分，他们身后留下的流落在山水之间的孤冢残瓦，让后人流连追思。我崇敬于一些帝王的雄才大略，不屑于一些帝王的凶狠残暴，也怜悯于一些帝王的生不逢时，在某种程度上，这些帝王决定着王朝的命运，而王朝也决定了他们的命运。在我寻访过程中能够看到的一些留存至今的高大陵墓，基本上都是一些历史上比较有作为的帝王，如秦始皇骊山陵、汉武帝茂陵、唐太宗昭陵、宋太祖永昌陵、明太祖孝陵，等等，这些陵寝历朝历代都会被维护、修缮，而那些昏庸残暴的帝王的陵墓，要么陵冢局促狭小，要么在历史的长河中慢慢废圮直至消失，时间是最好的镜子。

同时，在寻访帝陵过程中的种种遭遇也不由地在脑海中浮现：苻坚陵周边的没人茂草、宇文泰成陵旁的警察误解、唐肃宗建陵前的悬崖山路、辽圣帝庆陵山路的山洪突发……这样的境遇数不胜数，也为寻访的过程增添了惊心动魄的经历和"劫后余生"的欣慰。

不过,这些艰辛历程对于寻访过程带来的乐趣来说,几乎可以忽略,那种历经艰辛后寻访到古陵时的兴奋和满足,不身临其境是无法感受到的。直到今天,我还常常想起这样的情景:蓝天白云下,一望无际的田野中,几尊石像无声地伫立着,远方巍峨的陵山高低起伏,那么静谧,站着远眺,这是一种多么惬意的经历。

坦率地说,这么多年的寻访行程如此令人兴奋,除了寻访对象的吸引,还离不开一群志同道合的朋友的陪伴,与袁廷虎先生、王兵先生和俞嘉红先生的每一次同行是那么令人开心和期盼,我不能想象没有他们的行程是多么孤独和无趣。因为寻踪,我们到过无数个县城古镇,如果没有寻踪这个契机,这些偏远的小镇可能我们一辈子都无缘,更不可能在此住宿、逛街,不到这些小镇,我们永远感受不到它独特的韵味,我不会忘记我们四位一起饭后闲逛在这些小镇街头的那种异乡韵味带来的新奇和安逸;因为寻踪,我们尝遍了各色地方菜肴,我们用餐的地方都是当地百姓寻常菜馆,而这些地方最能体现地方饮食文化。我不会忘记一天辛劳下来,尝着当地小菜,喝着冰啤酒的快乐。因为寻踪,我们踏遍了祖国大地的山山水水,它们中许多不是名山大川,但是因为留有历史遗迹,对我们来说,比那些只有好山好水而没有历史底蕴的名山大川更值得留恋和寻访。往往为了一座古墓、一处古迹,我们翻山越岭,我不会忘记我们之间筋疲力尽的对视和闲坐山顶远眺的心悸……这样的经历太多了,也构成了我最瑰丽的记忆。

就这个意义上来说,我感谢"寻踪系列"丛书的出版构想,感谢《山陵稽古》的编写和出版。因为要编写此书,就必须收集材料,因此我从各种渠道购买了许多这方面的书籍，使我对古代帝王陵寝有了更深入的了解。因为要编写此书，我必须身临其境，为此，我跑遍了目前还留存的历朝历代帝王陵寝，从而使我对我国帝王陵寝发展的历史和现状有了直观的感受。其实，我也真的分不清是因为写书而看陵，还是因为看了很多帝王陵寝，才萌发写书的想法。无论如何，我都得感谢《山陵稽古》，因为如果没有这本书，我考察帝王陵寝不会这么全面和深入，也不会对中国历史有这么深的感悟。

历史留给后人的，毕竟只是创造的成果，而不是血泪交织的过程，参观帝陵，我们往往会关注于陵主的经历和帝陵本身的辉煌，其实，这种辉煌的背后也掩饰不了帝王们的雄心与无情。

对《山陵稽古》的核稿终于完成了，看着手中密密麻麻的修改稿，我终于松了一口气，这一个多月，整体沉醉在核稿中，满脑子的帝陵，茶饭不思，苦思冥想，连晚上做梦也都是核稿的事情。在梦中，核稿的任务总是无比艰难，甚至几次都因此被惊醒。写稿、核稿真是一件让人又烦恼又兴奋的事情，烦恼的时候就不想再做了，但当书稿出版的时候又充满自豪和幸福，忍不住又提笔再写。确实，不功利地写一些东西，无论如何都是很有意义的。

2020 年 3 月 6 日于南京